图难于其易，为大于其细；

天下难事，必作于易；天下大事，必作于细。

——老子「道德经」第六十三章

黄明明 著

细节看保险

|2012-2016|

—老子「道德经」第六十三章

中国金融出版社

责任编辑：亓霞　张清民
责任校对：张志文
责任印制：丁淮宾

图书在版编目（CIP）数据

细节看保险：2012-2016（Xijie kan Baoxian：2012-2016）/ 黄明明
著.— 北京: 中国金融出版社，2016.12
ISBN 978-7-5049-8807-2

Ⅰ.① 细⋯　Ⅱ.① 黄⋯　Ⅲ.① 保险业 — 中国 — 文集　Ⅳ.①F842.53

中国版本图书馆CIP数据核字 (2016) 第281490号

出版
发行　　**中国金融出版社**

社址　　北京市丰台区益泽路2号
市场开发部　　（010）63266347，63805472，63439533（传真）
网 上 书 店　　http://www.chinafph.com
　　　　　　　　（010）63286832，63365686（传真）
读者服务部　　（010）66070833，62568380
邮编　　100071
印刷　　保利达印务印刷有限公司
尺寸　　169毫米×239毫米
印张　　20.25
字数　　248千
版次　　2017年1月第1版
印次　　2017年1月第1次印刷
定价　　48.00元
ISBN 978-7-5049-8807-2/F.8367
如出现印装错误本社负责调换　　联系电话（010）63263947

追求和专业素养的人才加盟，不仅为消费者、行业和社会提供优质的保险服务，也要像《细节看保险》的作者一样，传播有大爱精神的保险故事。无论是保险服务，还是保险故事的传播，都需要在落细、落小、落实上想办法，下工夫。只要坚持不懈，必能深入人心，广泛惠及民生。

期待有更多的有心人，去挖掘和讲述丰富多彩的保险故事。

中国保险报业股份有限公司董事长 赵健

2016年11月12日于北京吴家场路51号

iii.

的变迁和社会热点问题的发展。书中的不同文章结合不同时期的社会热点，从保险的独特视角，将中国的社会发展向读者娓娓道来，如春节时农民工拖欠工资讨薪、电梯出现障碍、食品安全、户籍制度改革、中国企业责任等。透过保险的小事件，折射出社会的大发展。

复旦大学中国保险与社会安全研究中心主任

中国保险学会常务理事　许闲

2016年11月16日

序二

　　过去若干年中国保险业取得了长足发展，保险也逐渐受到了广大群众的关注。然而，保险作为一种无形的产品，对其传播和理解还是有赖于人们的教育程度、生活经历、风险态度、社会认知等多种因素。简而言之，保险这种无形的产品，与销售家电、提供劳务服务等其他商品有着本质的区别。了解保险，也就更需要从"细节"入手了。

　　黄明明邀请我为他的新书《细节看保险》作序的时候，我毫不犹豫地答应他。因为这本书有着与众不同的特点。我感觉这本书首先是近年来保险业发展的大事记，只不过这些保险大事是从日常生活的方方面面进行展示。本书内容包括大病保险、农业保险、保险业"新国十条"的颁发、保险消费者保护、巨灾保险等方面，叙述了近年来中国保险业的巨大变迁。

　　本书所介绍的这些日常生活的背后，折射出的是近年来人们对"保险"的理解不断深化，保险在社会经济中的作用也不断强化。强制性的社会保险、自愿性的商业保险、政府为民众购买的民生保险、电视里随处可见的"保险让生活更美好"的广告，保险已经成为人们日常生活不可缺少的一部分。

　　通读全书，"保险"少了其作为风险管理手段的高冷，多了几分与民众生活密切相关的温馨。给蔬菜上保险、为搭乘飞机可能发生的航班延误购买保险、中秋节的赏月险、"熊孩子"保险等，这些都让人感觉保险离自己并不遥远，在人们的生活中需要保险。

　　《细节看保险》实际上不仅仅看的是保险，还透视着中国社会形态

前言

我个人在写作上比较偏向于写杂文小品文。细细想来，这可能和我的阅读习惯有莫大关系。

在我个人的阅读偏好中，小品文、杂文之类的小册子较受青睐。年代久远一点的，如《笑林广记》、《东坡志林》，如张岱的《陶庵梦忆》、《夜航船》等作品；年代近一些的，如鲁迅的大部分杂文集、梁实秋的《雅舍小品》、钱钟书的《写在人生边上》等小而美的作品集，都是我至爱的床头书。因其篇章短小可爱、内容驳杂不羁、文风上又于个人性情体现得淋漓尽致。而且在阅读的时候，大可不必从头读起，无论何时站坐躺卧，随手一翻，就能看到奇言妙论，并无错失或脱节之感。若有些许倦意，随时可以释卷，也无悬念之牵绊。

这本书所收录的正是我这一类的作品。自前些年在《中国保险报》上有幸开辟了《细节看保险》栏目以来，在写作实践中，将选材、写作思路、篇幅和文风等与个人栏目特色有关的元素不断打磨，用动态的社会热点来解读静态的保险知识，用活泼的写作语言来阐述深奥的保险原理，跳出保险看保险，明明白白说保险。

保险是深奥与繁复的，社会上公认的就是保险条款之难懂。阅读保险文件，如读"天书"无异。业内人士尚且要咬文嚼字，业外人士不免会一头雾水。而与此同时，保险也在逐步渗透到社会、生活的方方面面，人们接触的保险越来越多，学保险、用保险的氛围越来越浓，这之间的信息不对称的鸿沟是存在的。

作为一个保险的传播者，也面临这样的困境。原原本本地反映保险信息，是尊重事实的不二之选，不过不免艰涩乏味，违背传播学的基本原理；跳脱浮夸的报道保险之事，哗众取宠又富有传播力，有时也沦入不实报道、误导读者之嫌。这便引出一个度的问题。如何既尊重了基本的保险知识、行业现实，又从新奇的角度去解读保险？如何在报道中既不失客观，又不失意趣，有硬的知识，也有软的噱头，读时会心一笑，读后若有所思，这也是《细节看保险》的栏目和本书所努力的方向。

很多人误以为保险只是一个行业，所学甚窄。事实上，保险业发展到今日，用博大精深、无所不包来形容也并不为过。保险涉及社会的各个细节中，每一个对应的细节，就是一门学问，就可以造就一个保险专家。目前在行业中，做财险的人往往不知寿险为何物，做寿险的人也不明财险之就里。传统公司不理解互联网的新潮，互联网公司不知传统的力量。因此，虽然在记者的工作中，和各条线的人接触甚广，但并不敢自认对所有的保险了如指掌。相反，要顺势学习补充的，还有很多。

我经常默想这个故事来让自己保持谨慎清醒。

昔有一僧人，与一士子同宿夜航船。士子高谈阔论，僧畏慑，拳足而寝。僧人听其语有破绽，乃曰："请问相公，澹台灭明是一个人、两个人？"士子曰："是两个人。"僧曰："这等尧舜是一个人、两个人？"士子曰："自然是一个人！"僧乃笑曰："这等说起来，且待小僧伸伸脚。"

这是张岱在文集《夜航船》序中提到的故事。故事很巧妙，但充满了对传统士子的嘲讽意味。这种嘲讽如今看来，也并不过时。有人与会时高谈阔论，有时误将秘书的错别字也读了出来；有人当众针砭时弊头头是道，却也都是背诵时论，充其量是两脚书橱；也有人故作高深、以繁奥为美，不免扭曲本义，造成误解。

天下之大、行业之广、知识之丰，不可胜记，偶有不知也不为过。抱着知之为知之，不知为不知的态度，听到别人说到自己熟悉的领域，插嘴几句，说到点子上，引人另眼相看；碰到别人谈自己闻所未闻的事儿，最好束手畏慑，拳足而寝，庶几不会有过失，倘若忍不住去敷衍几句，不免自己露怯，别人乐得伸伸脚。

本着这些原则，这些年来我所写的评论，也只是集中在保险和公益两个领域内。而所记所论，也皆为行业肤浅之事，希望各路专家学者以及业内人士，在阅读之时不必拳足，至偏差之处要伸伸脚，则悉听尊便。勿谓言之不预也。

黄明明

2016年11月 北京

目　录

ii.

iii.

iv.

v.

vi.

保险开门

2012年十一期间，记者回到老家县城，发现了一个奇怪的现象：在县城最为繁华的闹市区，在商业街的黄金地段，街上人流如织，许多店铺内人头攒动，但是有一些保险门店大门紧锁，连防盗门都一锁到底，显得与周围的繁荣景象格格不入。

是什么原因，在其他商铺生意大旺的时候，保险门店却给出了闭门羹？

事实上，这个县城的保险门店不可谓不多，不仅有中国人寿、中国人保、中国平安这样的大型保险企业入驻，而且还有很多家中小保险公司纷纷立足。笔者初步统计了一下，仅在新兴的繁华区域鹤山路上，就有十几家不同的保险公司，有的独占一栋楼，有的占一层楼，有的占两间大门面，也有的占一间小门面，虽然规模不一，但无一例外，都在最显眼处悬挂了偌大的招牌，十分醒目。从这看来，这里的保险市场非但不寂寞，简直是非常的热闹。

现在很多保险公司在大力发展县域市场，县域保险市场还是一块正在切分的"蛋糕"。在此背景下，为了抢占市场，保险公司在县域成立的很多支公司仅具有销售的职能。青岛保监局的一位人士一语中的：现在县域的支公司，就好像是市分公司的一个销售网点。既然是销售网点，那么其他的配套服务都难以具备。前几日，某保险公司客服部的一位女士告诉记者，一些保险公司在县域保险市场不设立客服部，所以，在代理人都出去卖保险的情况下，有时会出现店面紧闭的情况。

县域保险市场其实可以承担更多的保险功能，比如保险知识的普及。据笔者了解，县城和农村的人们已经慢慢地接受了保险，不再一味地排斥保险，但是，也仅仅是对极少部分产品感兴趣。这与人们对保险不了解有莫大的关系。

随着县域保险市场的发展和完善，今后县城的保险机构可能会承担更多的功能。当下首要解决的，就是要让这里的保险门店打开大门。

|2012 年 10 月 16 日,《中国保险报》|

滞销思保险

天旱了，农产品反而增收了；农产品增收了，反而降价了；农产品降价了，反而滞销了……这是2012年让农民始料未及的事。

近期，农产品滞销引起了国内舆论的较大关注。CCTV《新闻周刊》栏目报道，多地农产品出现滞销，农民称明年宁可将地撂荒；中国之声《央广新闻》报道，山东部分地区山楂大丰收，但是滞销近200

万斤，果农们心急如焚；新华网报道，河南、山东部分农产品滞销，芹菜每斤0.1元没人要。《中国保险报》11月7日第4版刊登的"生姜困局"专题，也深刻地揭示了这一问题。

农产品滞销已经成为农业灾害之外的另一种风险，农民忧心，政府着急。对此，各地政府和农民已经采取多种举措防范滞销风险。例如，行政援助，市长帮助农民销售产品；微博叫卖，通过微博这个新媒体接力促销；农超对接，采取"公司+农户"的包销模式等。这些举措，都在一定程度上缓解了农户的"燃眉之急"。但是，在各级地方政府打出一系列组合拳的同时，不要忽视了保险这一记妙手。

"政府部门要科学选择调控时机，"《经济参考报》近日的一篇报道称，"加大农业保险推进力度，把政策性保险延伸到生产、运输、加工、销售等各环节，最大限度地化解风险，保持市场稳定。"

"可以推广基本蔬菜品种保险。"内蒙古经济发展研究中心研究员朱晓俊建议，"以政府和农户合作投保的方式进行，政府资助一部分，农户负担一部分。在这一保险机制下，保险公司将先按照基本投入给部分蔬菜品种确定一个成本价，当市场菜价低于这一成本价时，保险公司将给菜农以相应的赔偿。"

其实，在2011年，上海已经开展了蔬菜价格保险试点，并取得良好的反响。如果蔬菜售价低于前3年同期市场均价，按其跌幅乘以保险金额进行赔偿，同时财政提供50%以上的保费补贴。2011年上海市的保险企业承保蔬菜20.3万亩，提供风险保障1.7亿元，向2万户次农户赔款1 200万元，有效避免了"菜贱伤农"现象。据了解，广东、湖南等地也在积极探索实施蔬菜保险，以应对价格波动。

有了保险，"菜贱伤农"缓解了，而"谷贱伤农"依然无解。在一些传统的农业大省，各级地方政府要考虑的，不仅仅是在出现滞销的时候如何用各种手段帮助农民销售，更要考虑在未出现滞销甚至还未种植的时候，如何用保险机制充分地应对将会出现的农产品滞销风险。未雨绸缪，有备无患。

|2012年11月13日，《中国保险报》|

商业铁路意外险会火吗

依据2012年11月16日公布的国务院第628号令，2013年1月1日起废止《铁路旅客意外伤害强制保险条例》。这意味着，乘客不再被强制收取票价2%的保险费。同时，《铁路交通事故应急救援和调查处理条例》第三十三条也将被删除，今后铁路事故伤亡赔偿限额不再只有15万元。此消息一经发布，立刻引起各路媒体的巨大反响。

这两项铁路"霸王条款"早已饱受诟病。"强制保险"不仅有违保险自愿原则，也与《保险法》构成明显冲突。"赔偿最高15万元"的标准则明显偏低，也明显不合乎现行国家法律要求。

事实上，关于这一点，在2011年"7·23"动车事故中，便早已有过非常生动鲜明的诠释。当初有关部门制订的赔偿方案正是依据上述规定而算出的"17.2万元"，在遭到批评后，新的赔偿方案很快涨到50万元，最终确定为91.5万元。就此而言，上述两项"霸王条款"实际在2011年"7·23"事故中就已走到终点。

"用什么来替代火车票里的强制保险？"《武汉晚报》的一篇文

章称，"新的规则标准，还应严格建立在依法合法基础之上，充分尊重现有的各项法律要求。如《保险法》禁止法律外的强制保险，那么今后铁路保险就应该充分向市场开放，允许保险公司自由竞争。"

"取消火车强制险可以多赢。"《新闻晚报》的一篇文章说，"铁路运输企业不能强制收取票价2%的人身意外伤害强制保险费，就意味着乘客可以购买商业保险。如此一来，既满足了伤亡旅客赔偿金额的要求，也可解铁路运输企业在发生事故后的燃眉之急。"

坐火车出行，乘客是否会购买人身意外保险？这个保险市场是否会出现火爆的现象？和讯网发起的一项调查显示，有超过八成的网友支持取消火车票强制保险以及下调火车票价格，而对于火车票强制保险取消后，坐火车是否会自己买保险的问题，近四成的网友选择了"肯定会"，超过三成的网友选择了"考虑一下"。

"坐任何交通工具出行，我们首先考虑的是安全保障，买了保险就像系上了一条安全带。"人民网的一项街头调查显示，多数受访者表示，会主动购买保险。但也有少数人表示，乘火车出现伤害等情况时，会有一定的赔偿，自己不愿再额外花钱购买保险。

"铁路强制保险取消后，对于商业保险无疑增加了一块大蛋糕，是一个巨大的商机。"有业内人士表示，保险公司肯定会及时跟上，开发出在火车站即可购买的铁路意外险品种，就像目前的航空意外险一样。

面对巨大的市场机遇，保险业应借鉴以往，将火车票强制保险时期的缺陷予以纠正。一方面，要为乘客提供充足的风险保障，在保费和保额之间选取最佳平衡点，避免"暴利"嫌疑；另一方面，要充分提示，普及相关保险知识，让乘客先知后买，避免"信息不透明"的嫌疑。

大病保险：在掌声与争议声中前行

近日，中央财经大学保险学院院长郝演苏在微博中列出了2012年保险业十大关键词，大病保险赫然在列。《信息时报》在保险业十大热点的专题中，将大病保险列为其一。与治理销售误导、车险理赔难等热点不同的是，城乡居民大病保险不唯是保险业内的大事，即使从整个2012年的民生大事中去考量，也可以当之无愧地位列其中。

鉴于大病保险的重要性，对大病保险的实施进程，《中国保险报》一直保持着高度关注。作为2012年下半年最为重要的民生大事之一，大病保险政策自8月下旬经由国家六部委联合下发后，各地方政府迅速行动，不断取得新的进展。《中国保险报》地方版也先后多次刊发相关专题，解读大病保险，关注其开展进程。如10月22日地方版刊发《保民生大病险如火如荼 借东风保险业先试先行》专题，11月15日地方版刊发《渐行渐近大病保险落实步伐加快》专题，等等。

总体上看，多数省份已确定本省大病保险实施方案，青海、安徽、陕西、浙江、福建和广西等省（自治区）已制订出台全省大病保险实施方案。其他多地相关部门正在积极酝酿、推动中。青海已经在12月1日率先开展，而当迈入2013年之际，将会有更多地方加入大病保险的行列。

大病保险的开展，致力于解决因病致贫返贫，切实提高了民生保障水平，此举赢得了社会的普遍认同，其好处不必赘述。所谓"有不虞之誉，有求全之毁"，在舆论的热烈反响中，也不乏一些质疑与争议。

首先，由商业保险公司来运作大病保险是否可靠？尽管保险公司作出了"保本微利"的承诺，但仍有学者提出，将医保基金交由保险公司运作，有违《社会保险法》中专款专用、不得挤占挪用的规定。

这与保险业的社会信任度密切相关。事实上，引入商业保险公司，有希望通过其协助管理，提高医保基金的使用效率，提升老百姓对医保和医疗服务的满意度，毕竟商业保险公司在健康保险方面有自己的专家库和全国性网络，具备专业优势。业内人士认为，大病保险承办不仅仅是一个赔付的问题，引入商业保险，能够使基金管理更加清晰。

大病补充保险经办权全部归属商业保险公司，这是其首次获得全国范围内的专项医保经办权。面对这一质疑，保险公司大可不必烦恼，应努力经办好该业务，抓住这一将保险业社会信任度大幅提升的关键点，从而化危机为转机。

其次，在大病保险运作中，政府和商业保险公司究竟谁是主角？毕竟政府部门以公共服务职能为主，而商业保险公司以盈利为目标。两者谁为主导，决定了大病保险的发展方向：以盈利为主，还是以保障为主。

"引入商业保险不等于政府放弃主导地位。"太仓市人力资源和社会保障局局长陆俊强调。在太仓大病保险运作过程中，政府始终是主角，商业保险公司只是配角。不能将大病保险简单地理解为政府购买的商业保险的一个医疗保险产品，它实质上是一个政府主导的、商业保险机构承办的政策性大病补充保险。

面对这样的质疑，保险业一方面谨守"保本微利"原则，另一方面做好理赔服务，质疑自然消失。其实，在大病保险的实施中，要分清楚的不仅仅是谁是主导、谁是承办，更要明晰相关的监管政策、监督举措。

再次，一些学者产生了大病保险会刺激患者过度消费的质疑。中国社科院经济所公共政策研究中心主任朱恒鹏在其微博中指出，大病保险很可能会出现"穷人贴补富人"的现象。三四十万元的医疗费用，即便通过大病医保补偿60%甚至更多，患者自付的部分也是贫困家庭不能承受之重，因此实际享受大病保险保障的有可能是富裕人群。

大病保险对穷人的意义重大。近期，"刻章救妻"的新闻也在网络引起广泛关注。北京下岗人员廖丹为救患上尿毒症的妻子，找人刻了医院的收费章，为妻子进行"免费"透析治疗，4年间骗取医院治疗费17万余元。事发后，廖丹被检方以诈骗罪起诉。在法庭上，廖丹说："她病成这样，我总不能掐死她，哪怕有一点钱给她治病，我何必去刻假章？"他的话充满无奈和悲凉，刺痛了社会的敏感神经。

"刻章救妻"的悲剧彰显了穷人对大病保险的强烈需求，但专家提出的上述质疑也十分现实，值得正视。如何做到公平公正，规避"穷人补贴富人"的现象出现，应该有一个更完备的应对方案。

最后，由于大病保险具体实施方案由各地因地制宜，其保障水平体现了地区之间的差距与不同，这一点是否科学合理、公平公正？目前，该疑问在舆论争议中尚未形成焦点，但随着各地大病保险的深入推进，争议在所难免。对于舆论给出的争议话题，政府相关部门和保险业应予以高度关注。

大病保险近在咫尺，对于舆论反响，应且行且改，在争议中前行，不断完善。

| 2012 年 12 月 26 日，《中国保险报》|

淡化户籍更保险

近年来，青岛保险业在校方责任险方面有一系列独特的做法，其中，淡化户籍色彩的举措最为耀眼，将青岛下辖县市区的街道及社区失地居民按照城镇户口对待。这一做法，照顾了城乡学生群体，使其能公平公正地享受保险保障。

年初，国务院发布《关于积极稳妥推进户籍管理制度改革的通知》，要求各地今后出台有关就业、义务教育、技能培训等政策措施，不要与户口性质挂钩，要继续探索建立城乡统一的户口登记制度，逐步实行暂住人口居住证制度，对造成暂住人口学习、工作、生活不便的有关政策措施，要进行一次集中清理，该修改的认真修改，该废止的坚决废止。

2012年的十八大报告中也明确提出加快改革户籍制度，有序推进农业转移人口市民化，努力实现城镇基本公共服务常住人口全覆盖。

在近期，各种关于户籍改革的话题也越来越热，各地各部门纷纷采取各种实质性举措，推动户籍改革的前进。

首先是各地谨慎开展的高考户籍改革，继黑龙江、安徽等地放开高考户籍限制之后，江苏、山东等地先后表明异地高考方案出台时间。虽然备受关注的北上广仍然没有实质性的突破，但是方向已经确定，改革势在必行。

其次是生育保险的全民普惠政策，人力资源和社会保障部近日就研究起草的《生育保险办法》向社会公开征求意见。此政策的出台不仅将打破户籍限制，还有望普惠更广泛的职工人群，同时覆盖范围的扩大还有利于生育保险制度的统一，体现社会保障的公平性。

再次是近期人力资源和社会保障部就《城乡养老保险制度衔接暂行办法（征求意见稿）》公开征求意见，按照该办法，长期处于割裂并行状态的城镇职工养老保险、新型农村社会养老保险和城镇居民社会养老保险之间有望实现衔接转换，缴费年限也将明确换算办法。

最后，包括准生证可就地办理等举措，也都是淡化户籍的热点话题。

户籍改革追求的是公平和效率。推进户籍管理制度改革，就是要不断缩小城市户口与农村户口在社会保障权利上的差距。在保证城市居民社保待遇逐年有所提高的基础上，一方面要为外来人员提供同等的市民待遇，另一方面要加大公共财政对新农村建设和农村社保的投入，提高农村公共服务水平，改善农村居民的各项社保待遇。

随着户籍改革步伐的深入，会解决一系列重大的民生问题，与此同时，涌现的新问题会逐步浮出水面。户籍与社保息息相关，相比之下，与商业保险的关系似乎要遥远一些，但是从长远来看，两者也有着千丝万缕的关系。

商业保险在建立和完善社会保障体系方面具有重要地位和作用。作为补充性养老保险，商业保险有利于提高社会保障体系的整体水平。在户籍改革的大潮中，社会保险是重中之重，商业保险也大有可为。

户籍变革涉及不同的方面，将对城乡二元格局产生冲击，并带来多方面的变化，同时也会对商业保险有一定程度的影响。比如，高考户籍改革，会极大地减少留守儿童的数量，务工人员尤其是学生群体的流动性会加大，这个群体的社会保障是否充足？而商业保险又能为其提供多少保障？在这方面，青岛保险业的做法值得借鉴和推广。

|2012 年 12 月 6 日,《中国保险报》|

企业为善应为人知

保险企业是各类排行榜的常客，且往往排名十分靠前，如世界500强企业、中国500强企业、最有价值品牌等，彰显了保险业发展的劲头与综合实力，然而在近期发布的一项企业社会责任排行中，保险企业却无缘前十名。

近日，社科院发布了《中国企业社会责任报告（2012）》，课题组分别调研了中国境内的国企、民企、外企的百强企业，从反商业贿赂、产品合格率、社保覆盖率、节能减排等方面进行了综合评估。结果显示，中国企业社会责任发展指数平均为23.1分，有六成企业处于"旁观"阶段。其中，企业社会责任发展指数位居前十的多为中央企业，民生银行是金融行业唯一一家名列前茅的民营企业。

该报告一经发布，即引发了舆论热议。一篇题为《江苏三民企吃

"鸭蛋"》的报道称，江苏省3家民营企业的社会责任发展指数得分为零，为何好事做了"一箩筐"，最后却还"吃鸭蛋"？对此，课题组有关人员给出的一种解释是，"民营企业得零分或与其信息披露不足有关"。信息披露缺失，导致他们采集不到指标体系所对应的公司情况，出现负面信息，正是企业缺乏社会责任的具体表现。

为善不为人知，是中国自古以来强调的个人行善原则之一，但对于现代企业而言，并不适用。

对日益增多的各类排行榜，我们应理性对待，不应盲目迷信和追逐，但可以从中寻找发展的启示。上述事件告诉我们，社会责任的信息披露程度，不仅决定了公众对企业的看法，也影响了研究机构的信息采集的来源，保险企业对此应提高重视。

一方面，要加强社会责任信息披露的范围。慈善和公益固然要宣传，保险产品和服务创新也要鼎力宣传，让消费者明明白白买保险。这也是保险企业自身社会责任的内容。

另一方面，应增加信息披露的渠道和方式。不仅要让相关的报道见诸报端，还要发布更综合、更系统的社会责任发展报告。有调查表明，企业通过发布社会责任报告，可以起到提升企业社会形象、加强企业与外部沟通、提高风险管理能力和提升企业管理绩效的作用。

对于保险企业来说，已经比较重视对于慈善和公益的宣传报道，而对企业社会责任报告的系统梳理做得还不够。目前，虽然已有部分保险企业已经着手运作，如中国人寿、中国平安、太平洋保险、新华保险等均陆续发布过企业社会责任报告，但是在整个保险行业中，依然是少数，占据了比较小的比例。值得一提的是，2012年9月，某机构发布的一项A股上市公司企业社会责任报告中，中国平安连续4年拔得头筹。

近些年来，很多保险企业已经在积极投身到社会责任中。无论是在非典、禽流感等重大疫情面前，或者海啸、山洪等自然灾害发生时，还是面对失学儿童、贫困学生、农村母亲等弱势群体，都有保险企业勇于承担风险，承担经济和社会的双重责任。这一切，都需要各保险企业认真梳理，用心传播。否则，也只会是好事做尽，却无人知晓。

企业为善，应为人知，要以新闻宣传、企业社会责任报告等多种形式向社会公众广而告之，这一点，无可厚非。

| 2012 年 11 月 27 日,《中国保险报》|

越快越真诚越有效

近日，在瑞典佛克萨姆保险公司的一则电视广告中，小猫们玩起了高空跳伞。这则40秒长的广告已在YouTube网站上获得了超过50万次的点击量，迅速蹿红，并引发了不小的争议。

"部分人在观看了这则广告后，对小猫高空跳伞的画面信以为真。"英国《每日邮报》报道，"但实际上，这些镜头是运用绿色屏幕特技制作而成的。"

"广告中出现许多猫跳伞的画面，吓坏了许多爱猫及动物保护人士。"有台湾媒体报道称，"佛克萨姆保险公司为了证明完全以客户为导向，决定应客户要求拍摄专属广告。不料，该公司最新拍摄的一则广告就引发了争议。一位名叫EVA的爱猫客户提出要求，想看到猫从天而降的画面，没想到这家保险公司居然真的帮她拍了广告。"

"小猫跳伞做广告，保险公司遭指责。"CCTV中文国际台也以此为题进行了报道，"一些爱猫人士对此进行了指责，在接到投诉后，保险公司赶紧出面解释，称广告其实都是在摄影棚内拍摄的，他们用电风扇吹出小猫飞翔的感觉，利用电脑动画绘制而成。这家公司表示，在广告拍摄过程中，他们完全遵守相关动物法规，并未给小猫们带来任何伤害。"

拍摄专属广告，本是为了讨好客户，而让佛克萨姆保险公司始料未及的是，他们拍摄的这则非常有创意的保险广告，居然弄巧成拙，造成了一次不小的形象危机，给自己挖了个坑跳了下去。

从某种程度上来说，这则广告已经达到或者说超出了保险公司的宣传预期，不仅在网络上获得超高的点击支持，居然还形成了一个话题和新闻事件，带动了世界各国媒体的报道，引起了世界民众的关注。虽说其中的广告元素引发了一些质疑，但是与带来的广告效应相比，简直是微不足道。况且，在各种炒作新闻充斥各大网站首页的今天，用一点小争议换取大的宣传效果，只是司空见惯的一种炒作手段。

从各家媒体对此事的报道态度上看，大多以娱乐的视角，以博观众一笑。但是，在整个事件中，有一些东西值得我们认真思考和借鉴。

危急关头，佛克萨姆保险公司能保持冷静的头脑，并采取正确而有效的应对举措，及时地挽回形象损失，该公司的反应速度和方式值得称赞。这样一来，该公司将此事负面影响最小化，各家媒体都在报道中提及了该公司对此事的回应，因此，并没有在观众心中留下不好的印象，反而对其产生一种"躺着也中枪"的同情。

反观前一段时间铁道部"天价宣传片"危机事件，整个5分钟的视屏全部都是各种奔驰的列车，其造价十分离谱，投资达1 850万元，拙劣的内容和天价的投资在网络上引发了铺天盖地的批评声音。然而，在各路媒体和舆论纷纷质疑批评的时候，铁道部一声不吭，直到很久之后才站出来解释；而其不真诚的解释，又引发了另一轮的批评声音，给该部门的形象造成了巨大的损害。

在今天发达的舆论体系中，国内不少行业和企业，都会莫名其妙地受到质疑和批评。尤其对保险企业而言，在自身不断发展完善的过程中，各方面的不足无可避免，类似的质疑和批评会出现得更多。

保险企业不仅要发展好主业，也要提高应对舆情危机的能力，维护自身形象，将"躺着也中枪"视为常态。遇到舆情危机时，针锋相对固然失策，不理不睬也非正着，唯有在第一时间，用真诚的态度与大众坦诚相对，才能化危机于无形。其中的要诀，第一是要快，越快，就越有效，第二是要真诚，越真诚，越能争取到支持。这两点，是现在很多舆情危机处理专家最为推崇的手段。

|2012 年 11 月 22 日,《中国保险报》|

由亿元广告重磅出击所想到的

近日，央视广告中心副主任何海明通过微博披露，中国保险行业协会成为首家登陆央视黄金广告时段的金融行业协会。对此，多家媒体也进行了报道。

"保险协会砸上亿元央视做广告。"《青年报》的报道称，中国保险行业协会组织各保险公司，经过半年多的积极筹备，投资超亿元的一组宣传片，可能于元旦后亮相央视，宣传主题为"保险，让生活更美好"。

"保险业砸亿元上央视重塑形象，元旦后或率先亮相黄金时段。"《北京商报》的报道称，保险业四大宣传片——责任篇、承诺篇、关爱篇、保险心声篇有望在元旦后陆续亮相央视，以逐渐改变目前保险行业的不良形象。

政府部门形象传播已经成为热门，行业形象传播也被众多行业重视。这些年，需要维护形象的行业不在少数，如铁道部门、计生部门、城市管理者、保健品行业，但是真正由行业协会牵头组织的，甚为鲜见。

保险业的这一举措，一方面开启了一个先河，即由行业协会牵头做行业形象改善工作，另一方面也体现了监管层对改善行业形象的决心，无疑会产生深远的影响。

从行业层面来看，目前，保险业声誉不佳，形象不好，行业社会形象亟待改善。诚如保监会主席项俊波曾指出的，尽管近年来保险业保持了比较好的发展态势，但与经济社会发展的要求和人民群众的期望相比，还有很大差距。

从企业层面来看，企业形象是个体品牌和价值的提升，行业形象是集体口碑和观念的改良。但两者又密不可分，尤其对保险业来讲，两者的区别并不是很大。广告业教父大卫·奥格威称："靠打折促销建立不起无法摧毁的形象，而只有无法摧毁的形象才能使你的品牌成为人们生活的一部分。"扩大保险企业的市场份额与利润，提升行业形象是当务之急。

然而，这些是否一则大手笔的高端媒体形象广告就可以扭转？形象广告真有这么大魔力？

形象广告是有益的，但不是万能的。央视广告招标年年巨额揽金，2013年央视黄金资源广告招标预售总额158亿元，其增速甚至高于中国经济，但关于央视广告效果的争议也连年不休，究竟是能化腐朽为神奇，还是化神奇为腐朽？目前尚无定论。但可以肯定的一点就是，不应将央视广告的作用放大，而只是作为整体宣传手段的一部分。

对保险业而言，亿元广告塑造形象，并非孤注一掷，2012年已经做足了基础工作，如开展局长接待日、保险纠纷调解、客户服务节、保险购买风险提示等，在保险服务的各个环节都做了大量卓有成效的工作，自下而上，有力地促进了行业形象的改善。此次亿元广告的重磅出手，是一次自上而下的总结性宣传，以广告引领行业形象重塑，为行业形象的改善提升了高度和覆盖面，配合其他举措，结成了一张立体的形象网络。

行业形象的建设是一项长期的民心工程，需要的是耐心、信心，还有细心。千里之堤，溃于蚁穴，郎咸平的一句"保险是传销"引发了负面影响。一句话就产生了偌大反响，对保险行业形象造成一定的损害。因此，在加强建设的同时，也应细心防范。

让保险服务体贴入"微"

2012年行将结束，在这一年里，"融资难"依然是最为热点的经济话题之一。所不同的是，话题的主角已经从中小企业变成了小微企业。国内举办的各类经济金融论坛，无一例外地会将小微企业融资问题作为重要议题之一。

前两年，舆论焦点放在"中小企业融资难"上，国家和银行都有了相应的政策，但这些政策带来的实惠往往落不到小微企业头上，绝大多数还是流向那些规模和实力都比较稳定的企业。很多人抱怨，作为小微企业，名义上是扶持的对象，实际上真正获益的并不多。

有关研究数据表明，我国银行贷款的覆盖率，大型企业为100%，中型企业为90%，小型企业为20%多，微型企业不到5%。2010年授信额在500万元以下的小企业贷款占全国企业贷款余额的比重不超过5%。即便是近两年，作为一个明确扶持的群体，小微企业仍然有苦难言、发展信心不足。

在此背景下，各路金融机构纷纷提出如何破解小微企业融资难的课题，保险业也不甘落后。目前，保险业为小微企业提供的服务内容包括出口信用保险、小额贷款保证保险、借款人人身风险保障、贷款抵押物财产保险等。从各地开展的情况来看，出口信用保险和贷款保证保险是各地采用最多的服务种类。

一方面，保险业为出口型的小微企业提供了出口信用保险，支持小微外贸企业扩大出口，增强对外贸易的信心和风险保障，改变小微企业"无力接单"的困境。在这一点上，很多地方政府都看到了保险的重要作用，纷纷出台相关举措，支持该保险产品的发展。例如，安徽省政府把出口信用保险作为重要抓手，并由财政提供50%的保费补贴；吉林省政府为出口潜力大的120家小微出口企业全额缴纳保费。

另一方面，保险业为发展中的小微企业提供了贷款保证保险，充分发挥了保险的增信功能，促进银行对小微企业的信贷投放。目前，尽管很多金融机构设有小微企业专属信贷窗口，但由于小微企业业务分散，单笔贷款小，银行相应成本较高，加上小微企业财务不规范，生命周期较短，银行相应风险较高，因此银行对小微企业服务的积极性不高，这是小微企业融资难的现实制度性因素。小微企业是一个经济体中最具有活力的因子，也是最缺乏社会资源支持的群体，保险的支持，为小微企业增加的不只是信用，还有信心。

对于小微企业而言，目前的保险服务还远远不够，需要更多的、更深层次的支持。比如，宜信发布的《2011小微企业调研报告》指出，目前仅有三成企业曾申请贷款，手续麻烦、缺少抵押物或担保是主要限制因素。保险业能为小微企业提供增信，是否也能加快为其融资的速度？在这些方面，保险业可以做的还有很多。

|2012 年 12 月 3 日，《中国保险报》|

为保险正名

日常生活中，很多人包括笔者在内，经常会接到某保险公司赠送保险的电话，但奇怪的是，很少人会接受。赠人玫瑰，手有余香；赠人保险，没人敢要。这很说明问题。

保险是个好东西。保险这个词本身就给予人一种安全感，比如，"有了情况你们有枪也不会用，还是我背着保险。"（莫言《红高粱家族》）通常在保险后面加一个字组成的词，也都有此含义，如保险丝、保险杠、保险柜、保险箱，甚至保险套。一个例外就是，在保险前面加一个卖字，组成的这个词，却会让人产生强烈的不安。

三百六十行，没有一个行业像保险这样有"内涵"。比如，石油、化工、证券、汽车、房产等，从词义上看，这些词都属于中性词，不会让人产生正面或者负面的联想。唯有保险这个行业称呼，蕴含着如此之丰富的感情色彩，当然，包括负面感情，有不安、有防备、有鄙视……

从保险行业自身的价值和使命来说，应该让人联想到爱、分担、安全、慈善等正面形象，绝对不会产生过多的负面联想。但是作为"中国式"保险，它在急速的发展过程中，出现了销售误导、理赔难等问题，保险销售策略的错误和理赔服务的不及时、不到位，使得保险一词引人反感。

但近些年来，保险这个词的意义开始向好。现在，人们已经不避谈保险，不忌讳保险，而是慢慢将之作为生活中必要且重要的一个方面加以对待。选择工作时，会先问问有无保险？茶余闲谈时，会问一问是否给孩子购买了保险？受伤生病时，会庆幸自己有保险保障。一切都在悄然变化中。

这不是偶然。古语说，解铃还须系铃人。保险行业自身造成不良形象，也应着力改变自身形象。这几年来，保险业开始意识到行业形象问题的重要性，从保监会到保险公司，采取了一系列扭转行业形象的举措，谨言慎行，追求平稳发展、扎实推进，在治理销售误导和理赔难方面，取得了辉煌的战果，从根本上扭转了保险行业形象。

这只是个开始，也是个契机，扭转保险行业形象，为保险正名，正当其时。

| 2012 年 10 月 23 日，《中国保险报》|

电梯保险需要政策性推广

"有伤亡的要赔偿，没有伤亡也要给予一定补偿。"8月22日，江苏省质监局副局长张前就江苏拟推的电梯保险制度接受采访时说。

此次电梯保险的名称确定为电梯安全责任险，其分为1个主险和4个副险，主险是乘梯人安全责任险，副险是职业责任险，它涵盖了乘梯人和其他四个责任主体（据《现代快报》报道）。

据报道，江苏是电梯使用大省，目前江苏省在用电梯达25万台，全省梯龄10年以上的电梯已经达到数万台。电梯在江苏省特种设备中占比为21.7%，但投诉率大概占80%以上。

这项制度的推出，是立足于江苏省情的，但是从大的方面来看，这也是整个中国电梯现状的典型缩影。中国已是世界上最大的电梯生产国和使用国，但近两年我国电梯事故频发，诸如乘坐人员被困、电梯急坠、电梯门挤压等，造成一定的人员伤亡和财产损失，事故受害方利益如何得到快速保障一直广受关注。因此，尽管是"拟推"电梯保险制度，但仍然在舆论中引起了较强烈的反响。

电梯保险并不是新生事物，多家财产保险公司早已推出了电梯责任保险。但是，在我国市场上单独售出的电梯保险非常少，通常都是"被打包"在"公众责任险"等公共领域的意外保险中，但这种打包的保险，对由电梯引发的意外而进行的赔付金额非常低。

这项制度的亮点在于，将以地域范围进行推广电梯保险，主体并非保险业，而是地方政府相关部门。江苏省特种设备管理协会副理事长周国庆说："我们已与江苏保监局联合制定了全省电梯责任保险工作意见，并将上报给江苏省政府，请省政府来推动电梯保险制度在全省执行。"

从性质上来看，这项制度具备政策性背景。由政府部门牵头推广，又要厘清与强制责任保险的界限，这就需要相关部门谨慎拿捏推广的尺度。既不能强制相关企业和个人缴纳保费，又不能任其自流，全部由企业自主选择。从之前电梯保险的普及程度来看，完全的市场行为只会让这项制度变成一纸空文。

从操作模式来看，这项制度更倾向于风险管理。一方面，保费将由居民、维保单位和当地政府共同承担；另一方面，理赔的力度也在加大。电梯安全事故经常引发赔偿纠纷，涉及人员伤亡的事故容易厘清责任，赔偿也比较顺利，但如果仅仅是被困在电梯里面，则难免会出现赔偿纠纷。

"有伤亡的要赔偿，没有伤亡也要给予一定补偿。"这是江苏拟推的电梯保险的一大亮点，在赔付标准上，只要人员被困超过20分钟即可获得一定补偿。在这样宽松的赔偿标准下，势必会提高电梯生产企业、使用单位和个人的安全和风险意识。

|2013 年 8 月 28 日,《中国保险报》|

反保险欺诈　还保险一片蓝天

2012年，为还保险业一片纯净的蓝天，各地保险业一直在积极行动，在业内掀起一股反保险欺诈热潮。

反保险欺诈面临的形势日趋严峻。20世纪80年代末，中国诈骗犯罪中涉及保险欺诈的占2%，到2000年，已上升到10%。保监会数据显示，2012年上半年共发生保险欺诈案件127起，涉案金额3 645万元。其中，机会型欺诈在车险、健康险、政策性农业保险领域较为普遍。

车险理赔难一直遭人诟病，但车险领域一直是骗保重灾区。针对保险行业中市场反映强烈的车险领域欺诈理赔案件，按照保监会《关于加强反保险欺诈工作的指导意见》要求，由各地保监局牵头，各地保险业陆续出台了各种强硬的措施。例如，江苏保监局本着预防为主的原则，组织行业积极探索反保险诈骗提示制度；内蒙古保监局下发通知，要求保险公司对重点赔案、重点环节进行欺诈风险排查；深圳保监局构建"组织机构网""联动协作网""情报信息网""新闻宣传网"加强反保险欺诈工作；陕西保监局制定保险业反保险欺诈工作实施方案等。

各种人身险领域的诈骗也层出不穷。对此，青岛保监局提示人身伤害理赔案件较多的公司，重点审查伤残者的医疗费用、伤残等级、伤亡者及被抚养人的年龄、家庭成员等相关情况；辽宁保监局高度关注寿险代办业务的诈骗问题，发现嫌疑人根据掌握的客户信息通过伪造资料等做法到公司诈骗退保。

此外，近年来船舶等航运保险市场发展较快，欺诈风险也较大。2012年，长江航运公安局安庆分局就相继侦破7起船舶保险诈骗案，涉案金额达118万余元。12月，长江流域打击船舶保险领域违法犯罪活动经验交流会在安徽召开。保险监管部门与长江航运公安、海事部门进一步加强交流，探索建立全流域执法协作机制。

不仅商业保险，社会保险、生育保险等也面临着不同程度的保险欺诈。对此，社保部门和公安部门也开始着手打击相关骗保行为。如厦门市人力资源和社会保障局和厦门市公安局加强合作，联合防范和打击欺诈、骗取社会保险基金行为。

保险彰显的是社会公平，保险欺诈和骗保吞噬利润，损害的是善意投保人的权益。在2012年，"破案会战"、"飓风行动"这些气势十足的口号与保险业紧密联系在一起。随着2012年3月全国公安机关打击经济犯罪"破案会战"工作的启动，各地保险业积极配合，与公

细节看保险

安部门密切合作，将此项工作升级为打击保险诈骗专项行动，有力震慑了保险诈骗犯罪活动。例如，宁波保监局与宁波市公安局经侦支队召开预防打击保险诈骗案件联席会议，进一步加强宁波市公安局驻宁波保监局联络室建设；苏州市建立了定期案件会商机制，每月9日由公安、保险行业协会、保险公司以及律师、法院等共同分析案情，会商疑难大案等。

多方联合打击保险诈骗将成为一种常态。保监会上述文件明确提出，要构建一个"政府主导、执法联动、公司为主、行业协作"四位一体的反保险欺诈工作体系，并要求全行业进一步健全反保险欺诈组织体系，完善技术规范，建立风险通报制度。而公安部经济犯罪侦查局金融处负责人则建议，成立以多方组织参与的委员会制度。反保险欺诈绝不只是保险公司一家的事，必须由包括立法机构、监管机构、行业组织、保险公司、被保险人，乃至社会公众在内的多方主体共同治理。

保险欺诈侵害消费者利益，影响行业经营效益，破坏市场秩序。如何打击保险诈骗，关乎保险业长远发展，更关乎社会和谐稳定局面的建设。诚如保监会稽查局副巡视员王柱所言："要想走得快，一个人走；要想走得远，大家一起走。"

|2013 年 1 月 16 日，《中国保险报》|

惠民生　自然灾害保险大有可为

在近期发生的一些自然灾害中，均涉及了较为重大的保险理赔。

福建南平翻船事件致15人遇难，相关部门对遇难人员进行了善后理赔：福建南平延平区政府为每个遇难人员家属捐款8万元；保险公司赔偿自然灾害意外险10万元／人；船运公司赔偿水路客运承运人责任险25万元／人。

3月18～20日，湖南、广东、福建、贵州、江西等地遭受龙卷风、暴雨和冰雹袭击。在广东省东莞地区，仅平安产险于21日就接到自然灾害车险报案400多起，财险报案将近50起。

在以上的保险理赔情况中，有一项保险值得注意，即自然灾害保险。为市民上自然灾害保险，是地方政府保障和改善民生的惠民工程、民心工程。例如，2012年12月初，无锡市政府率先为市区239万户户籍居民购买了自然灾害公众责任保险。日前，随着江阴、宜兴两市自然灾害公众责任险的履约，无锡实现了自然灾害保险全覆盖。

2013年以来，全国多地纷纷开展自然灾害公众责任保险。如承德市对因自然灾害或见义勇为造成人身伤害的城乡居民推出"一元民生保险"，保险内容分为"自然灾害公众责任保险"和"见义勇为救助责任保险"。浙江嘉兴南湖区有45.5万人获得为期1年的自然灾害公众责任保险，该保险作为2013年南湖区政府民生实事的项目之一，由南湖区政府为该区居民统一投保。

事实上，在多地开展的自然灾害保险，当归于民生保险的范畴。例如，广西为城乡低收入人群提供人身意外伤害综合保险；苏州三区推行自然灾害民生综合保险，采取政府部门与保险公司"联办共保"方式。

目前我国多地开展的自然灾害保险或者民生保险制度中，多以当地政府财政负担投保费用为主，政府出钱向商业保险公司购买保险服务，凸显了其民生保险的意义。不过，目前的自然灾害保险内容仅覆盖了房屋、人身等方面，对于农作物未曾涉及。

在自然灾害保险的覆盖面中，农作物种植是否可纳入自然灾害保险？2013年两会期间，来自黑龙江省佳木斯市桦南县梨树乡和平村的全国人大代表孙斌建议，把所有农作物种植全部纳入自然灾害保险范围，强制性地参加保险，由国家来支持和承担保险，特别是商品粮生产基地的大省和国家级贫困线的粮食生产基地，应该由国家来全额进行农业自然灾害的保险。

强制保险的破与立

近期，关于强制保险有两个重要的话题值得关注。一是火车票强制保险，实施逾61年强制险将取消；二是海南省人大代表政协委员建议建立旅游强制综合保险制度。看似风马牛不相及的两则消息，因为强制保险联系在了一起，一破一立，为2013年的保险市场平添了两个变数。

强制保险与普通商业保险的主要区别是：在普通商业保险中，投保人是否投保，投保什么险种，完全由投保人自行决定，至于保额多大，保费多少，则由投保人和保险人商定。而强制保险中，通过法律制度安排，规定特定的主体必须依法参加强制保险，使得一些高风险行业和领域有充足的保险保障，能够更好地发挥保险的经济补偿和社会管理功能，维护社会稳定。

铁路强制保险之破，有深层次的原因。铁路强制保险"霸王条款"不仅有违保险自愿原则，也与《保险法》构成明显冲突，早已饱受诟病。"赔偿最高15万元"的标准明显偏低，也明显不合乎现行国家法律要求。

此举对撼动火车票价格产生了直接影响。"火车票票价将部分下调。"《新京报》近日的报道称，2013年元旦起，因火车票票价内强制险部分的去除，火车票票价将部分下调。目前，铁道部正统一核算票价，预计不久会公布调整方案细节。

同时，今日本版刊登的头条文章显示，旅游大省海南省人大代表政协委员建议建立旅游强制综合保险制度，并于2013年向全国和海南省"两会"提交建议提案。这可谓是旅游保险的一次重大突破，将为旅游保险的长远发展打下坚实的基础。

近年来，海南旅游热居高不下，同时也问题频发，而海南省旅游企业投保状况参差不齐，一些中小型旅行社及旅游酒店存在侥幸心理，不投保或少投保，致使许多企业在事故发生后无力赔付。

不仅仅是海南省，如何解决好旅游安全也已经成为每个旅游区迫在眉睫的问题。根据国家旅游局的统计，每年到中国旅游的外国人1 000多万人次，他们几乎百分之百地买了保险。而我国每年有10亿多人次旅游，但买保险的还不到10%。国内游客都将自己的安全保障托付给了旅行社强制责任保险。因此，"旅游强制综合险"的实施将成为旅游安全体系中重要的一环，也将成为保障各方利益的有力后盾。

从舆论反响来看，取消铁路强制保险是顺应民意之举，赢得了舆论各方的力挺；而建立旅游强制综合保险，由于尚处于规划和推动阶段，目前的舆论反响尚不明晰。但这一破一立之间，却有着若干共同点。

首先，两者对商业保险公司都是明显的利好。铁路强制险的取消，必然会催生各家保险公司的铁路意外险产品。而旅游强制综合保险的建立，也将深度挖掘旅游保险市场，为商业保险公司带来巨额的保费收入。这两点，将对明年的商业保险市场产生正面影响。

其次，两者都是围绕消费者利益开展的。铁路强制险涉及是否自愿购买、消费者知情权，以及保障额度不足等问题，其"破"是完全符合消费者利益的；而旅游强制综合保险将大幅提高游客的保险保障额度和范围，其"立"也是从根本上保护消费者的权益。

这两项强制保险的破与立，都是顺势而为。懂得了为何而破，才能更好地做到如何而立。

| 2012 年 12 月 24 日，《中国保险报》|

为民生保险制度喝彩

近一段时间，"民生保险制度"一词在媒体上出现的频率走高，上海、广西、江苏苏州、湖北宜都等地纷纷推出一揽子举措，探索由地方政府出资向保险公司购买保险服务的方式，意图打造当地广覆盖的"民生保险制度"。

"民生保险制度"是一个宽泛的概念，从各地的实施情况来看，主要内容有三个方面：一是自然灾害引发的各种人身风险；二是自然灾害引发的房屋损失风险；三是对见义勇为等行为提供的人身保障。

在上述共同举措之外，各地还因地制宜，体现了浓厚的地方色彩。比如上海2013年将在奉贤区开展保险试点，该试点制度欲实现广覆盖，全面包容试点地区的所有人员，包括当地户籍和非当地户籍人员；宜都实现"一元民生保险"制度，本地居民只要缴纳1元，就可以享受一系列的保险保障等。

无论如何，"民生保险制度"都值得我们为之喝彩。该制度针对的风险，无一不是当前的热点，如见义勇为的保障不足、自然灾害的保障不足等，无疑会对地方经济社会的发展形成一道保护网，同时对社会风气的改善提供一定的推动力。

民生保险的实质，是政府对民众实施的一种政策性保险，是一种政府民生救助行为，是一项惠民工程，突出的是对社会民众的最基本保障。地方政府通过购买服务的方式，落实其公共服务的职能，充分发挥商业保险机构这一专业化、社会化力量的作用，提升保障服务的力度和水平。

不可忽视的是，保险业正成为地方政府保障民生的重要选择。虽然"民生保险制度"是由地方政府主导的，但这并没有抹杀地方保险业的重要性。无论前期的调研承保，还是后期的查勘理赔，这些工作最后都要落实到保险公司。承担民生保险的商业保险公司，将利用其营业网点，具体负责受灾的受理报案、核灾核损、理赔材料受理等环节，及时兑现赔款。保险公司通过风险管理职能，切实推动了各地民生保障体系的完善。

"民生保险制度"目前还处于各地政府自发开展阶段，且以地市级单位为主。然而，"民生保险制度"是否具备全国推广的可能？俗话说，南橘北枳。地方保险模式的推广一直是个难题。近些年来，在全国各地涌现出很多独具特色的保险模式，但在全国推广的过程中，遇到了不少壁障。相比之下，"民生保险制度"的内容中，各地举措的相似性非常高，可复制性强，使其具备了异地推广的可能。

保险业应积极参与"民生保险制度"的推广，一方面要积极配合，另一方面也要主动跟进。随着部分地区的实施，"民生保险制度"可能产生更大的影响。在此过程中,地方保险业应密切关注,积极推动政府相关部门关注和研究该保险制度。

保险知识普及的力量

保险知识普及是近些年保险业一直努力在做的事,这项工作在2012年全面开花,其地域覆盖面之广,受众年龄跨度之大,载体之丰富,形式之完备,使之汇聚成一股力量。这股力量,推动保险知识根植于社会意识和大众观念中。

保险知识普及与保险消费者教育经常相提并论,但两者也不尽相同。后者致力于保险消费者的教育,使保险消费者能理性购买保险;而前者是面向更为广泛的社会大众群体,无论是否保险消费者,从农村到城市,从少年儿童到耄耋老人,从边疆之地到闹市社区,从实体书店到购物网站,保险知识无所不在。

在农村,保险知识普及更是深耕细耘。这一点,在农业大省体现得淋漓尽致。以河南为例,2012年以来,在多次深入基层乡镇调研了解情况的基础上,河南保监局在安阳、许昌、三门峡、漯河4个地市启动试点,开展了轰轰烈烈的河南农村消费者教育推广活动,其中的特色举措成就显著,即在农村累计悬挂或涂刷标语6 713条,覆盖4市253

个乡镇，覆盖率达到100%的乡镇和70%的行政村，平均每个乡镇26条标语。

在学校，保险知识授业解惑。普及保险知识，要从娃娃抓起，这一点已经成为业内共识，也是各地保险业普遍在努力的方向。如宁波保险业开展的"保险教育进学校"系列活动，包括编写《保险伴我健康成长》教辅教材、开展课堂教育、暑期保险社会实践活动和校园避险训练等，精彩纷呈，取得了一定的社会影响。

在社区，保险知识侃侃而谈。社区讲座是各地保险业通常采用的一种操作模式，由于其对大众固有的贴近性和互动性，往往收到良好的效果。如上海太平洋寿险的一场保险讲座吸引了陆家嘴街道30多位居民，内容从保险的基本知识，到主要该为谁买保险、买什么保险产品等，十分丰富。又如，江西省保险行业协会携手《法制报》开展"保险法"专场咨询活动，首创保险公益律师进社区模式，面对面为市民提供免费法律咨询服务。

在媒体，保险知识花样繁复。保险业或通过电视专题栏目，宣传保险知识，如天津保险业开办的《十分保险》数字电视栏目，延续性很强；或通过报纸专栏，以读者喜闻乐见的形式宣导保险知识，如大连市保险消费者教育专栏在大连地区最大的都市报《大连晚报》连续开办20多期；或通过网站交流，与网友互动问答，如北京保监局局长参与"明明白白买保险，快捷理赔享保障"之车险理赔专题在线访谈，现场解答多家门户网站网民关于车险方面的疑问，等等。

此外，诸如"保险知识普及丛书"的发布、金博会开设"保险知识大讲堂"、新疆保险业为农牧民普及保险知识等，均有不同程度的创新之处，让人耳目一新。

普及保险知识，实际上为保险业增加了话语权。李普曼在《公众舆论》一书中提出："我们的见解是依赖媒体报道和自身想象而成。"目前，在媒体的负面报道重压下，加之大众对保险业的了解程度粗浅，各种误解一直存在。保险知识的普及，在媒体和公众的偏见外，增加了一种保险的正面声音。这种声音，要改变的不只是大众不了解保险的局面，更要改变他们不愿意去了解保险的意愿。在这一点上，保险知识普及的任务更重。

综观2012年以来各地保险业的一系列举措，推动了保险知识的普及，凸显的是行业主观的努力，是一股主流的力量。不可忽视的是，还存在一种边缘化的力量，客观上也推动了保险知识的普及，甚至引起大众对保险业的兴趣和正视。

近期热映的电影《少年派的奇幻漂流》情节中，在少年派脱离险境后，保险公司调查员来调查沉船的原因，派向他们讲述了他同老虎在一起漂流的经历。然而，调查员不相信这个奇异的故事，于是派在病榻上又口述了漂流的第二个版本。保险公司究竟会选择信任哪一个故事版本，成为很多观众关心与探讨的话题，同时也让保险潜移默化地进入观众的意识之中，引起他们想对保险进一步了解保险的兴趣。

影视文化是大众化的，利用影视文化来强化保险知识普及，用边缘力量强化主流力量，共同推动保险知识普及的立体化效果，值得进一步研究。

"狼害"损失　保险埋单

几年前，一部《狼图腾》引发的关于狼的热潮如今已逐渐冷却，而日益猖獗的"狼害"又引起人们对狼的关注。

狼行千里吃肉。近期关于"狼害"的新闻频频见诸报端。如中蒙边境牧区狼害猖獗；"狼害"频发，内蒙古生态遇新难题；在青海三江源，由于狼害严重，部分村子全村放弃养羊。面对不断发生的"狼害"，一边是国家二级保护动物的狼，一边是牧民赖以生存的羊，到底是保狼，还是护羊？目前相关部门还没有正式的说法。

而对于"狼害"带来的损失问题，各方依然无解。牧民为避免猎杀狼，只是采用加高羊圈、设放假人、饲养大型犬、燃放烟花爆竹、焚烧驱狼香以及安装驱狼灯等各种古法新招防范它们的袭击，这是遵纪守法的表现，却在人狼博弈中显得十分被动。

同时，相关的补偿政策没落地。依据《中华人民共和国野生动物保护法》第十四条规定："因保护国家和省重点保护野生动物，造成农作物或其他损失的，由当地政府给予补偿。补偿办法由省、自治区、直辖市政府制定。"但"由当地政府给予补偿"的主体不明确，不知是指省市还是乡镇，损失一般由牧民自己承担，也让牧民心中没底。

在全社会高度关注民生的今天，如何让遭受"狼害"的牧民获得合理补偿？如何通过合理的制度设计有效分担牧民的损失？在这种矛盾的境地中，保险的补偿功能优势脱颖而出。将肉羊纳入全国政策性农业保险范围内，加强畜牧业风险防御能力，让因狼害造成损失的牧民有了基本的保障。

新疆作为全国五大农牧区之一，农牧民人均收入2012年首破6 000元，"狼害"频频发生让牧民"很受伤"。新疆保险业率先尝试新方法，试点畜牧业政策性保险：牧民承担20%左右的保费，其余由当地财政和自治区畜牧厅承担，一旦发生问题，牧民可获得市场价七成的保险赔偿。

牧民收入低，抗风险能力弱，提高收入的手段和方法都非常有限，为"狼害"埋单，也正是切实的惠民利民之举。

|2013 年 1 月 17 日,《中国保险报》|

跨界营销开辟保险新天地

随着春节的临近，一年一度的购物狂欢节开启了序幕，淘宝网上各种企业竞相推出营销活动，而保险业也不甘落后，在淘宝网的保险频道推出精彩纷呈的促销活动。

中国平安、太平洋保险推出"车险巨划算"活动，购买车险不仅省钱，还赠送多重豪礼；中国平安、泰康人寿等推出的"火车票下调了，提前网上买保险"活动，主打火车（动车高铁）交通工具意外险，顺应时势；中国平安、泰康人寿等推出的"做不后悔的自己"活动，提倡多回家看看，主打中老年人健康类险种，等等。

相比之下，更吸引眼球的，是大地保险推出的"买保险、送基金"的活动。该活动系大地保险联手上投摩根基金管理有限公司推出的，活动期间，符合一定条件的车主，即可获得该基金公司免费提供的基金体验券。这可视为保险业的一次跨界营销活动。

事实上，保险跨界营销早有先例。早在2009年，中国人寿合肥市分公司与安徽万基置业有限公司强强联手，共同就投资商铺与保险保障打包销售而签约合作。无独有偶，在2012年，链家地产与阳光人寿保险正式启动了战略合作计划，双方由集团层面带动，谋求分支机构间多层级的合作。

上述活动是保险与地产的跨界合作，大地保险的本次活动，也开启了一个先河，即保险和基金跨界合作营销的先河。跨界营销的意义不仅在于营销本身，实际上，更在于为行业发展拓宽新天地，创造新的契机和经验。

近期，保险和基金亲密接触的话题频现。日前，保监会发布了《保险公司销售证券投资基金管理暂行规定（征求意见稿）》，对保险公司、保险经纪公司和保险代理公司承销基金征求意见。2012年11月，证监会就发布消息，允许保险机构发售基金，此次保监会进行了更加细致的规定。业内人士认为，在泛资产管理时代，对保险机构放开渠道和业务范围使得产品销售多元化，有利于金融机构的产品创新和市场竞争。

同时，保险与基金的跨界合作也存在一些难以越过的障碍。一方面，保险销售人员良莠不齐，保险从业人员职业素养之前一直受到质疑；另一方面，保险机构此前没有销售基金的经验，一系列配套制度、后援体系包括行业环境的形成都需要时间来培育。因此，上述征求意见稿发布后，尽管专家议论纷纷，保险业内尚无实质举动。

大地保险的这次跨界营销活动，率先与基金理财合作，开创保险行业之先河，为保险机构代理基金业务积累了宝贵的经验。

|2013 年 2 月 5 日，《中国保险报》|

政府关注让保险更接"地气"

随着保险业的快速发展，在社会和民生领域的广泛覆盖，在大众生活中的全面渗透，保险引起了越来越多的关注，不仅消费者在关注，地方政府也青睐有加。

2012年，《中国保险报》地方版设立了一个名为"政府支持"的栏目，专门刊登各地政府对保险业支持的消息。从中可以看到，地方政府对保险业的支持方式多样：或由政府领导批示保险发展规划，或下发政府文件重点提及保险，作为保障当地经济发展的重要举措，或在相关经济发展座谈会中提及保险的作用。例如，陕西省人民政府出台的《关于进一步促进金融业发展改革的意见》中提出，要充分发挥保险业的经济社会保障作用等。

地方政府青睐保险有其深层原因。一方面，保险业支持地方经济社会发展成效显著，已然获得各地政府的认同。在农业保险创新发展方面，在重点领域责任保险机制完善方面，在信用保险支持企业融资发展方面，在支持扩大就业方面，在支持扶贫开发方面，在增加地方税收方面，保险业的身影无处不在。发挥保险补偿功能，为社会提供各类风险保障，保险业为地方经济社会发展撑起了一把坚固的保护伞。

另一方面，地方政府对保险的关注点有所侧重。民生保障方面固然是重点，在城市建设融资方面，地方政府也将保险资金作为重点考量对象。如今天本版刊登的大连市政府副秘书长、市金融发展局局长曹煦的专访显示，2013年大连市确定的城市重点基础设施建设项目180项，年度计划投资4 000亿元，资金需求旺盛。保险资金新政中所放开的以债权、股权等方式吸纳保险资金投资将成为城市建设和经济发展的重要资金来源。

可以预见，在2013年，地方政府对保险业发展的支持力度将继续加大。近期集中召开的地方两会上，地方人大代表、政协委员都对保险业提出了有价值的建议。例如，江苏省人大代表华山建议，建立自然灾害公众责任保险制度，进一步完善灾害补偿机制；云南省政协委员华日新、许雷和科学技术界委员陈勤联合提交了《开展政策性地震保险试点工作建议》的提案，他们建议，应在云南试点"地震险"；云南省政协委员杨光波表示，除加强政策宣传、增加农村居民收入、提高保障水平以外，还可以探索扩大农村养老保险基金的保值增值途径；福建省人大代表提出对乘客人身意外伤害保险销售模式及销售行为方面的意见；福建省政协提案中提出进一步发展科技保险业务的建议，还建议建立住院护理保险，作为现行医保的补充等。

投我以桃，报之以李。地方政府对保险业的关注和支持，必将促进保险业更接"地气"，更好地服务地方经济社会发展，形成双赢的大好发展局面。

一元保险大天地

在物价普涨的当下，一元钱能买得了什么东西？这个问题对大多数人来说，都是要费一番考量的。可能买一根冰棍或者几块糖，但是买不到一个西红柿或者一个苹果。在金融行业，一元钱更是如沧海一粟，渺不起眼。但是在保险方面，一元保险却偏偏开辟出一方新天地来。

近年来，不少地方陆续开展了富有地方特色的民生保险，与各地的风险需求、人群特征非常契合，其最具有代表性的就是所谓的一元民生保险。这种"政府出资、保险赔付、个体受益"的模式，并没有成为完全的免费项目，需要投保者缴纳一元的保费。不过在有的地区，这部分保费由民政部门来埋单。

对于全国大部分地区来说，一元民生保险制度比较简单。首先，在保费上，是针对辖区户籍人口每人每年一元的标准来征收；其次，在保障上，被保险人在一年内享受"见义勇为救助责任保险"和"自然灾害公众责任保险"两项保险。有的地区拓宽了民生保险的范围，比如江苏无锡，在一系列惠民保险中，还包括"低保老人和低保家庭人员人身意外伤害险""养老机构综合责任险""城乡户籍居民住房财产险"等，百姓不出一分钱，保费都由政府资金与慈善金埋单。对此，民众的认同率达到了95%以上，其受欢迎程度可见一斑。

虽说从一个地市层面上看，每人一元，也会出现几十万元甚至上百万元的大数目，但是对于个人而言，这一元的保费，更多的是象征的意义。交了钱，就有了参与的意识，就会懂得这份保险的范围和功能，在出险的时候，能更充分地运用这份保险来挽回自身损失。所以，一元民生保险形成一个多赢的局面，政府主导，社会参与，公众受益，还能引导社会风气向好的方面转变。看起来简单，起到的作用却不可小觑。

见义勇为是中华民族的传统美德，但是由于当下种种原因，如社会保障救助体系的不完善，以及见诸报端的各种"中山狼"故事，让人们在见义勇为的时候有所迟疑。自己受伤了，谁来保障？如果反被讹诈了，谁来解围？英雄流血又流泪，救人不成反被讹的故事屡屡上演。民生保险就很好地解决了这些问题。例如，一元民生保险对于见义勇为中死亡、伤残和医疗三种情况，均有一定数额或者比例的赔偿。而自然灾害公众责任保险，在巨灾保险尚未普及的背景下，可以有效地填补这方面的空白。其价值不言而喻。

鉴于这种积极的意义，在先试先行地区的引领下，带动了其他地区来尝试和探索。2013年，江苏南京、河南洛阳、陕西铜川等地陆续开展了民生保险项目。在南京，大部分区已经为低保户、边缘户等困难群体开通民生保险，目前已经有了一定数量的赔付；在洛阳，也有保险公司借鉴外省经验，联合政府部门开通了民生保险这一服务。可以说，现在在全国范围内，民生保险已经不是星星之火，而是开始呈现燎原之势。先行者的脚步，带动了无数效仿者。这是一个非常可喜的现象。

民生保险是可贵的，更可贵的是各地政府对于保险的这种运用意识。我们可以看到这样一个现象，保险虽然是由保险公司来操作，但是相关的文件制定与下发，都是由政府出面，其形式和农业保险、大病保险这样的大民生险种如出一辙。从这一点可以看出，这些地区的政府对保险的认识已经上升到了一个新的高度。有时候会听到一些基层保险人员抱怨：地方政府官员对于保险存在偏见，认为保险是骗人的。连政府官员都这么想，那群众又会如何去想呢？因此，要改变群众观念，提高保险形象，首先就要改变政府的保险的看法，提高保险在政府部门眼中的形象，唯有如此，保险才能派上大用场。

一元钱，买到的不仅仅是保险，得到的也不仅仅是保障。

| 2013 年 12 月 27 日，《中国保险报》|

看海

一场暴雨让春城昆明变成"水城"；台风"苏力"过境后，内涝让羊城广州成了"洋城"；而在福建省，台风"西马仑"过后积水浸泡的厦门大学校园被戏称为"海洋大学"。在网友编制的"中国城市看海联盟"榜单上，鄂尔多斯、西安、延安等内陆城市2013年也榜上有名。

进入汛期的两个月期间，中国至少有12个城市陷入内涝灾害，道路积水，管线断裂，交通阻滞，房屋受损，人员伤亡……外表光鲜的城市，在暴雨冲击下，脆弱得近乎不堪一击，人们惊呼："一场大雨就把一个城市几十年的建设打得原形毕露。"

城镇快速发展加重了内涝风险，从现实层面看，这种风险还在加剧，真正的谷底尚未到来，政府及相关部门应对此高度重视，统筹考虑，科学决策，否则，后果不堪设想。

暴雨让我们在城市"看海"，看到的却是另一番景象。

受前几天强降雨的影响，厦门环岛路沿线沙滩、鼓浪屿港仔后沙滩等沿线海滩，堆积了大量垃圾，塑料袋、食品盒、易拉罐和枯树枝等随处可见。一名外地游客站在鼓浪屿港仔后海滨浴场，看着满目狼藉的沙滩无奈地说，她慕名到厦门来玩，谁知海滩竟然是这样的，真的很扫兴。据悉，早在2007年，省政府就要求解决厦门海域海漂垃圾问题，但截至目前，仍没取得太大的进展。

游客有游客的无奈，每个人都有自己的无奈，无奈之下，却有人采取了极端的表现方式。2013年7月20日，山东籍男子冀中星在机场散发传单后引爆自制爆炸装置；7月21日，又有一名广东籍男子因在机场内抛撒传单而被机场警方行政拘留。万幸的是，这些事件未曾造成伤亡。

但是，令人心痛的是甘肃定西地震造成多人死亡。定西地震造成了大量的伤亡，各方救援迅速启动，交通支持、物资支援、全力搜救等工作正在进行。保险业也在第一时间发出了抗震救灾的正能量，鼓舞着灾区人民的心。

灾区人民有吃有住，体现了社会的责任心，但很多人却对社会失去了责任心。媒体报道称，昆明黑作坊用洗脚水做米线。根据举报，昆明黑林铺班庄村的一个米线加工作坊，抽取洗衣服、洗菜池子里的水加工米线，销往市区。那个池子甚至有人在里面洗脚。

责任在每一件事中都需要，而责任心则需每个人都付出。

节俭办晚会

中宣部、财政部、文化部、审计署、国家新闻出版广电总局联合发出通知，要求制止豪华铺张，提倡节俭办晚会。通知要求，不得使用财政资金举办营业性文艺晚会，不得使用财政资金高价请演艺人员，不得使用国有企业资金高价捧"明星""大腕"。

近年来，文艺晚会、节庆演出过多过滥，存在一味追求大场面、大舞美、大制作，奢华浪费，竞相攀比等不良现象。目前国内的演出市场，大型晚会动辄就要花费5 000万元以上，污染了艺术空气，影响了国家和公共形象。

令人意想不到的是，这个由政府部门出台的文化管理方案，赢得了各方的肯定和赞成，各方一致认为"节俭办晚会"太有必要了。从中央电视台到各地电视台纷纷表态，响应节俭令。如中央电视台就提出，将节俭办中秋晚会，减少邀请港台艺人参演人数，晚会将错时播出。

而事实上，无论是中央电视台还是地方电视台，耗费巨资办晚会的钱，都不是自掏腰包，而是从企业冠名、赞助、广告中得来。晚会的高额成本最终落到了企业身上，企业最终承担了这种奢侈的包袱。

再深一层，企业付出的成本，无疑还将以产品提价、服务降低的代价返回到消费者身上。因此，电视台和明星其实都是赢家，而企业和消费者要为这种透支的娱乐来埋单。

保险企业与大型晚会也有各种联系。近年来，有的保险企业与电视台联合举办大型晚会，明星阵容也不小，耗费巨大；也有的保险企业通过赞助冠名的方式，间接参与大型晚会的筹备和举办，自然也要为会上的明星高身价埋单。晚会等通过明星来吸引眼球，而保险企业借此推广品牌，本来无可厚非，但是如果缺乏前期论证和后期评估，盲目办晚会，过把瘾就"死"，显然是不明智的。尤其是在目前保险业整体处于平稳发展过程的背景下，一掷千金办晚会行为应该慎行。

节俭办晚会，谨慎请明星，不局限于晚会，品牌代言、广告宣传方面也要借鉴奉行。保险企业与明星的关系不仅表现在各种晚会上，还表现在品牌代言方面。例如，姚明为中国人寿代言：要投就投中国人寿；刘翔为中国平安代言：买保险，就是买平安。此外，成龙、葛优等大牌明星也不同程度参与品牌代言或广告宣传。

虽说明星效应为保险企业带来了一定的社会效益，然而付出的金钱成本也高得骇人。过度地依赖明星效应，可能会陷入高成本、低服务的恶性循环。尤其是在各地党政部门纷纷开展党的群众路线教育实践活动、整治"四风"的背景下，保险企业要适当转变宣传思路，不盲从不扎堆，充分运用好多种质优价廉、行之有效的宣传方式，才能让品牌建设健康发展。

细
节
看
保
险

社保折现折射出什么

近期，人力资源和社会保障部社会保障研究所等单位就《社会保险法》实施情况进行的专题调查研究显示，《社会保险法》出台后，我国参保人数明显增加，但却出现了部分农民工、个体工商户和灵活就业人员个人不愿参保而宁愿多要工资的问题。

社保顾的是远虑，而高薪解的是近忧。社保和高薪两者之间究竟该如何选择，应该说，这并非鱼与熊掌之间的选择，鱼与熊掌不能兼得，但社保和高薪却在理论上可以兼得，两者没有实质的冲突。可是为什么会出现单项选择的现象？

报告中的分析也道出了其中一些端倪。报告称，参保扩面的主要难题在利润低的小微企业、劳动密集型企业。绝大部分私营企业只给核心管理人员和技术人员缴纳社会保险，无心或无力考虑普通职工的参保问题。同时，一些员工个人也不愿参保。这主要包括农民工群体、个体工商户、灵活就业人员等。这些低收入群体不愿降低收入参加社保。为了使当下生活稍微宽裕一些，他们宁愿不参保，让单位将这部分费用转化为工资发给自己。

农民社会保障是城镇化过程中最大的问题。对于农民工等群体弃社保换高薪的现象，不应将批判的矛头过多地指向农民工群体。这一看似短视的做法，所反映的绝不仅是个体的不理智。弃社保换工资，并非农民工鼠目寸光，更多地说明社保体系缺乏基础性保障。应当承认，当前的社保体系没有针对最该保障的农民工群体，从基础性工作的铺垫，到保障体系的完善，都没有做到位。

我们也看到，当下全国各地的相关部门都在大力推进社保扩面工作，措施也形形色色，成绩也十分耀眼。到2012年末，全国城镇职工养老保险参保者比2010年末增加4 700多万人，城镇基本医疗保险的参保者增加约1亿人。

但是另一组数据，却明显道出了社保的空白地带仍然很大，扩面工作仍然任重道远。近期，由《半月谈》组织的一项"城镇化过程中的村庄变迁"调查显示，仅过半（54.81%）的受访打工者表示自己在务工城市参加了社会保险。在所务工的城市获得"五险一金"式的全方位社会保障，对绝大多数农民工来说是种奢侈。

同时，在高薪与社保之间选择处于摇摆姿态的，不仅仅是农民工群体，还有部分刚刚踏入社会的学生。在就业压力和生活压力之下，很多人默许了企业社保折现行为。随着高校学生毕业季的来临，在企业招聘过程中，用人单位是否能够及时为职工缴纳社会保险也成为求职者普遍关心的问题。但是部分规模小、人员流动性大的企业，却以给职工高工资为借口，拒绝为其缴纳社会保险费。

放弃社保选择高薪的现象，也在提醒着相关职能部门，在参保扩面中，无论采取何种举措，唯有提高社保制度在流动群体中的吸引力，参保扩面工作才存在深度推进的可能。同时，要从法律到日常稽查各个环节，全面监督促进企业为员工提供社保，避免有的企业利用法律盲点和求职者心理弱点，再给他们出二选一的难题了。

筑牢官网之基

近期，很多保险企业在品牌宣传方面都有比较大的动作。比如中国人保在《富春山居图》影片中进行的广告植入，比如阳光保险对《我要上春晚》栏目的冠名，比如新华保险和婚恋网站联合推出的七夕营销活动等。

保险业是服务行业，重视品牌建设和舆论口碑是营销的题中之意。应该说，这些年来，很多保险企业在品牌建设方面狠下功夫，花费了不少的金钱和精力，取得了一定成效。特别是宣传策略和推广方式各式各样，随着新媒体的崛起，保险业也作了各种探索。无论博客、微博、微信或者自媒体，也都出现保险企业宣传的身影，尽管投入不是很大。有的业外朋友曾经感慨道，保险行业的确是与时俱进的行业，其产品开发如此，品牌传播也如此。

在形形色色的传播方式中，策略要有一个核心，品牌建设也要有一个基础。夯实基础，才能让保险企业品牌建设巍巍高楼平地起。上述列举的种种传播方式，都有一个共同之处，便是借助了其他的载体或者平台，比如借助影视传播，借助淘宝等第三方电销平台，借助新媒体自媒体等渠道，整体看来还是依赖外力为主，而作为保险企业品牌建设根据地的自身官方网站，其推广力度略显不足。

现在很多企业在品牌推广方面，变得十分挑剔、谨慎。一些公关、广告等品牌传播公司业绩下降，日子很不好过，它们都在诉苦，现在的企业如何难伺候，不仅很难从企业中拿到新的业务，而且很难"忽悠"。究其原因：一方面，企业不断从媒体、公关公司挖墙脚，从被忽悠变成了行家；另一方面，企业也在收缩战线，从盲目地参与各种品牌宣传，到选择其中有效并且适合自己的方式，也就是所谓的精准营销。

保险企业也如此。在保险网销日益火爆的今天，筑牢官网之基础，无疑是品牌传播的核心。

与其他行业相比，保险企业更具备自建平台的优势。保险网销作为互联网营销，创新的营销模式应该是建立在以自建平台为核心、其他传播平台为辅助的大格局下进行操控，主要精力应该放在官方网站建设上。相比动辄千万元的电视广告、数百万元的植入广告费用，网站的建设费用低廉，推广效果比较理想。从长远来看，也是企业品牌固本开源的重要一环。利用其他渠道费用的裁减，培育新的盈利增长点，这将是未来的一大趋势。

但是保险企业如何利用官方网站进行宣传？官方网站承担着营销的重任，也包含服务的功能，更具有品牌宣传的独特优势。比如，为客户提供免费而完美的体验，直接将宣传导入业务环节；剥离出非业务的、公益性的功能，让客户感受到附加服务等，把经营和宣传完全融合为一体。比如，近期中国太平的官网就再次整合改版，融合营销、服务、推广、宣传为一体，也起到了一定的品牌宣传作用。

乱花渐欲迷人眼。行业不同，决定了营销方式不可复制。对于日新月异的宣传方式，保险企业应有自己的评判标准，不应盲目跟风。

"借尸还魂"

日前，多个旅游网站重新恢复火车票网上代购服务，引起社会广泛关注。

记者登录携程网、去哪儿网等提供火车票网上订购业务的网站，发现网上代购车票多采用"车票价+保险费"的形式，"车票价+保险费"高于中国铁路总公司唯一官网12306网站的车票售价（据2013年7月13日《三秦都市报》报道）。

这包含两则信息：一是旅游网站重新恢复火车票网上代购；二是这些网站采取了火车票搭售保险的形式。2012年，铁道部便叫停了网站代购火车票业务，此次网站重启该业务，自然会引发争议。但是相比之下，火车票搭售保险似乎更被舆论指责，甚至被称为另一种强制保险。

其实，铁路旅客意外伤害强制保险，早已是明日黄花。2012年11月16日国务院公布，从2013年1月1日起废止《铁路旅客意外伤害强制保险条例》。这意味着，乘客不再被强制收取票价2%的保险费。同时，这也是铁路商业意外险的一个新的发展机遇。当时舆论对于取消铁路强制保险纷纷赞同，认为可以形成保险公司、乘客等多方共赢的局面。

但是时隔半年出现的火车票搭售保险的现象，让人们再次产生对强制保险的抵触。对于火车票搭售保险，媒体和网友一致口诛笔伐。媒体普遍认为，火车票搭售保险不仅涉嫌不正当竞争，还捆绑了旅客的自主选择权及电商的灰色利益链。侵犯消费者自主选择权、侵害消费者利益是媒体剑锋所指、矛头所向。而据媒体报道，不少消费者对此也表示反感，认为这是强买强卖。无疑，火车票、搭售保险已经被定性为强制保险。

所不同的是，强制保险的始作俑者是铁路部门，而搭售保险的始作俑者，却是电商。笔者查询上述网站，发现的确存在火车票搭售保险的现象。这种搭售的交通意外险，其保费为15元或20元不等。买一张15元的车票，甚至要买一份20元的保险。

对商业保险公司而言，面对铁路意外险这块巨大蛋糕，必须采取合规的竞争手段。贪图快速占领市场，从而被电商绑架，不仅扰乱行业的自由竞争秩序，侵犯消费者的自主选择权，还会引发消费者对意外险的警惕和抵触。

在近期的一些交通事故中，受伤群体的交通意外险保障并不是很充足。比如在近日的韩亚空难中，就有媒体报道称，韩亚空难折射出意外险投保不足。但是大力推行强制保险或者搭售保险是否就能够提高意外险投保率，从而形成交通意外事故伤亡的保险全覆盖？从舆论反响来看，显然是不可能完成的任务。

从根本上来说，还是应该提供购买意外险的便利渠道，提高购买意外险的意识，用竞争来完善服务，用宣传来提高意识。近期，保险业大张旗鼓地举办保险宣传日活动，其意在此。

|2013 年 8 月 29 日，《中国保险报》|

莫炒

2013年的中秋节格外热闹，话题也特别多。

在政府层面，因为群众路线教育活动轰轰烈烈地开展，各大筹备中秋晚会的电视台的明星牌"歇菜"了，中央还要求刹住中秋、国庆期间公款送礼等不正之风；在舆论层面，微博上名为"五仁滚出月饼界"的话题越来越红，有人觉得，"五仁月饼太难吃不配存活在世上"；而在企业层面，推出新品或促销活动的什么巨献、豪礼的企业如过江之鲫，即便看似关系不大的保险公司也有些坐不住了。

首当其冲的是所谓中秋赏月险。2013年8月26日，国内首个中秋赏月险出现了。依据该保险设定，被保险人如中秋看不到月亮，则可获赔。但是奇怪的是，近日有人在淘宝网上搜索"中秋赏月险"关键词时，网页上显示该保险已停止销售。对此业内人士认为，中秋赏月险涉嫌违反行规。部分评论认为，这是一种炒作、一个噱头，调侃保险公司在走娱乐路线。

炒作，是很多保险公司会面临的非议。比如，近期舆论热议的监护人责任险，一些保险公司针对"熊孩子"量身定做了监护人责任险；8月出现的"手机防盗险"，在手机被盗后，就可以获得1 000元到3 000元不等的赔偿；再如，少数保险公司推出"银行卡盗刷险"，但有的公司全国交易4 000多笔，保费一共只有8万多元，象征意义大于实用价值。

所谓炒作的保险产品，有一个通性，推出一款有争议、有热点的新产品，加之各种宣传手段推波助澜，最终引发舆论关注以批评居多，而销量始终低迷，最终无人问津。炒作的产品无一例外都是虎头蛇尾，其深层的原因在于脱离了市场，与宣传的力度无关，如车险广告很多，保险公司所费不赀，却从未被称为炒作。

从其他角度来看，目前保险企业的炒作角度或者亮点已经非常有限。前些年，有企业因为在保险理赔中放大赔金支票，被某央视主持人批评，这让此后理赔方面的宣传束手束脚；在一些大型活动赞助方面，因为有众多赞助企业为伍，难以博得最大利益，成为最后赢家。其他种种，也尽皆类似。因此在谨慎的态度下，炒作新产品成为很多保险企业选择的低成本、见效果的手段。

利用产品创新来进行炒作，是非常危险的，这其实是在将一种创新的产品作为炮灰，从而换取企业的品牌价值。表面上，这种做法是牺牲眼前利益，博取长远利益，毕竟品牌是久远的。但是在保险行业整体产品同质化严重的环境中，在企业的产品创新在代表行业探索的前提下，利用产品创新这种奢侈的炒作手段，不仅反噬企业自己，还对行业有侵害。一方面，在行业未发展到的某阶段中，强行引入国外的经验，透支了行业的创新前景；另一方面，这也让社会和舆论对待保险产品创新逐渐形成一种旁观者的态度，一旦推出新品，公众的第一观点不外乎"又是炒作"，谁还会相信？

与其他行业相比，保险行业是一个特殊的行业，保险公司之间既有竞争，也有合作，既是很多小团队，也是一个大家庭。行业的利益，关系到每一家企业的利益；而每一家企业的行为，无不与行业的根本利益密切相关。因此，在产品炒作这种事关全局的事情上，保险公司要考虑得更深。

唇亡齿寒，这不是一句空话。

|2013 年 9 月 16 日,《中国保险报》|

黄金周之"囧"

在关于黄金周的各种信息碎片中，无论是景区还是旅游经济的话题，都被游客及其行为的风头压制。很奇怪，在关于一个旅游假期的信息时段中，游客反客为主，成为舆论关注的焦点。正是"你站在桥上看风景，看风景的人在楼上看你。"游客的各种不文明行为或者疯狂购物行为，都成为喜闻乐见的信息消费品。观者或鄙夷，或偷笑，或不以为然，或嗤之以鼻，这已经形成了一种近乎病态的大众审美倾向。一到旅游旺季，就想看看中国人到底在国内和国外出了什么丑？

2013年的游客又没有让人"失望"。黄金周中，熙熙攘攘的游客攻陷了各大景区，人满为患，地方是到了，游览却未必尽兴。例如，在湖南省韶山市，毛泽东故居游客量井喷，游客参观毛泽东故居，需要排队4小时左右。而在北京，景点自然是摩肩接踵，一些传统名校也难幸免。从专程"膜拜"的学子与家长，到扎堆参观的旅行团和散客，汹涌的人潮将清静学府变成鼎沸闹市，给校园管理和正常秩序带来巨大压力。诸多游客的不文明行为通过新媒体迅速传播着。

与小打小闹的不文明行为相比,在人数众多的场合,群体不文明行为造成的后果更为严重。前者或许只是胡乱涂鸦、追堵孔雀之类不文明行为,而后者对环境的破坏力更大。国庆日,天安门广场11万人观看升旗的游客留下5吨垃圾;长假结束,八达岭长城6天清理109吨垃圾,由清洁工背下山;各旅游城市也是垃圾成灾,如济南清理垃圾两万多吨,导致保洁员数量增加了一倍。

在这些现象背后,我们理应进行各种反思。为什么国庆期间会有如此多的人集中参与旅游,以至于坐火车一票难求,"高速路"变成了"龟速路""高堵路""停车场",各大景区人满为患,部分景区游客滞留。假日成了"堵日",原因何在?是否与中国式休假有关?

为什么游客在景区出现不文明行为却理直气壮?宁可违反景区规定,也要爬上景区的一些展品合影,与珍稀物种拍照,是否也体现了游客与景区管理方的不和谐?换个角度来看,"园中园"、"票中票"、"通票不通",景区成"垃圾山"等现象,是否合理?景区高额的游览费用是否体现在对应的管理服务上?

为什么媒体对游客素质的关注超过了对旅游经济的关注?《人民日报》的评论称,这七天,是洞察社会万象、洞穿世道人心、洞见行进中国的黄金时刻。而英国媒体则以"中国购物狂的入侵"为题报道,很是称赞了中国人的素质:"中国人安静、谨慎、有礼貌,购物后常坐地铁回驻地,还为更需要的人让座。"这可以看作是一种措辞方式,不失讨好中国游客之意,毕竟中国游客成了伦敦商场的"摇钱树",对拉动英国经济具有很大作用。如果说外国媒体的报道别有用心,那国内媒体的倾向与话题选择,是否也有炒作与迎合世俗之嫌?

还有,在各地提倡旅游经济的背景下,是否做好了接待大量游客的准备?是否为游客的吃喝拉撒配置了足够的设施?是否为垃圾处理和城市环卫配备了足够的力量？倘若只顾引导游客入境，人来了，钱花了，而景区翻脸不认人，将所有责任推在游客身上，是否妥当？值得一提的是，上海交警发明了"开关式过马路"维护秩序，武汉黄鹤楼新设"电子涂鸦墙"，为"到此一游"式情感抒发提供高新技术的倾泻之地，而江苏保险业也参与设立高速路快速理赔点，有效帮助治理拥堵，这是相关部门转变思路、为游客服务的可喜变化。

当然了，也存在一些搞笑的片段。如在天津动物园，由于游客乱投喂动物，而猩猩这种高智商的动物，学会了游客乱扔东西、乱投喂的动作，有时会把游客扔进来的食物，又给扔出去，有时甚至扔土块。投我以香蕉，扔你以土块，下次学乖点吧！

| 2013 年 10 月 10 日，《中国保险报》|

买到位也要赔到位

十一黄金周又一次开启，各行各业一年一度的促销盛宴也开始狂欢。从海量的信息中可以看到，无论是各大网站攒写的旅游攻略，还是专家给出的相关建议，都没有落下保险的身影。

在长假旅游中，保险是越来越重要了，对很多人来说，也已成为了一种常态。虽然还没有达到"无保险不旅游"的程度，但大众对保险这种不排斥的态度已经让很多保险公司喜笑颜开了。况且，在消费者之外，很多第三方机构也对保险的作用持公正客观的态度，充分认同保险的作用。不得不说，这是对保险的社会认知的一大进步。

从舆论对国庆旅游保险的宣导方向来看，目前这种宣导和认知的对接仍处于低级阶段。一方面，很多专家或者理财顾问极力在引导消费者，要买保险，在解释为什么要买保险时，不免要提出旅游中面临的各种风险；另一方面，很多人也劝导消费者，要买对保险，不能盲目买保险。

说服消费者买保险是必要的，而花费这么大的精力，去告诉消费者如何购买保险，如何买对保险，其背后体现出的是消费者对保险的深层认知仍然处于游离模糊的状态，知道保险重要，却不知道如何重要，知道要买保险，却不知道如何买保险。可谓知其然，不知其所以然。

因此，在大众旅游保险意识不断进步的背景下，购买保险的行为还是不尽如人意。据中国保监会人身保险监管部负责人表示，目前我国意外险总规模约300亿元，旅游保险占的比例非常小，与我国每年20多亿人次的国内游和近8 000万人次的出境游规模很不匹配，购买旅游保险的人数不到20%。

相比欧美国家80%～90%的旅游保险购买率，我国旅游保险的购买规模很低，主要存在三个方面的原因，这也是保险业发展的桎梏，需要努力去解决。

首先，大众风险意识仍然不强。很多游客的旅游保险意识不高，认为旅游意外发生的概率较低，加上认为自己购买的人身意外保险等险种已经足够了。

其次，旅游保险产品丰富度不够，没有根据旅游风险级别、旅游目的地、参与项目等设计、细分产品，保费的区别主要只是保额大小和保险天数，吸引力不强，服务和保障水平也不够高。

最后，我国旅游保险的险种不多，理赔也相对难，在目前保险尚不完善的背景下公众购买率低在所难免。再加上险种自身的局限性且覆盖面单一，缺乏新意。在旅游保险宣传如火如荼地开展之时，也有一些不和谐的音符，比如旅游遇险保险拒赔之类的新闻，让游客对保险望而却步。

因此，不仅要宣传到位，告诉消费者买对保险，更要理赔到位，让消费者享受到保险带来的保障。唯有如此，才能让保险成为黄金周真正的必选工具。

|2013 年 10 月 15 日,《中国保险报》|

农业保险"够意思"

台风"海燕"过后，海南等地区的农业遭受了巨大的损失。仅在三亚，农业受灾面积达到29万亩，绝收9万余亩，农业直接经济损失5.3亿元，很多农户血本无归。按理说，在这个时候应该是农业保险大展身手，帮助农民恢复再生产了。然而，有些媒体的报道显得非常吊诡。

例如，《南国都市报》称，"海燕"过后农业损失很大，不少农民后悔没买农业险。在农业保险保费补贴试点不断扩大的时候，很多农民投保积极性低，更有不少农民只顾埋头耕作，不知农业保险为何物。这显然与平时常常见诸报端的关于农业保险的报道格调相悖，如农业保险成为某地农业保护伞之类。

这种问题在有的地区也的确客观存在。例如近期笔者曾经深入富平县的农村就农业保险展开调查，当地有的农民对农业保险的态度是"没意思"。"没意思"是什么意思？在他们看来，一亩地倘若绝收，农业保险的赔付不到300元，赔款连种地的成本都不够，没意思。

这个"没意思"，换一种比较文艺的说法就是鸡肋——食之无味，弃之可惜。不过，农业保险显然不是鸡肋。虽然很多农民口中说着"没意思"，但是他们还是投保了。只不过，他们提出了一些希望，比如可以提高一下保费，甚至是自交部分的，用来提高一下农业保险保障额度。"交5块钱保费不多，现在抽一包烟都要5块钱。""赔付300元也不算多，现在出去打一天工都不止这个价。"从一定程度上来说，农民最担心的不是理赔周期长或者投保缴费多，而是保障额度低。

农业保险在我国尚处于起步阶段，同时政府、监管部门、保险业和农户都处于探索中，相互之间逐步融合，寻求一种最佳的方式来推进农业保险覆盖面。可以说，各方都在摸着石头过河，政府没办过，保险业也没有现成经验，而对大多数农民来说，农业保险更是全新的事物。因此，在农业保险快速发展过程中，不免会出现这样那样的难题。

同时，农业保险又是一项惠民的举措，是有意义的。在很多经常遭灾的地区，农民们通过理赔也逐步认识了保险的价值和意义。在成本上，农民自掏腰包的部分很少，各级政府补贴占了大头；在理赔上，很多农户得到过农业保险理赔；在操作上，农民不用耗费额外的时间，有人动员，有人代办，也很方便。在这种万事俱备的便利条件下，究竟是什么原因导致农民不愿意投保？

可以从保险的一系列流程中去考量。在承保环节，保险产品设计比较粗放，对农民的吸引力不大，这一点也是与保障额度息息相关的。在查勘环节，由于基层保险公司人力有限，遭遇大范围灾害时，查勘定损到每一亩田是不可能的，一定程度上会在核定上产生分歧；在理赔环节，拖赔、惜赔的现象也时有出现，导致理赔周期过长，农民的信任度在经受着考验。

灾难过后，没投过保险的农民可能对保险产生新的认识。亡羊补牢，尚不为晚。但是对于投保的农民，如何让他们不再觉得"没意思"？在笔者看来，需要解决好三个问题。

第一是解决"信不信"的问题。信不信，不仅仅是普及保险知识，让农民了解保险，更重要的是让农民不要误解保险，或者说对保险抱有过高的期望。农业保险为农业提供的是基本保障，帮助受灾农民恢复再生产，而不是赔偿全部经济损失。这一点要花大力气去强调，否则希望越高，失望也越高，真实的理赔额度不免让农民产生"没意思"的感觉。

第二是解决"赔不赔"的问题。赔是一定要赔的，但是倘若理赔不及时迅速，周期过长，也会让农民误解为不赔，从而不利于农业保险的口碑。

第三是解决"好不好"的问题。好还是不好，是农民的发自内心的评价。比如说"没意思"，虽然没说不好，但显然也不是好的意思。如何让农业保险变得"有意思"、"够意思"，这不仅仅是保险公司要思考的，更是相关各级政府部门的分内之事，需要认真思考。

降温絮语

最近一周，全国多地迎来降温天，虽然秋裤上身，但是红的叶、黄的花，还有蓝的天，仍然在引动人们长假后的余情。

一年一度秋风劲，满城尽是菊花香。各个菊花的盛产之地纷纷举办菊花展览活动，什么菊花文化节、菊花艺术节、菊花展览会，分别在湖南株洲、河南开封、山东章丘等地火爆预热或开启，活动规模从几万盆到几十万盆不等。在有些地区，菊花的产业化已经初步成型，比如开封市规划了菊花高新科技产业园，并定位为菊花种植基地、科研基地、观赏基地、深加工基地和菊花文化展示基地，不可谓不大。

菊花从种到赏，其庞大的规模也应当引起保险的重视。在后端，目前在市场上，有一款菊花种植保险，其中列明，自然灾害及病虫害造成被保险的菊花直接损失，损失率达到30%（含）以上时，可获赔偿。而在前端的观赏环节，则并无相关保险产品护航。

再说红叶游赏。很多名山景区此时都有红叶风光，如香山红叶、济南红叶、三门峡甘山红叶、峨眉山红叶、光雾山红叶等，吸引驴友前去登山游赏。游途中虽有旅游保险保驾，可惜没有专门的红叶保险。既然中秋赏月都能卖保险，那么深山赏红叶又为何不可一保？

长假已过，但是长假的话题更火了。2013年各大景区的拥挤场面，直接引发关于长假短假的大讨论。全国假日办就"长假是否需要保留"等问题向社会公开征求意见，引起广泛关注。对于假日安排，多个利益方都给出了不同答案，有支持不调休的，有建议延长假期的，有幻想再加两个黄金周的，争吵不休；央视某著名主持人还直接指出这种提问方式不科学。

长假如何调整，毕竟需要相关部门决定，普通民众还是关注一下PM2.5来得更为实际。

长假中的雾霾天气也让有关部门坐不住了。科技部部长万钢坦承，确实有些海外引进的人才和国外在华高管担心雾霾天气，从而打了退堂鼓。据称，中央财政安排50亿元资金，全部用于京津冀及周边地区大气污染治理工作，并重点向治理任务重的河北省倾斜。治理雾霾是必需的，也是迫在眉睫的，相信没有人会提出异议。在专家层面，一般对治理雾霾形成的共识是，政府角度加强监管，市民角度积极配合，抓住关键环节全力攻坚。是否也应充分考虑一下保险业参与社会管理创新的功能，将保险作为治理雾霾的"奇兵"来使用，或有惊喜。

|2013 年 10 月 17 日,《中国保险报》|

提心

近日，诸多媒体纷纷报道了"3 800万人中断缴社保"一事。据称，官方数据显示，2013年累积中断缴纳养老保险的有3 800万人，占城镇职工参保的一成还多。中断缴纳社保集中在三类人群：下岗失业人员、小微企业员工、流动性大的务工人员。

如此大面积地放弃社保，个中原因很复杂。下岗失业人员，这类人群大多属于被动中断；小微企业员工，企业为了降低成本不给员工缴纳社保；对流动性比较大的务工人员而言，既有劳动者自身工作性质不稳定因素，也有对社保信心不足的原因。

据统计，大部分放弃社保的劳动者是短期打工者。人力资源和社会保障部社会保障研究所发布的《〈社会保险法〉实施情况研究报告》显示，国内个别企业员工以放弃社保来换取更多的直接收入。这主要包括农民工群体、个体工商户、灵活就业人员等。对这部分人来说，不仅工作单位不稳定，要经常变动，甚至连工作地点都不稳定，经常跨省作业。对此，社保转移的手续麻烦也成为一种负累。媒体曾报道过一个案例，一个曾参加过社保的农民工，想办理从广东到四川的社保转移手续，但是折腾了3个月，却还是没有办下来。对于流动性强的短期农民工来说，这无疑是阻碍其参与社保的桎梏。

相对来说，那些工作地点比较稳定的劳动者，放弃社保的行为就比较少。不过对于这部分人来说，还需要为他们打上一针定心剂。有一部分劳动者之所以放弃社保，是因为经常看到媒体上报道社保资金缺口严重、入不敷出的消息，担心社保今后无法兑现。他们认为："以后的事谁也说不准，只有钱在自己手里最踏实。"

随着中国城镇化进程的加速，以及农村土地政策的改革，流动劳动者的数量可能会进一步增长，如果不解决好这部分人的社保问题，那将会在未来的养老方面出现很大的空白人群。现在的数量是3 800万人，今后的数字会是多少？这让人很难乐观。

要解决好社保，其根本就是要解决好就业的问题。但是就目前来看，要尽快解决放弃社保的行为，就要提振流动劳动者的信心。首先，健全完善社保体系，尽快实现全国统筹，缩短回报时间，改变社保体系对流动人群的驱逐效应；其次，提高劳动者与用人单位的社保收益，增加参保的吸引力；最后，需要加快推进不同养老保险体系的转移接续，并简化各种流程和手续，让流动的劳动者不再将其视为麻烦。

|2013 年 12 月 9 日，《中国保险报》|

县域保险自律也要商量着来

近期，笔者参加了一场县域保险业的自律会议。多家保险公司负责人和相关人员济济一堂，对县域保险自律话题畅所欲言，看上去很像一场圆桌会议。事实上，目前在国内很多地区，如大连、青岛、陕西等地在探索县域保险市场自律，以此形式来填补监管的真空区。

县域保险市场乱象频繁，是不争的事实。在县域，由于没有统一的监管或者协调组织，很多保险公司分支机构在竞争上会不择手段，扰乱市场秩序，也不利于行业形象建设。对监管部门来说，不能不管。但是由于监管派出机构的设置问题，往往对县域保险市场鞭长莫及。

想管却管不到，怎么办？各地监管机构也都频出妙招。青岛保监局一方面建立县域保险市场驻点联系人和定期巡查制度，另一方面也推进县域保险市场自律工作；大连的城区与县域保险自律保持同步。其中，县域保险自律是各家不约而同都会采用的手段。

县域保险自律对于促进县域保险业的自律意识觉醒有比较积极的意义。在没有监管机构进一步延伸的现实情况下，县域保险市场的发展可能是各主体各自为政的局面，难免出现恶性竞争、互相倾轧的现象。自律组织的成立引导各家主体逐渐突破"小我"意识，越来越多地关注行业的整体发展。

县域保险自律能有效凝聚行业力量。在以往各自为政的局面下，各保险主体发展也是依靠单打独斗，尤其是在树立行业形象、宣传保险知识、加强行业合作等方面缺乏集体声音。有了自律组织后，县域各保险市场主体都成为小组成员，大家有了加强对话的义务，也有了沟通交流的平台，在很多需要行业集体发力的事件和活动中可以有效凝聚大家的资源，共同努力。

在更高的层面上看，县域保险自律组织的成立，能更好地争取地方党政和社会各界的支持，维护行业正当利益。以陕西省户县为例，自律小组成立以前，相关政府部门对保险业的认识依然停留在人保、国寿等国有公司层面，对其他公司了解不多，对保险的认识也不是很明确。户县保险自律小组成立后，有了专门的行业组织与政府部门及相关单位沟通联系，积极汇报行业相关工作，报送行业数据，宣讲保险业社会作用，同时也积极维护行业正当利益，争取更多权利。

县域保险自律虽然从全国来看，是多点开花的局面，但总体上各地仍然都在探索阶段，其中还有很多问题值得关注。比如，对于县域保险自律，有的成员单位思想不重视、认识不到位，对于自律小组的工作配合度上还不高，等等。

在县域保险自律的初级阶段，监管部门如何做，协会如何做，各有规章。但就县域保险主体如何做，一家保险公司的人说了一句很受认同的话："管好自己。"不过，在这个基础上，应该再加四个字，"商量着来"。有了这八个字，才能凸显县域保险自律的内涵。

风物长宜放眼量

保险知识不再是空乏的条款，保险人也不再是神秘的幕后人物。

自2013年初在央视播出的"保险让生活更美好"的公益广告以来，保险知识宣传的热潮接连不断。而以"倾听由心、互动你我"为主题的首个保险公众宣传日的开展，更是拉开了保险业走向公众、走近社会的序幕。

在传播保险知识的过程中，需要厘清一个逻辑。那就是向谁传播？如何传播？传播什么样的知识？首先要确定的就是传播对象，其次才能根据精准的传播对象确定传播的渠道和令人感兴趣的内容。而保险知识向谁传播，要看谁最需要保险知识。

农民需要保险知识。广大农民对保险的接触越来越多，在生活、生产中对保险的需求也越来越显性化，农业、农房、农机以及人身方面的风险，让农民对保险的兴趣也越来越浓厚。怎奈保险条款如天书，专家都自称看不懂，遑论农民。寻找一种让农民喜闻乐见又容易理解的方式，也让各地保险业费尽了脑筋。在河南省开封市，开封人保财险深入开封市所辖5县11个乡镇的291个行政村，制作了墙体标语和保险知识展板。这也是整个河南保险业进农村宣传的一个缩影。在陕西省铜川市，中国人寿铜川分公司跟随人民银行下乡，借机为现场群众讲授了助农贷款、金融工具使用、各类保险产品等金融知识，重点讲解了农村居民日常金融活动中的注意事项和操作流程。

学生需要保险知识。目前，大部分学生有了相关的校园险，虽然保险范围比较狭窄，但是作为未来的主人翁，让他们从小就了解保险，对于保险形象的未来有莫大的好处。因此，保险知识进学校，所放眼的并非当下，而是不远的未来。在河北，泰康人寿以"保险，让生活更美好"为主题，印刷制作10万份普及保险知识的宣传折页，在全省范围内组织"保险知识进校园进社区"活动，面向大学生群体普及保险知识。在四川，中意人寿志愿者走进成都华林小学，为师生及家长带来一堂生动而实用的保险知识普及讲座"健康成长中意保障——明明白白买保险"。在宁波，保险人编写了《保险伴我健康成长》教辅教材，开展了课堂教育、暑期保险社会实践活动和校园避险训练等一系列形式多样的教育活动。这些活动均让人眼前一亮。

农村和学校的保险宣传自是十分必要，而作为保险消费主体的城市，保险知识宣传尤其需要下功夫。如何在不影响市民正常生活的情况下，让保险知识宣传不扰民？各地保险业均别出心裁，或进社区，或上街头。在山东聊城，保险行业协会组织十余家保险公司在繁华的购物广场设点进行集中宣传。在青岛，中华保险员工在雨后走上街头，向市民宣传防灾防损的知识，颇受欢迎。在深圳，在当地保监局指导下，保险业开展了"寻找保险知识达人"的活动，靠活动来增强市民主动参与的积极性。不得不说，像这样的活动种类其实有很多，不胜枚举，很好地营造了保险知识宣传的氛围。

除此之外，还有一个重要的群体，是保险知识宣传不可忽略的对象。有一段时期，一些地方政府官员对保险的认识有失偏颇，甚至还有官员认为"保险就是骗人的"。作为地方的管理者，存在这种观念无疑有碍于地方保险业的发展。让地方政府官员充分认识保险的积极作用和保险对于地方经济社会发展的有益之处，是十分有必要的。在山东，保险业开展了保险知识进万家活动，对象之一就是地方政府。还有黑龙江、四川、河北等很多地区的保险业，独具匠心地向各级地方政府赠阅《中国保险报》，让政府与保险的距离拉得更近。

保险知识宣传不是一隅一地的事情，也不是一日一月的事情，需要大范围、长时间的努力，才能见到效果。有的保险公司就说，要将每一天都当作保险公众宣传日。风物长宜放眼量，保险宣传改变的是观念，对保险业未来的发展具有不可估量的作用。

|2014 年 1 月 6 日,《中国保险报》|

保险的"怕"和"爱"

近日，有媒体报道称，在武汉有这样一种现象，保险公司"怕"医院。为什么呢?由于投保医院少，赔付率高，理赔难度大，医疗责任保险收不抵支年损70万元。保险公司的人抱怨："武汉的医院对赔付范围要求太宽，我们不做了。"这个"怕"字非常传神地形容了两者之间的关系。

要说起"怕"来，保险公司不只是怕医院，但凡和保险公司存在些许关系的，保险公司都有怕的尴尬。比如，因银保渠道的销售，怕银行；因车险理赔中的猫腻，怕4S店；因农业保险的入场券，怕政府部门；因企业形象的建设，怕各种媒体的负面报道；因新老客户的开拓，怕退保的群体性事件等。可以看到，这里涉及了方方面面，这种处境让保险公司在很多事情上都变得十分低调。

造成这些的原因十分复杂，但是归纳起来无非就是一点，从不规范到规范的发展过程。这其中，又可分为几个方面：从保险公司自身来说，之前发展存在不规范的现象，在监管机构严格的监管政策引导下，保险公司慢慢在纠正那些不规范的做法；从整个保险流程来看，由于涉及其他行业、企业的业务太多，别的行业不规范，对保险业的影响也是很大的。

心有惧怕，不是什么坏事。因为怕，所以有所不为。但是惧怕不前，无所作为，就是消极对待了。因此，在很多情况下，保险公司虽然怕着，但是也有所为，有一定的对策。

首先是因怕而打。现在车险诈骗十分猖獗，有不法分子联合汽修店蓄意制造各种假赔案，让保险公司遭受了重大损失。这明显把保险公司当作了"唐僧肉"。这些还只是冰山一角，各种保险诈骗案层出不穷，防不胜防。

对于诈骗案，保险公司自然是怕的，怕损失，怕影响业绩，也怕损害了广大投保人的利益。但是光怕还不够，对这种犯罪行为，还要打。现在各地保险业都在配合公安部门打击保险欺诈，也取得了一些成绩，端掉了一些诈骗团伙，挽回了一些经济损失。

其次是因怕而爱。很多细心的人会发现，保险公司在品牌宣传上，还是比较单调、低调、保守的，并不如其他行业的大公司一般张扬有创意。出现这种现象，是由行业的特殊性质决定的，因为国人目前对保险的认识还不高，保险宣传的高调可能直接导致了宣传效果的反面化，因此在很多情况下，保险公司宁可低调处理。

比如，前些年有一位著名主持人批评保险公司宣传理赔时拿着大支票的照片，因为其影响力很大，一句话就让许多保险公司都取消了这项传统的宣传方式。这件事就是保险公司怕舆论的典型代表。事实上，这种宣传就是以理赔为导向的宣传，对于保险业务拓展、提高人们保险意识有非常好的作用，就这样摒弃，也是一种无奈之举。

为避免口实，很多保险公司把宣传的重心之一放在做公益这样的事情上，用宣扬爱心来弥补宣传的单调。比如很多保险公司援建小学、成立慈善基金、援助西部贫困山区、大灾时踊跃捐款捐物等。但凡有需要的地方，无不有保险公司的身影。

最后是因怕而退。有时候撤退也是一种策略。现在保险员工已经退出了银行网点的销售，转而由银行员工来代替，其原因就在于当时舆论对于保险销售误导的批评。由银行员工来担任的保险销售，依然会存在误导的情况。孰好孰坏，这里暂且不论，但是保险公司的退出的确让现在舆论中对银保渠道的销售误导的批评有所减少。笔者认为，这是一种舆论的偏见，非人力可以短时间内改变，这改变需要一个过程。

这样的情形还可以罗列出很多，但是需要做得更多。不仅是保险公司要边怕边做，整个社会和舆论对于保险公司，怕是要付出更多的宽容、耐心和支持，对于保险之外的行业的不规范，也要加快整顿的步伐。让怕少一点，让爱多一点，保险业才能更好地发挥支持经济社会发展的大作用。

|2014 年 1 月 6 日，《中国保险报》|

有张力还要有推力

一部名为《毁灭瞬间》的欧美纪录片在央视热播，引起了较大反响。镜头实录世界各地惊恐毁灭瞬间。没有一丝警告，生命便悬于一线，人类的努力化为混乱。就在一瞬间，一切荡然无存。

面对台风、洪灾、地震、山体滑坡这种不可抗拒的灾难，人们要有敬畏之心，更要有防备之心。近日，民政部、国家减灾委员会办公室等部门对2013年全国自然灾害情况进行了会商分析。结果显示，2013年我国自然灾害情况较2012年明显偏重，属于2000年以来中等偏重的年份。

对于灾害损失，政府、企业和社会有很多救助的做法，其中，保险理赔是重中之重。通过及时深入现场查勘，第一时间快速理赔，保险为灾后重建提供了巨大的支持。

谁都没有预想到，强烈的地震会在5年之后再度重创四川。地震发生后，保险业立即投入大量的人力物力参加抗震救灾，各家保险公司均在第一时间展开了"地毯式"客户排查工作。截至2013年11月4日，全省共有49家保险公司接到有效报案9 112件，已结案8 746件，赔付保险金4 198.09万元。

巨灾救助首先是个"快"字，对于保险行业来说更是如此，这体现的是保险应急体系的爆发力。2013年9月末，强台风"蝴蝶"酿成震惊世界的西沙海难，国庆长假期间，一场与时间赛跑的海上搜救在西沙群岛上演。保险业也在第一时间派出队伍奔赴现场进行查勘理赔。"蝴蝶"突袭三沙市永兴岛，给该岛及其附属岛屿造成严重影响。灾情发生后，人保财险接到了出险报案，海南省公司要求三沙支公司第一时间启动应急预案，开通理赔绿色通道，简化赔付流程，为灾后重建工作提供便利。

　　在上述事故中，人身保险和财产保险发挥了巨大作用，事实上，农业保险在抗击灾害中扮演了重要角色。2013年黑龙江省遭受历史罕见洪涝灾害，农业保险积极发挥经济补偿作用，为支持农业再生产贡献行业力量。截至2013年12月24日，农业保险洪灾赔款总额27.16亿元。

　　对于灾害，保险理赔义不容辞。但是，保险业所做的远不止于此。芦山地震发生后，多家保险公司紧急向灾区捐款。中国人寿、人保集团、平安保险等11家保险公司为灾区捐出共计约6 000万元善款。这也是保险业承担社会责任的体现。

　　在每一次重大自然灾害发生后，几乎都会引发关于巨灾保险的探讨。比如芦山地震发生后，保险系统立即启动自然灾害响应，采取一系列措施保证赔付和服务。但受制于商业保险覆盖面有限、产品设计限制等，与地震导致的巨额财产损失相比，商业保险赔付仍显不足。

　　自然灾害的市场化应对机制缺位问题值得关注，应充分发挥政府主导作用，推动巨灾保险制度建设。要有张力，先要有推力。

｜2014 年 1 月 10 日，《中国保险报》｜

073.

细节看保险

测评为保险服务加分

在车险价格战偃旗息鼓的背景下，目前各家保险公司对于车险服务的比拼日趋激烈。在各家公司的促销中，服务俨然成为吸引消费者的利器。

对于车险理赔服务质量，各家保险公司不外乎"王婆卖瓜自卖自夸"，但是消费者心中有一杆秤，孰优孰劣，用过之后就知道。而作为地方保险监管部门，如何把握行业的服务水平，以及各家公司的服务差距，车险理赔现场测评就成为一个衡量的标杆。

2013年，在各地保监局的指导下，各级保险行业协会纷纷开展车险模拟现场测评，在有的地区已经是多年来的一个连续性的举措。在称呼上各地略有差异，对于测试的项目也不尽相同，但是其目的是一样的，都是为了摸底服务质量，查找存在的问题，从而提升当地保险行业整体服务质量。

将测评比之于暗访，是非常恰当的。要考察真相，就要让公司打"无准备之仗"，方能体现公司服务的常态和真实水准。一般地，车险理赔服务测试的内容会包括报案电话接通时效、电话礼仪情况、到达事故现场时效、查勘服务规定、估损金额准确度等。而其中一个重要的规则就是，测评事先不通知相关公司，对测试的时间和地点严格保密，确保测试结果公正客观，真实地反映公司的理赔服务质量。

现场测评要发挥功效和作用，不仅要广泛参与，还要公开公正。这方面，监管部门和社会第三方的监督必不可少。在测试过程中，不仅会有保监局领导到场监督，还会邀请媒体记者、社会监督员到场鉴证。例如，在2013年4月，陕西保监局、陕西省保险行业协会在西安市区进行了现场模拟测试，陕西保监局特聘的5名社会监督员全程参与了测评。8月，江西保监局在南昌市组织开展车险理赔服务现场测评中，江西保监局局长蔡基谱全程参与整个测试过程，并邀请媒体记者全程监督现场测试。

无准备的现场测评并公开结果，这一做法极大提升了车险理赔服务质量。通过近几年持续开展理赔测试工作，各地保监局的消息普遍反映，当地车险理赔服务有了明显好转，无论是现场查勘效率、查勘设备还是理赔人员素质、服务态度等方面都有了明显改善，理赔服务整体水平有了较大幅度的提升。这体现在具体标准上，到达时间是权重较大的一项。比如，在广东保监局的一次测试中，各家公司的平均到达时间为32分钟，最快的仅用了16分钟。而体现在日常工作中，就是车险平均结案周期的缩短，如包头2013年组织了多次车险测评，交强险平均结案周期为9.26天，较2012年缩短4.79天。

当然，测评中也自然会发现一系列存在的问题，这也是测评组织者的本意之一。只有发现了问题，才能有针对性地解决问题，提高服务质量。

一方面，有的公司应对突发事件的应急处理机制有待完善。测评中有时候会出现公司因业务系统突然出现故障，公司报案受理及调度无法顺利衔接，出现客户拨打客服电话长时间无人接听，以及调度和查勘人员到达现场滞后的现象。

另一方面，查勘人员服务礼仪规范有待进一步提升。测评中，仍存在部分查勘人员在执行查勘任务时着装不规范、不能做到主动出示服务证亮明身份，以及公司调派未经行业认证的实习期查勘员进行现场查勘等问题，应引起公司重视。

测评是即时的，但并不是即兴的。对历次测评结果进行分析和总结，并充分利用之，才能将这个战役完美收官。例如，陕西保监局制定的《陕西省车险理赔服务质量评价办法（试行）》中，已将现场模拟测试作为对各财险公司车险服务质量综合性评价的重要指标之一，测试结果将通过各种媒介向社会公布。而内蒙古在连续开展13次车险测评之后，对13次测评情况进行了缜密的对比分析，并提出了翔实的问题和建议，为业内提供了非常有价值的参考。

舍价格而拼服务，是车险行业一个良好的趋势。服务无止境，车险理赔测评应该成为一种常态，期待2014年的车险服务能更上一层楼。

| 2014 年 1 月 14 日，《中国保险报》|

戴不戴帽子

有这么一个笑话。一天兔子出门戴了个帽子，被大灰狼看到了，不分青红皂白一顿狂揍，兔子委屈地说："为什么打我？"大灰狼说："谁让你戴帽子，戴帽子就打你。"第二天，兔子不敢戴帽子了，战战兢兢出门，大灰狼看到后，不分青红皂白又一顿揍，边揍边说："我让你不戴帽子，我让你不戴帽子。"

这是一则寓言故事，很多人可以对号入座，很多行业可以从中找到自己的影子，比如保险业。

春节期间，各种带年味的营销纷至沓来，各行各业都和马联系在一起，显得很热闹。此时，各保险公司也瞄准春节商机，纷纷推出各类"春节概念险"，春晚收视险、鞭炮险、春运保障险、吃货险等，于是大家调侃，继中秋"赏月险"等另类保险之后，保险公司又进入"春节档期"。

在业绩上，这些保险产品的表现也不尽相同，不过除了炒作的收益外，还都得到了意外的"收获"。近日，《人民日报》刊文批评保险公司的这种借创新搞噱头的行为，一些网站也拿此事大做文章。还有其他一些批评的声音，比如，"奇葩保险扎堆，谨防花冤枉钱"，"春节保险的实用性遭质疑"，等等。

对于这些声音，保险公司也很郁闷。平时老是拿创新不够来说事儿，批评保险公司不创新，当我们创新的时候，又说我们瞎创新。到底要创新还是不要创新？到底要戴帽子还是不戴帽子？

其实，对于舆论的批评，无论是专业也好，业余也好，对也好，错也好，都应该正视。用批评的镜子，让保险创新向更好的方向发展，这是一种态度。不过话说回来，这些批评也的确有值得借鉴的地方。

营销为的是业绩，求的是实效，春节营销也是如此。春节期间很多行业通过营销业绩大涨，这是直接的效应。当然也有一些企业，意在通过春节营销，花小成本，炒作品牌，不求业绩，获得间接的收益。这两种思路，保险企业采用的是后一种。不仅春节营销如此，其他节日营销也大体如此。例如，我们会发现，在这些春节险种中，基本没有主流保险产品的影子，都是临时创新的奇葩险种，或是将之前的旧险种改头换面，冠以马年、春节的帽子。

看起来，好像保险产品非此不能宣传。主险种就不能宣传，就不能和马年营销沾边吗？为什么不能一边求实效，一边提品牌？创新的这顶帽子，为什么非得给一些小险种戴？这种思维的误区，对于保险营销人员来说，需要避免。

| 2014 年 2 月 10 日,《中国保险报》|

特色农险的难与易

有两则关于农业保险的报道值得一看。

在刚刚过去的情人节期间，鲜花价格创了历史新高。很多人认为是2014年元宵节遭遇情人节，双节合一引起的鲜花需求过大所致。事实上，临近情人节时，云南遭遇大雪霜冻天气，很多栽种的玫瑰花被冻死，导致市场供应量紧张。面对这种大损失，很多花农表示不知道农业保险为何物。虽然在昆明、玉溪等不少地方，鲜花已经成为农业的重要分支，但是围绕花卉种植的保险服务却迟迟没有进展。

为什么会出现这种情况？原因很多。比如，政策推广不力、公司积极性不高、配套政策不够、产品开发不足、收取保费路途遥远成本高等。这样看来，无论是对保险公司，还是花农，要搞花卉保险，都是千难万难的事儿。俗话说，天下无难事，只怕有心人。最近，在宁夏的一个有心人，把特色农业保险的种种困难一下子变得十分容易了。

据报道，在宁夏中卫市的一个村子里，一位大学生村官自掏腰包2.2万元，给全村4 000亩硒砂瓜购买了农业保险，惠及了80多户瓜农。村民称赞他"没有私心"。这位村官说："瓜农抗风险意识差，我就想帮他们一把，一旦遇上灾害，农业保险可以给大家兜兜底。"对比上述花农，这些瓜农上保险容易多了。

同样是特色农业保险，一个地方因为种种原因，导致投保困难重重；另一个地方，因为一个举措，使投保变得非常容易。结合近年来农业保险发展过程中的经验与问题，这种对比中隐藏的内涵值得深思。

首先要肯定这位大学生村官的行为，无论是对保险的认识，还是在自掏腰包这件事上。不过，这种事值得赞扬，却无法提倡。毕竟不是每个村子都有自掏腰包的村官，就算掏过一次两次，也不见得会十年八年都如此行善。

设想一下，如果没有这位大学生村官自掏腰包，瓜农上保险是否就会这么容易？花农上保险所面临的各种难处和困境，是否会在瓜农这里重演？如果是这样，那么要如何解决这种农业保险的尴尬？

农业保险的长期保障，还是要靠制度的"笼子"。政府对农业保险的设计要到位，保险公司对政策的执行要到位，农民对农业保险的认识要到位。但是，对于玫瑰花或者硒砂瓜这种特色农产品来说，还有一层关系要到位，那就是类似于协会性质的行业组织，将一定范围内的特色农业的农户都吸纳进来，不仅有利于产品的销售和流通，也有利于统一投保，保障风险。

走，做保险去

这年头，大城市不好混。在巨大的生活压力下，北上广等一线大城市很多白领考虑或者已经实施了回乡定居的做法。回家简单，一张车票的事儿，但是回到二三线城市，自己靠什么来谋生，如何规划职业之路，也是一件难事。

相信很多人有过这样的想法，但是最终都付诸流水，最重要的就是二三线城市的就业结构，让他们感到无望。一种是从事体力劳动，他们上班早，下班晚，赚的还少，这和在大城市有一定的心理差距。一种做生意，要成本不说，也不是任何一个白领都能半路出家干得来的。还有一种是进事业单位，这对于无人脉关系的人来说，基本不予考虑，原因你懂的。

我有三个朋友，最近都在这种境况下，作出了同样的选择。虽然他们的经历不同、职业不同，但是在万般考虑之下，还是都十分谨慎地迈出了那一步，这就是选择做保险。

第一个朋友，是我的高中同学。他大学毕业后选择了做工程，随后在一家公司中作为外派职员，在巴基斯坦结结实实地待了很多年。后来他带着一笔不菲的积蓄回国并在老家县城定居。他拿出一部分积蓄结婚买房，又开了一家孕婴用品店，然后就在琢磨自己应该做什么。最终他选择了做一名保险营销员，一则时间自由，二则在县城中相对收入较高，也比较体面。

第二个朋友，之前在另一座城市的一家能源企业做销售，后来回到县城买房结婚。对于工作，调换数次之后，他最终也决意去做一名保险营销员。他想法甚多，对我侃侃而谈，说主要代理少儿保险产品，因为现在市场需求广阔，并说要自己建立一个网站，显得更为正规。

第三个朋友，是在北京一家著名的互联网公司做媒介的女孩儿。她对象在湖北的一座城市，工作比较稳定，为了结婚，她只好辞职去了该城市。对于习惯了北京的节奏和生活的她来说，回到该城市做什么也费思量。最终她也选择了一家保险公司，不过她对我说，只考虑内勤岗位，不愿意做营销员。

从一个角度来看，保险业在地方上为就业的确作出了巨大的贡献。现在很多地方在谈及保险业如何支持地方经济发展的时候，都会将支持就业作为一项重要的指标。从上述案例中，我们感受到了那些冷冰冰的数据后面的鲜活和触动。

从另一个角度来看，这几位朋友，都有大学学历，也都从事过"体面"的行业，从大城市到基层的迁移过程中，他们不约而同地选择了保险，说明了什么问题？保险业的形象正在逐步向好，没错；保险业在地方的影响和作用逐步显现，没错。还有重要的一点，大城市中的精英人群，也在逐步向地方保险业扩散，地方保险业能吸纳到更优秀的人才，这对地方保险业的发展具有巨大的推动作用。

当然，这些个案虽然代表了一种趋势，但并不说明所有人都对保险有了认同。比如，我和第一位朋友在高中聊天群中聊起保险来，其他人就不做声了。估计是怕我们向他们推销保险吧。其他两位朋友在得到我的积极支持后，也感慨，终于遇到一个支持他们的人了。

支持不支持，还要看靠谱不靠谱。我想，假如他们真的在地方保险业中作出一番成就，实现了人生价值，那么支持他们的人，将会越来越多。

|2014 年 3 月 10 日，《中国保险报》|

烙印

与吃穿住行这些生活必需品相比，保险产品看不到摸不着，形如镜花水月，但的的确确存在着并起着重要的作用。跳出保险产品自身，从整个社会甚至历史的角度来看保险，可以发现，其实每一款保险产品，无论是赚吃喝还是赚钱，都是这个时代价值观的烙印。

保险产品是一个时代价值观的烙印，不仅反映了一种社会风气，还隐隐约约透露出社会角落中的各种阴暗面——那些放在历史文明中会显露无遗的丑陋。

近日中央电视台的一则新闻显示，在上海地铁内，有一位老人走着走着忽然倒地不起，见此情形，地铁内的警察观察后拨打120急救电话报警，后来两名外国游客上前来，拍打老人身上的一些部位，进行紧急救治，此后陆续有国人前来帮忙。在众人七手八脚的救治下，老人终于醒转过来，原来是高血压导致的突然晕厥。央视称，如此多的人来帮忙，十分让人感动。

不知是否因为笔者情商低，丝毫没有发现此事让人感动之处。扶起一位老人，这种寻常事，居然上了央视新闻。从新闻学的角度来说，人咬狗是新闻，也就是说，现在大部分倒地的老人还是没有帮扶的，或者说不敢上前帮扶。帮扶现象太少，以至于成了新闻。

最近，一款名为"雷锋无忧"的保险产品在微信圈里悄然走红，被许多人转发、评论。该微信内容称，买了这款产品，万一在搀扶老人时被讹，将会获得相当数额的保险赔偿。然而只有当"你出于善意扶了老人反被讹，法院到了二审还要判你给老人赔偿"时，这份保险才会获赔。

这样的保险产品，初衷甚好，却依然打动不了处于怕讹诈的阴影中的人们。一位市民说，他不会购买这样的保险。"照样解决不了讹人的问题。"市民张女士说，"按照保险条款，首先你得向保险公司证明你是'雷锋'，而不是肇事者。""我要是能自证清白，还要保险干吗？"

的确，扶老人被讹诈，这样的罗生门模式，是无解的。保险参与其中，是否能真正解决问题，还存有疑问。但是这个险种，已经打在这个时代的良心上。若干年后，当扶老人已经成为社会风气，不知对当年曾经存在过的帮扶保险会作何感想，惊诧？还是羞愧？

| 2014 年 5 月 26 日，《中国保险报》|

七月天

火热的7月让保险业轰轰烈烈地进入了公众的视野。7月8日是全国保险公众宣传日，而整个7月可视作保险公众宣传月。在这个月份里，全国保险业都动了起来，让公众深入了解保险。

与2013年的首个全国保险公众宣传日相比，2014年保险业的宣传有沿袭之处，也不乏创新与亮点。概括来说，体现了更多互动、更多体验、更多载体、更多实效。

互动是让2014年的宣传日出彩的关键所在。无论是摆放展板、悬挂标语，还是印发宣传手册，都是宣传活动的保留项目，其实都是一种单向的信息传递，其真实效果并不好。而2014年各地广泛采取的互动答疑的举措，可真正解公众对保险之惑。如在黑龙江，专业的保险人在展台前接受过往市民的咨询，征集公众对行业的发展意见和建议。在该省保险行业协会设置的保险咨询车上，5名专家调解员现场接受咨询并受理保险纠纷投诉。

体验是目前大多数企业深信不疑的营销策略。2014年从监管机构到保险公司分支机构，都在邀请公众走进来。不仅要纳谏，还要开门。如深圳保监局开展"走进深圳保监局"互动体验活动，邀请社会监督员、警察、教师、律师、记者、街道办工作人员、消费者等社会公众代表走入保监局，参观办公职场和12378热线深圳分中心。

载体是宣传的渠道，也是决定宣传效果的要点。在中央电视台，有全国公众保险宣传日"高大上"的广告在播放；在学校、社区、企业，也都有保险人现场答疑；而在线上的新媒体，宣传日的信息更是屡见不鲜，铺天盖地。保险业通过企业官网、微博、微信、电子商务、短信等互动平台，通过信息反馈、意见回复等多种互动形式与客户进行深入的沟通。如安邦保险在线上开展了"一句话道责任"的话题讨论和征集"我的责任表情"活动，与保监会官方微博、微信公众账号形成呼应。

不止于宣传，追求更多的实效，解决更多的问题，是2014年全国保险公众宣传日的宗旨所在。山西保监局开展了监管服务下基层活动，在多个地区取得了良好的效果。在宁武县，不到两个小时，已经接访了十一二名群众，来咨询了解保险的有二三十个。一位老者在得到满意答复后，说："好啊，有你们我就放心了！"

倘若要列举，此次保险公众宣传日系列活动还有更多的可圈可点之处。这些变化都在推动保险业走向公众。扎根于民，取信于民，才是保险业长远发展之本。

|2014 年 7 月 30 日，《中国保险报》|

食品安全投保为何不热

上海福喜事件，成为最近一个时期以来食品安全方面的最为重要的话题。这个事件的发生，将中国对食品安全的担忧和讨论，再一次推上一个高潮。而对于食品安全责任的归属，众说纷纭。有舆论认为，事件背后，企业固然要承担自己的责任，但是监管不力、食品安全保障体系不足也值得深思。

监管不力成为网民对此次事件的主要定论。中青舆情监测室监测显示，两天内，网络上与此新闻相关的信息便高达167万余条。抽取1 000条网民评论，有效评论中，91.6%的网民在表达对福喜充满愤怒的同时，指责食品监管部门不作为。

与之前的安徽毒奶粉事件、三鹿三聚氰胺事件等其他重大的食品安全事件一样，该事件的曝光来源不是监管部门，而是媒体。上海福喜问题的曝光，源于东方卫视深度报道组两个多月的暗访。而此前，据报道，上海质监及食药部门3年中对上海福喜展开了7次检查，但都没发现问题。更为蹊跷的是，嘉定区政府公开信息显示，2014年上海福喜还被评为"嘉定新城（马路镇）食品安全生产先进单位（A级）"。

对出现食品安全问题的企业进行重罚，是此类事件处理的底线，也是有关部门安定民心的做法。最新的消息是，上海福喜目前已经有6名高管被刑拘，而各大餐饮企业也陆续与福喜断绝关系。这种做法，具有亡羊补牢的意味。缺乏对于事前的预防，忽视相关食品安全责任体系的制度建设，在这一事件中再次淋漓尽致地体现出来。

从一定意义上来说，企业只是食品安全责任中的一环。对于企业的处罚，容易流于表面和形式，治标而不治本。而将相关部门都纳入责任体系中来，使之在相关事故中不缺位，发挥应有的作用，才是解决的根本。

2014年6月23日，《食品安全法（修订草案）》在十二届全国人大常委会第九次会议上首次审议，被称为"史上最严"《食品安全法》。《修订草案》专门增加规定，食品生产经营企业应当建立食品追溯管理制度，保证食品可追溯。鼓励和支持食品生产经营企业采用信息化手段实现食品可追溯。

最为重要的是《修订草案》关于责任主体的认定，这次修法比以往扩大了3倍，从过去的10条增加到30条，从生产经营者到政府部门，到其他社会组织，以及网络交易平台等，全部纳入惩处体系。此次修订，力求根除食品行业失信成本低、违法收益高的痼疾，破解监管部门"多头监管、谁都不管"的难题。

除了行政管理之外，商业手段同样可以促进食品安全体系的建立和完善。《修订草案》中规定，国家鼓励建立食品安全责任保险制度，支持食品生产经营企业投保食品安全责任保险。近期召开的国务院常务会议也提出，要以与公众利益密切相关的食品安全问题等为重点，开展强制责任保险试点。有业内人士就此认为，这意味着食品安全责任保险将有法可依地得到推广。

食品安全隐患不仅存在于食品生产加工环节，也存在于原材料运输、保存等中间环节。投保了食品安全责任险，万一发生食品安全问题，企业就可以转移相应的风险，确保消费者得到合理赔偿，维护消费者合法权益，发挥社会稳定器的作用。同时，保险公司有专业的队伍对参保企业的原材料、生产环境、生产过程等进行风险评估、不定期抽查，最大限度地降低食品安全事故的发生率或保证食品安全事故不发生。可督促食品企业改进食品安全管理水平，发挥第三方安全监督作用，有助于提升全社会的食品安全。

　　遗憾的是，目前企业对此投保热情并不高，甚至很多企业不知食品安全责任保险存在。因此，推行强制食品责任保险也箭在弦上，势在必行。

| 2014 年 8 月 8 日，《中国保险报》|

柯震东敲响警钟

　　最近发生的最为惊爆的事件，莫过于房祖名和柯震东因为吸毒被抓。消息一出，各种猜测，各种探究，各种撇清，各种回应，各种公关，看点实在是很多。而其中最具戏剧性的一幕是，柯震东曾拍过公益广告劝诫众人勿吸毒，而房祖名之父成龙也拍过戒毒公益广告。有不少网友惊呼："这脸打得够响的啊！"

　　可以说，柯震东事件为近年来滥用明星做广告的现象，尤其是公益代言的行为敲响了隆隆的警钟。用明星做公益广告，固然可以起到事半功倍的效果，但是相应的，也要承担走捷径带来的巨大风险。

一方面，必须要承认的一点事实就是，明星代言的广告或者具体到公益广告，的确有其优势。

这年头，邀请明星做广告，是很多企业认同的一种方式。在这种思维定式的影响下，很多公益广告也采用了明星模式，邀请娱乐圈或者其他领域的名人来制作公益广告，试图带来更多的关注和更好的效果。近年来做过公益广告的各界明星就有钟南山、姚明、李冰冰、成龙、李连杰等大腕，还有柯震东这样的成长型明星。

例如，篮球明星姚明、著名演员成龙等名人在接受媒体采访及其拍摄的公益广告中，均号召自己的同胞不要再食用鱼翅。英国《金融时报》文章分析认为，名人公益宣传对中国鱼翅消费降温起到了作用。

再如，近日慈善募捐活动"冰桶挑战"引人关注。此活动要求参与者在网络上发布自己被冰水浇遍全身的视频，然后便可以点名3个人来应战，被邀请者如果不应战，就选择为对抗"肌肉萎缩性侧索硬化症"捐出100美元。刘德华参与活动的新闻也成为各大娱乐媒体关注的热点。

而从另一方面来看，虽然明星的各种效应的确存在，但是也存在一定的风险。收益和风险成正比，不仅金融行业如此，保险行业同样如此。

吸毒事件给房祖名和柯震东的形象带来了毁灭性打击。柯震东因吸食毒品被行政拘留，让20多家请其代言的企业陷入一场空前的品牌危机。肯德基已经与柯震东终止合作，而妮维雅等企业也正在考虑撤换广告计划。阿迪达斯表示正在商量如何应对，还没有给出解决方案。

从成龙对此的回应中可见事件之严重："儿子房祖名出了这样的事，我感到非常愤怒，也非常震惊！作为公众人物，我很羞愧，作为父亲，我很心痛，尤其是他的母亲，更是心碎。希望青少年以祖名的教训为戒，远离毒品的侵害。"

明星做代言人，代言人红，广告就红，代言人黑，广告一起黑。所以，相关机构在选择代言人的时候，一定要慎之又慎。特别是在娱乐明星频频爆出各种负面新闻的当下，更要充分预估到因代言人的言行使其形象受损的风险。一时不红不要紧，一夜变黑，对品牌的损害就大了。

警钟长鸣，不仅是为戒毒工作，也是对公益广告的制作机构或者企业。尤其是对于保险业而言，有的大型保险公司也将慈善活动请明星代言，不得不重视其中的风险。

首先，选择明星做代言要谨慎，要选择正面人物。比如，请《熊出没》中的光头强来做保护森林的公益广告，谁能信服？本身就是一个以砍树为生的人，如何能做到保护森林树木？而相反，如果去选择一些在沙漠中默默植树造林并有所成就的人物来做代言，恐怕效果会好很多。这样的人物，就算不是明星，其收效也胜过明星。

其次，对于拟选用的代言人，必须要做一定的风险测试或预计。那些形象比较稳重成熟的明星，出负面新闻的概率较小。对于那些成长中的明星，则要充分预计到诸如嫖妓、吸毒等行为对其个人形象进而对企业品牌造成的不可挽回的损失。风险预估得越准确，企业品牌和资金损失的概率就越小。

最后，还是应该再强调，企业不应迷信明星效应，尤其是公益广告更应该如此。凡人善举，更值得推广，更容易为大众所效仿，毕竟公益靠的是整个社会的力量。明星可以助其一臂之力，但是主角应该还给大众。

|2014 年 8 月 22 日，《中国保险报》|

捐款箱的引力

在发生一些地震、洪水等巨大灾害的时候，或者援助贫困山区的时候，一些机构或者保险企业组织捐款的场景往往是这样的，在台前摆放一个红纸包装的捐款箱，还要在前面贴上"捐款箱"三个大字，上留一口，由领导带头，大家轮流将不等数额的纸币投入其中。

那么，我们为什么要往这纸箱中投钱？虽然企业对外宣称都是自觉自愿的，但是在这种情形下，更多的是一种攀比或者爱好面子的压力，促使人们在捐款。

再看外国的两个案例。

2012年，在德国的汉堡机场出现了一个神秘的互动装置，吸引了候机室旅客的目光。当旅客向装置内投入2欧元时，这枚硬币就代替他的主人开始了他的爱心之旅。它时而是急救车的轮子，时而是风能发电的动力，时而是孩子脚下的皮球，一路前行，最终帮助贫困孩子一步步地完成了大学梦，整个过程都以实体小动画的形式呈现。

2014年，同样是2欧元，同样是在德国机场，又一个全新的筹资"神器"出现了。在候机厅明显的地方摆放着一个简单的广告屏幕，由两块屏幕拼接而成。屏幕播出的画面，时而是一块面包，时而是一双被捆绑的双手。你拿出信用卡，轻轻地在两块屏幕中间一刷，这片面包就会被切开，被一只饥饿的手取走了，随后还有一句对你的捐赠表示感谢的话语。

德国机场的两种募捐形式，不仅设计新颖，独出心裁，更容易让捐款者得到一种直观的感受，用时下最时髦的话来说，就是互动与体验。能体验到捐款带来的结果，让捐款人更容易信任这种公益形式。

反观我国目前的一些募捐形式，相比之下，就显得简单粗糙，似乎过于依赖人们的爱心自觉。而对于这种形式，近年来取得的效果可谓是越来越小。要从根源上来追溯，人们对这种设计简单粗糙的公益形式不感兴趣，而且不信任。新浪网等媒体联合开展的一项调查显示，不足两成的网友倾向于通过捐款箱进行小额捐赠。

从近期的一连串媒体报道中可见一斑。《北京晨报》报道，不少放置在超市的募捐箱投币口处明明张贴有"感谢您的爱心，请勿乱塞废纸"的提示语，甚至设置保安看守，但箱内依然可见废弃物。《北京晚报》报道，月坛公园北门由北京市西城区慈善协会设立的捐款箱里面装的几乎全是月坛公园的废门票，仅有几张一元钞票夹在中间。7月江西九江媒体走访发现，几乎每家超市门口的募捐箱里，约1/3是零钞，2/3是小票、名片等纸屑，捐款箱俨然已成为"废纸箱"。

捐款箱的信任缺失，折射出的是整个慈善和公益信任的缺失。从2011年对红十字会的攻击开始，每年都有大的慈善机构被质疑、被批判，媒体对慈善事件报道的标题和网上的骂声，充斥"黑幕"、"丑闻"、"洗钱"、"涉刑事犯罪"、"挪用赈灾款"等字眼，似乎中国慈善一片黑暗，官办机构垄断、官僚、腐败，以及民间慈善也涉及敛钱、贪污、利益输送。

日前，中国红十字基金会副理事长刘选国发表署名文章指出，近

细节看保险

几年不断有脏水泼向公益组织。显然，公益机构的领导们也意识到了问题所在。但是深究出现这种问题的原因，是否有深刻的觉悟？倘若能将每一笔社会各界募捐来的资金和物资的去向都公示，又何须自证清白。

水至清则无鱼。所以，在中国，要解决的不仅仅是捐款箱的设计问题，更要解决公益制度设计和流程透明问题。反过来说，如果制度合理，流程清晰，账目透明，即使捐款箱再简单粗糙，也不会成为"废纸箱"。

| 2014 年 8 月 29 日，《中国保险报》|

093.

细
节
看
保
险

谁为医患纠纷解铃

最近，有两件非常重要的大事接连而出，即产妇死在手术台事件和"新国十条"的发布。巧合的是，一个提出了问题，另一个给出了答案。

问题不是新问题，但依然舆情汹涌。8月10日，湘潭县妇幼保健医院发生的产妇死在手术台事件，在网上引起了强烈反响。医院愿赔35万元，家属索赔120万元，医生脱掉手术服坦言怕家属打。这是近年来医患纠纷愈演愈烈的一个缩影。

笔者发现，2000年至今的一系列重大医患纠纷事件中，医生遭到殴打、谩骂都算是"小儿科"，拿刀追砍、被逼下跪、群殴致死，乃至携炸药对医院实施爆破，都曾经发生过。随手举一个例子看起来都触目惊心，如2003年7月7日，河北省任县人民医院，县司法局局长（患者家属）聚众将医生殴打致死。

医患纠纷导致如此激烈的矛盾冲突，有其深层次的原因。如医疗保障体系不足、申诉维护权益渠道不畅通、"以药养医"的医疗模式等。而社会各界也都在不断思考如何破解医患纠纷的困局。究竟由谁来破解？医院，患者，还是第三方？众说纷纭。

医疗事故，是患者不能承受之重，而由医院来私了进行赔偿也不太合适。一旦私了，不免在社会当中形成不该有的猜想，正是因为一直以来医院方面在医疗纠纷中的私了模式，才造就了责任分不清、赔偿不满意、医患相互猜忌等一系列问题，症结像滚雪球一样越滚越大，积聚的怨气也越聚越大。在政府的顶层设计中，保险正式成为医患纠纷的解铃人。

"新国十条"中明确指出，发挥责任保险化解矛盾纠纷的功能作用。把与公众利益关系密切的环境污染、食品安全、医疗责任、医疗意外、实习安全、校园安全等领域作为责任保险发展重点，探索开展强制责任保险试点。

在一揽子的责任保险中，医疗责任和医疗意外类保险正是针对医患纠纷而设置的。医疗责任保险要解决的不仅是单纯的医患纠纷，政府更希望借此能达到完善社会治理体系的功效。"新国十条"指出，充分发挥责任保险在事前风险预防、事中风险控制、事后理赔服务等方面的功能作用，用经济杠杆和多样化的责任保险产品化解民事责任纠纷。

通过责任保险，可以把人与人、人与企业、人与政府之间的纠纷转化为比较单纯的经济关系，有利于形成市场与政府相互配合的高效率的社会管理机制。

解铃还需系铃人，保险要首先参与到医疗保障体系中来。对于实现的路径和保障，"新国十条"也给出了一个明确的方向：强化政府引导、市场运作、立法保障的责任保险发展模式，探索开展强制责任保险试点。

当然，医患纠纷其复杂性，牵涉了太多客观因素和深层次矛盾，责任保险对医患纠纷的解决也绝对不会药到病除，还是需要政策和制度、舆论引导等多方合力。

| 2014 年 8 月 18 日,《中国保险报》|

何妨来堂风险课

2014年8月，被舆论称之为黑色八月。没有大灾难，没有大事故，只因对于某些女大学生来说，如同一场黑色噩梦，频频失联遇害的女大学生让整个社会为之开始担忧，一系列的惨剧也不得不让我们陷入沉思。在此类事件频发的阴影中，很多白领和女大学生开始更加注重自己的人身安全。在淘宝网上，输入"防身器材"，出来的商品多达上万种，销量也都很火爆。同时，网上一些防身术攻略也广为流传。

不过，这种遇事的防范究竟能起到多大作用，还不得而知。毕竟女大学生不是女侠客。与其在事中应对，不如进行事前的防范。"害人之心不可有，防人之心不可无"。

稍微分析一下就可以发现，要列举导致此类事件的原因，可以有很多，黑车、犯罪、社会综治薄弱等，而女大学生自身防范意识的欠缺，成为媒体普遍认为的主要原因。在各大高校陆续开学之际，栖霞公安分局民警在仙林大学城安排了一次测试，由一名民警驾驶迈腾轿车，以找不到路为由搭讪女大学生。结果，被搭讪的5名女生中，4人上了陌生人的车。

如此让人无言的结果，即便是在诸多失联事故发生后，依旧如此。可见大学生对自身安全的防范意识淡薄到何等的地步。保护学生，减少失联事件的发生固然需要有关部门加大对违法犯罪的震慑和打击力度，但更需要的是加强学生们的自身安全防范意识和应对能力教育。

保险进校园，是现在保险业经常提到的。现在很多学校为学生购买了校园保险，保险责任非常宽泛，覆盖面也比较广。而实际上，保险要进校园，还要两条腿走路。不仅保险保障要进校园，保险意识也要进校园。

何谓保险意识？不仅是投保的意识，更是风险防范的意识。长期以来，社会对保险功能作用的理解仍然有些狭隘，把保险的灾害应对职能片面理解为通过出险后的赔付来发挥经济补偿作用。殊不知，其内容更应该包括加强风险防范工作，具体到学校而言，就是帮助学生进行风险管理，保护学生的利益和安全。

保险"新国十条"明确提出，提升全社会保险意识，在全社会形成学保险、懂保险、用保险的氛围。同时，还强调要加强中小学、职业院校学生保险意识教育。

大学生们即将走入社会，离开父母和学校的庇护，独自面对一切。只有学会保护自己，学会从危险中逃生，学会让自己尽可能地少受伤害，增强自身安全防范意识，才能真正地成熟起来，接受社会风吹雨打的磨砺。

质之于学校和保险业，何妨为学生上一堂风险课?

| 2014 年 9 月 12 日，《中国保险报》|

冰桶挑战的启示

冰桶挑战在短短几个星期内红遍全球，虽涉嫌作秀与炒作，但从实际筹款结果与关注程度来看，得到很多社会名人以及普通民众的认同。

微博的统计显示，有近200位各领域的明星、名人在微博上发布了完成冰桶挑战的视频，通过微博公益平台向瓷娃娃捐款的人数近4万人，捐款700多万元。

这样一场让国人耳目一新的活动，值得很多人去好好思考，无论是公益机构，还是传播机构，还是媒体研究者，以及社会学家，都能在整个活动的梳理中得到启发。

启示一，冰桶挑战成功的首要因素是名人效应。在几位本地名人和体育明星参加冰桶挑战之后，这项活动迅速蹿红。他们众多的支持者让这项挑战扩展到波士顿以外的地区，并红遍全美各地，吸引了形形色色的一线大牌明星和知名人士参加挑战赛。就连比尔·盖茨也参加了，对活动起到了推广作用。

而在国内，小米董事长雷军是第一个接受冰桶挑战的人，随着他点名刘德华，这场公益接力也从企业界向娱乐界传递，并最终风靡开来。刘德华、周杰伦、章子怡、潘石屹、姚明等近200位各界明星、名人完成了冰桶挑战。

明星、名人的示范效应不但吸引了公众的围观，而且也使冰桶挑战很快在普通公众中开始传递，最终成为一场全民的公益接力。

启示二，社交化媒体的充分运用是成功的关键。根据Facebook网站的统计，在6月1日到8月17日，超过2 800万人参加了关于冰桶挑战赛的话题交流，包括发帖、评论和对挑战赛帖子点赞，人们还在该社交网络上分享了240万个与冰桶挑战赛有关的视频。

"毫无疑问，今年夏天的网络世界出现突破性事件——冰桶挑战的火爆。"美国哥伦比亚广播公司评论说。包括政要名人以及多个国家领导人在内的越来越多的人都在参与这项活动，在网络上发布自己被冰水浇遍全身的视频内容，为对抗ALS筹集资金，提高公众对这种病症的认识。

对于非营利机构来说，这是一个分水岭事件，也是一个值得庆贺的事件。它显示了社交媒体的强大力量，甚至可以使一些小型的非营利组织和社会事业得到广泛的注意。

启示三，简单化、娱乐性是引发全民冰桶狂欢的基础。在冰桶挑战中，活动规则很简单：人们接受挑战，要么把冰水从头顶浇下，要么捐赠资金给ALS慈善事业。挑战者可以点名下一个接受挑战的人。

以往国内的公益慈善活动大多打的是苦情催泪牌，而此次冰桶挑战则是以快乐游戏的方式参与其中。参与者在关注与捐助渐冻症患者群体的同时，自己也享受到了游戏的快乐。

当然，这个冰桶也有其短板，引发了一些质疑，如"回归初心"、"捐钱使用"、"浪费水"等。但是大部分的人还是抱着支持和欣赏的态度来看待冰桶挑战。因此，这项活动在风靡的过程中并没有受到实质性的阻碍。

这也给了我们最终的启示：在这样的时代，大众喜欢的，就是可行的。

|2014年9月5日,《中国保险报》|

"新国十条"：从学习到践行

一场学习热潮正冲击着全国保险业。《国务院关于加快发展现代保险服务业的若干意见》（国发〔2014〕29号，以下简称"新国十条"）这一被誉为新时期保险业具里程碑意义的文件，自发布至今，历时两个多月，各地保监局、保险行业协会、保险公司分支机构等纷纷开展了大力度的学习贯彻活动，并且呈现了一些新鲜的气象。

首先，地方政府给予高度重视和大力支持。保险业的发展离不开地方政府的大力支持，"新国十条"这种顶层设计方案，更要根据各地的实际情况，由政府出面，打通关节、优化环境、发力推动。因此在"新国十条"发布之初，就有舆论建议地方保险业尽快拿着方案找政府。在这段时间里，大多数地方政府采取了座谈、调研等多种方式，高调对保险业予以支持和鼓励。例如，河北保监局召开学习贯彻"新国十条"，省政府有关部门和各地市金融办、各保险公司、保险专业中介机构、保险社团组织近400人参加会议。厦门市市委常委、常务副市长林国耀带队到厦门保监局调研厦门保险业贯彻落实"新国十条"情况。如此的支持力度，是非常罕见的。

其次，对"新国十条"的解读力度空前。很多地方保险业打通了政产学研等各种优质资源，全面解读学习"新国十条"。有的邀请保监会相关部门人员，如邀请保监会政研室领导做专题辅导报告；有的邀请大学相关专业的教授，如河南保监局邀请郑州大学、河南财经政法大学教授参加座谈；有的邀请金融办领导，如山东省政府领导要求保监局、金融办去地市进行"新国十条"巡回宣讲，推动各地政府学保险、懂保险、用保险等。各行业的专家，在不同场合，以各种接地气的形式，让"新国十条"的传道授业解惑既保留了高端的水平，又走向了基层的机构和人员，效果非同一般。

最后，在行业内部组织的闭门学习中，各种亮点也不断。一方面，从行业的高管入手，举办专门针对高管的"新国十条"培训，从领导层面抓起。例如，在四川乐山，由保险行业协会举办了一期高管培训班，集中宣传"新国十条"，提升高管能力水平；另一方面，也组织全行业的代表，一起座谈，热烈讨论，形成对"新国十条"的深刻理解，从而指导今后的工作。在这方面，各省、市保险业均不同程度地参与。

各地保险业学习"新国十条"的行动已经持续了一段时间，在思想共识方面已经形成了初步的效果。而在今后一段时间内，"新国十条"依然是保险业发展的一个宏大背景和指导方针。只不过，在地方上，应该从学习的阶段，逐步转化为贯彻落实的阶段。不仅要学好"新国十条"，还要用好"新国十条"。

应该看到，在一些地区已经开始了贯彻落实的步伐。例如，在浙江，紧随国务院"新国十条"的步伐，浙江于2014年9月提出要深入贯彻落实"新国十条"，积极运用保险机制推动全省经济社会发展。而在福建，福建保监局结合福建当地特色，初步拟定九项重点工作，切实推进"新国十条"政策落地。

这种可喜的从理论到实践的转变，在今后将越来越多。

| 2014 年 10 月 24 日，《中国保险报》|

"秋后算账"

如何推广农业保险？这是近年来一直在频频提起的话题。原因就在于农业保险开展这么多年，农民的保险意识依然不高。

统计数据显示，在中国，农业保险的普及率已经非常之高。据《中国农业保险市场需求调查报告》显示，2007—2013年，我国农业保险承保主要农作物从2.3亿亩增加到11.06亿亩，累计提供风险保障4.07万亿元，向1.2亿户次的农户支付赔款759亿元。我国农业保险业务规模已跃居世界第二位，仅次于已有上百年农业保险发展史的美国。

这就呈现出一个奇特的现象，保险到位，而保险意识不到位。在浙江丽水某电视台近期开展的以生态农业为主题的电视问政上，有一个关键词引起了在场观众和广大农民朋友的关注，那就是"农业保险"。"从未听说过有这样的保险，也没人让我们去参加相关保险政策的培训。"这是一些地区的葡萄种植户对农业保险的反映。虽然在有些地区，葡萄并未纳入政策性农业保险，但即便是这样，也足以说明农业保险相关政策的普及率仍有很大的提升空间。

推广农业保险，在一些地区依靠的"行之有效"的方式，从一定程度上来说略显简单粗暴。比如依靠行政力量，农户在对农业保险的流程和理赔还并不十分了解的情况下，统一购买。而具体到单个农民，对农业保险的了解程度，甚为粗浅。

农民需要看得到的保险宣传。从农民角度来说，都有一个侥幸心理，好几年不买保险都没事，何必买这个。然而一旦赶上一回天灾就傻眼了。倘若看得到保险理赔的效果，那结果肯定不同。例如，2014年辽宁发生了特大旱灾，全省农作物受旱面积2 575万亩，其中1 809.7万亩受灾作物参保。预计全省理赔金额超过10亿元。可以说，通过旱灾的洗礼，辽宁省的投保获赔农民得到了实实在在的好处，辽宁农民的保险意识提升了一个等级，从而助推了当地农业保险的顺利开展。

眼下正是秋收的季节，也正是农民在衡量一年得失的时刻。丰收固然喜悦，因灾害导致的歉收，若有保险兜底，也将无虞。若既歉收而又无保障，将导致农民改变来年种地决策，包括购买保险。如果保险公司和相关部门抓住这个时间段，在农忙转农闲的时刻，好好给农民算一笔"秋后账"，把有保险和没保险的案例细细展示，层层分解，农民的保险意识如何会不提高？

| 2014 年 10 月 13 日,《中国保险报》|

埋儿奉母谈

近日，在安徽六安市街头，"二十四孝"故事被做成街边护栏上的公益广告，将"二十四孝"之一"埋儿奉母"图文并茂地展示，这则不合时宜的公益广告引发了广泛争议。专家和民众普遍认为这样的"愚孝"与时代脱轨，传统文化应在扬弃中继承。

"埋儿奉母"是中国传统"二十四孝"中的故事，东汉时代的子民郭巨家境贫寒，妻子生下孩子后，郭巨的母亲体谅孙子，时常把自己的食物让给孙子，这让郭巨有些担心，供养自己的孩子会影响赡养母亲。郭巨觉得孩子可以再生，但母亲只有一个，于是决定把3岁的孩子埋了，以便更好地奉养母亲。

"百善孝为先"是中国流传千年的古训，弘扬孝悌的社会价值理念本无可厚非，但是在具体的方法上，是照搬古训还是去粗取精，有待深思。诸如"埋儿奉母"、"卖身葬父"这样的典故，是否应该从故纸堆中拿出来高调宣扬？这种价值观是否还与当前的社会发展相适应？相信答案是否定的。

文学家鲁迅曾经批评说："高兴之余，接着就是扫兴，因为我请人讲完了二十四个故事之后，才知道'孝'有如此之难，对于先前痴心妄想，想做孝子的计划，完全绝望了。"

不可否认，当前社会中，的确也存在很多养老问题。如老无所养，老无所依，或子女不孝，不尽赡养责任，或子女贫病，无法奉养年迈父母。那么在出现这样的情况下，除却"埋儿"或者"卖身"，何以奉母？这就要从现代文明的制度层面寻找解决办法。

首先，要依靠社会养老保障体系。拥有养老保障，老人即使贫病交加，没有子女赡养，也能维持生存。要达到这样的结果，必须拥有社会制度的保障。一方面，要建立社会养老服务体系，由政府、社会建立对养老服务有支持意义的各种制度、政策、机构系统，如各种类型的政策性养老保险，另一方面，也要建立重大疾病方面的制度保障，如医保、大病保险等。如此一来，老吾老，既不需要完全依赖自己的经济，更不需要危及自己子女的性命，何来"埋子奉母"之说。

其次，要依靠完善的社会慈善机制。倘若因为家贫、重病而又无保障，导致无法奉母，则应求助社会慈善的力量。近年来，慈善已经成为中国社会"正能量"的重要一脉，10月29日国务院总理李克强主持召开的国务院常务会议已经明确了总基调："必须创新机制，使慈善事业与国家保障救助制度互补衔接、形成合力。"会议认为，发展慈善事业，引导社会力量开展慈善帮扶，是补上社会建设"短板"、弘扬社会道德、促进社会和谐的重要举措。

高屋建瓴的定调，也指明了困难人群的脱困方式。从近年来的一些案例来看，慈善对于困难家庭的救助作用也十分明显。通过媒体披露的困难家庭，都能得到不同程度的社会救助。比如近期舆论热议的卖卫生巾救女事件，在媒体披露之后的几天里，就有超过150万元的捐款汇入该家庭的账户。

当然，类似这样的"幸运儿"毕竟是少数。更多的人在没有媒体披露、没有引起社会关注的情况下，还是在依靠自己或者家庭的力

细节看保险

量。因此，更需要一种完善的慈善机制，将救助真正困难的群体作为新常态，不仅使经媒体披露的人有钱医病，也能使不被披露的人获得帮助。这样一来，借助社会的力量，也不必"埋子"。

最后，年轻人要重视商业养老保险。现在社会中比较普遍的一种疑虑是，随着城镇化进程和老龄化社会的加速，将来的社保将无法保证养老所需。而在养老金尚有缺口、慈善救助机制尚不完善的境况下，如何自我救赎，保证养老所需？这就应该考虑商业保险，包括养老、重疾、健康等保险种类。

孝悌是家庭伦理，而养老则是社会的伦理。在现代社会中，"埋儿奉母"这样的价值理念，不仅不值得提倡，还应该旗帜鲜明地进行反对。因为孝而扭曲了养老真正努力的方向，是忘记初心之举。这对于公益广告来说，是不可取、不可仿的。

冲动消费的后悔药

网购时面对琳琅满目的商品，似乎没有买不到的东西，但是有一样的的确确是买不到的，那便是后悔药。

"双11"购物狂热来袭，消费者纷纷走进电商网站捡便宜，但过后看到快递送来一件件不实用的东西在家里堆积如山，以及月末信用卡产生的一长串账单，又后悔得直想"剁手"。一次次的疯狂购物，以及逐步浮出水面的各种真相，比如媒体报道的种种：商家先提价后改价，大部分的单子是商家自己在刷数据等，消费者不免产生事中冲动事后后悔的情绪。

但是现在，有一种形式的后悔药，正在为消费者的冲动埋单。假如，买来的商品，可以找到一种借口退货，而又有人包邮费，岂非真正的后悔药？这就是所谓的退货运费险。11月12日，阿里公布了"双11"全天交易数据：天猫24小时成交金额571亿元，支付宝全球移动支付交易笔数达到1.97亿笔，同比增长336%，共售出退货运费险1.86亿份。一天1.86亿份退货运费险，无疑再次创造了中国保险业单日成交保单份数的纪录。

如此庞大的成交数字，的确震撼了保险业。

在2014年网络上随处可见的高收益理财保险如今已经难寻踪影，取而代之的则是参聚险、退货运费险等保障性更强的险种。这种现象的出现，一方面，是由于监管部门对于网销理财产品的规范管理，使得一些擅长网销的保险公司保持了观望状态；另一方面，退货险等保障性险种，也的的确确抓住了消费者需求的命脉，击中了市场的心脏。

对此现象，有的分析解读认为，这预示了网销保险开始表现出明显的转型路线。在2014年的"双11"中，车险、健康险等险种开始回归。据媒体报道，平安保险的官方旗舰店2014年"双11"热销的产品包括养老险产品、车险以及非机动车辆保障险三款，总成交额超过2亿元。

让保险产品回归保障，是保险监管机构的长期思路，也是保险公司调整转型的一个方向。而网销保险从出现到爆发式增长，也经历了线下的保险发展的一些模式，只不过相比之下，从不规范到规范，时间更短。一定程度上说，网销保险就是保险业近年来发展的一个缩影。

因此，究竟是保障产品受欢迎，还是理财产品受欢迎，消费者在"双11"已经给出了参考答案。退货运费险的大受欢迎也让诸多保险公司深省。不过，后悔药虽好，却也不能多吃。不光是出险太多，保险公司拒保，出险率和保费也挂钩。有消费者反映说："我的淘宝退货运费险已经涨到8.2元了！"

|2014 年 11 月 17 日，《中国保险报》|

青纱帐

不久前，我踏上辽宁旱灾保险理赔的采访路程。

11月末的辽沈大地，刚刚迎来一场小雪，辽阔黑土地的玉米茬上覆盖了一层细细的冰雪。偶尔也会看到一些干枯的玉米秸完整地站在地里，东倒西歪，好像插在战场上的刀枪剑戟，散发着秋冬的肃杀之气，默默地提示着人们2014年夏天曾经发生在这里的旱情。

说起东北那一望无际的玉米地，我常常回想起那首让人浮想联翩的民谣："大姑娘美，大姑娘浪，大姑娘走进了青纱帐，这边的苞米它已接穗，微风轻吹起波浪……"

而在2014年，一场63年不遇的特大旱灾，将东北大地上的玉米几乎全都摧残。正值生长季节，玉米秸秆却已青葱不再，枯黄遍野。辽宁全省13个地市的玉米不同程度地绝产、减产，为了应战，辽宁保险业出动了10万人次的理赔查勘人员，走进了青纱帐，查勘估损。

了解到这样的情况后，我特意要求，寻找一两名一线的理赔人员，好好采访他们在田间地头查勘的情形，我琢磨这一定是有故事的。

根据行程安排，一日下午我和保险公司的人赶赴一个比较偏僻的村落，从葫芦岛市出发，往返需要两三个小时。路上我们在乡政府落了一下脚，与乡里的官员、县城支公司的理赔员座谈了一会，感觉意犹未尽，但是由于时间原因，我们必须即刻动身尽快赶到村里去。

在车上，我不无遗憾地说，要是能再和基层理赔员聊聊钻玉米地的事就好了。

人保财险省公司的领导哈哈一笑，指着葫芦岛市公司的徐运洲说道："要说起钻玉米地，不必问别人，问我们徐总好了，他2014年钻的玉米地比谁都多，他是钻玉米地的专家，哈哈。"

顿时，车上的人都"不怀好意"地笑了起来。还有人继续调侃道："黄记者你倒要好好采访徐总去米玉地里都干了些什么。"

我自然知道他们去玉米地都"干什么"了，无非是玉米查勘理赔的那些事儿，焉有其他？但是在深入的追问下，这钻玉米地的艰辛才慢慢吐露出来，其实也并不是像他们谈笑中的那般潇洒随意。

八九月的玉米地，密不透风，犹如一座座烤炉，无数的玉米叶子像刀锯一般，置身地头尚且热不可当，钻入地中，闷热且不说，玉米叶子在身上留下的血痕，在汗水的浸润下，奇痒难忍。

这种经历我小时候曾真切地体验过。为了防护自己，理赔人都穿上自购的迷彩服，保护自己不被玉米叶子割伤。但是这种炎热的罪就要加一重了。"那个汗水呀……"徐运洲抬起胳膊，指着自己的腋窝示意。

不光是人保财险，所有的保险公司都付出了汗水。安华农险在查勘期间也是全员出动，曾有一位女理赔员抱着8个月大的孩子，在田间地头坚持查勘……一张张面孔深深打动着我。可惜，行程匆匆，并没有了解所有的人和事，这也是此次采访之行深为遗憾的地方之一。

在与保险公司的人员聊天中我发现，2014年发生这么大的灾情，有很多原因。除了防灾减灾不到位之外，还有一个意想之外的原因。

在全国很多地方都有一句农谚："牛马年，好种田，就怕鸡猴这两年。"意思是说，牛年马年里风调雨顺，庄稼都会有好收成，不愁不丰收，而鸡年和猴年的收成一般不好，或旱或涝，往往歉收闹饥荒。

而这种说法显然也影响了辽宁农民的决策，有的本来不适宜种植的退林还耕田种上了玉米，有的本该买好种子的却选择了廉价的种子，这些都可能导致歉收的后果。当然，这并没有影响保险公司的理赔决策，该赔的都赔了。

只是这种现象也在给相关部门提醒，现代化的农业已经不需要完全依赖农谚的经验了，如何加强对农民种田的引导这个问题，必须破解。

到现在，旱灾的保险理赔已经全部完成，在田间野外，已经看不到保险查勘人员的身影。但是我相信，农民们即便遗忘了旱灾的损失，那些保险人查勘的一幕幕，也必然留在他们心中。

|2014年12月30日,《中国保险报》|

"辽宁队"的奇迹

除了刚刚完成的旱灾农险理赔工作，最近辽宁保险人谈论最多的话题，要算是辽宁药都本溪队了。

2014年辽宁队在CBA中不断创造奇迹，连胜十余场，先后击败新疆、广东、北京等强悍对手，过关斩将，一路凯歌。从保监局到保险公司的基层员工，提起辽宁队来都充满了自豪感，对队中哈德森、韩德君等主将如数家珍，对将来的比赛更是充满了信心。

对于辽宁队什么时候终止连败，败在谁的手上，他们并不是很在意。因为，在与旱灾的对抗中，保险业的"辽宁队"也已经完胜。

为了赶在设定的期限之前完成查勘、定损、理赔任务，人保财险葫芦岛市分公司不仅调集了各个条线上的理赔人员，赶赴一线查勘现场，节假日无休，而且在每天繁重的查勘任务之后，还要回到分公司开会，将查勘数据整理归档，为下一步理赔工作做好准备。这种"背靠背"式的连续作战，在为期3个半月旱灾农险理赔期间，已经成为常态。

理赔完成后，他们享受着这种如释重负的快感，同样也在回味着其间的酸甜苦辣。

在一次进村采访结束后，我觉得村民对于这次农险理赔的评价过于溢美了，于是对陪同采访的人保财险葫芦岛市分公司副总经理徐运洲笑道："这次采访村民说得不错啊。"车上人都会心地笑了起来，徐运洲也笑了，旋即他表情严肃地说了一件事，顿时打消了我的疑虑。

他告诉我，就是刚才这位言语平和的村民，当初徐运洲等人在他的玉米地边查勘的时候，曾遭遇到他大声指责。

事情过了不短的时间，徐运洲回忆起来依然充满了感慨和无奈。他说，每一个农业保险理赔员在下玉米地查勘的时候，都会被玉米叶子割伤。要知道，玉米叶子割出来的伤口，不过是浅浅的一道道血痕，不痛却痒，被汗水浸润后，更是奇痒难耐。

在保监局的督导、农业专家的鉴定下，查勘定损结果准确而可信，让村民大为信服。因为信任，这位村民在理赔结束后，对保险公司的态度发生了很大的转变。看起来像客场作战的一场理赔，成为了主场。

不仅仅是这一位村民，许许多多村民在经历过这次保险理赔后，对保险的信任平添了不少，对保险人的好感也增加了不少。有的村民在看到查勘员进进出出玉米地非常辛苦，便有些不忍地阻止他们说："算了，不用查了，差不多得了。"面对村民的好意，查勘员们并没有接纳，而是继续完成自己的使命。这一切，都是为了及时完成这场罕见的理赔大案，他们并不想和旱灾打一场加时赛。

谈起这些时，这些基层的保险人有些激动。就像一位理赔员说的，这次旱灾理赔锻炼了一批扎实的基层查勘队伍，并且与农民建立了良好关系，就算再来一次旱灾，也能轻松应对了。

记者采访结束后不久，辽宁队分别战胜了北京队、吉林队等，十六连胜，创造了新的奇迹。而保险业的"辽宁队"，不仅完成了旱灾理赔，还借此扭转了农民对保险的看法，难道不也是一场奇迹吗？

|2014 年 12 月 29 日,《中国保险报》|

消费者满意度下降是喜是忧

消费者满意度能反映一个行业的服务水平，但是从另一个层面来说，也反映了消费者对保险业的理解程度。对于保险消费者满意度，需要辩证看待。

近日，陕西保险业开展的一项关于保险消费者满意度的调查显示，2014年陕西省有86.58%的受访者对陕西保险业整体服务表示基本满意。而报告显示，在2012年这一数值为87.8%。相比之下，2014年的消费者满意度反而下降了，这是否就意味着保险业服务水平下降了呢？

近年来，提升服务质量成为社会各行各业都在努力的方向，保险业也将服务作为竞争的重要因素。无论是提升车险理赔实效、加强对人身险销售误导的治理，还是消费者权益保护、保险诉调纠纷各项机制的建立完善，都在为消费者服务中发挥了不可替代的作用，而消费者也确实从中得到了实惠。

而从另外一条路线上看，保险业不仅在努力提升自身服务水平，也在致力于帮助消费者提高保险的认识水平。近年来，保险行业持续开展保险消费者知识普及活动，消费者对保险的了解程度也是越来越高。无论是保险知识进社区、进农村，还是进学校，无论是消费者权益保护日，还是全国保险宣传日，无论是电视上的行业形象广告，还是报纸、网络上的资讯推广，各种举措和各种渠道，都使消费者的认识提高到一个新的高度。

在陕西省，也是这样的情况。一方面，保险服务水平在提高，另一方面，保险消费者认识在提高，在这双重提高下，为何消费者的满意度反而下降了？面对这样一份成绩单，保险业应该欢喜还是忧虑？

首先，这是消费者的要求在提高。在不了解保险的情况下，保险服务可以很容易地满足消费者的需求，而随着对保险理解的加深，消费者也提出了更高的要求。由于保险业主动加强了保险消费者教育宣传工作，使得保险消费者对保险业的服务质量更加重视，对保险业的预期有所提高，因此尽管近几年保险业在提升服务质量方面做了很多工作，但是总体消费者满意度却有所下降。

其次，保险业努力的成果还在酝酿之中。任何观念方面的改变都具有一定的滞后性，保险消费者知识普及也不例外。消费者从知道保险到有所行动这一转变过程，才能真正深入了解保险。比如，调查显示，保险消费者对保险条款的了解程度比较模糊，购买过保险产品的消费者明显比不曾购买过保险的老百姓更加了解保险条款。所以，尽管近年来陕西保险业从上到下都重视发展方式的转变，但由于服务质量的提高需要一定的过程，其效应未能立即体现。

最后，保险业仍然存在需要改进的方面。人身保险销售误导情况已经有较大改善，但仍然存在；虽然各地都在建立车险快赔机制，但服务仍然存在提升空间，比如虽然创新的保险产品层出不穷，但是消费者深入需求的保险产品仍然有待探索创新。

服务提升了是可喜的；消费者要求提高了，是"可忧"的。对此，保险人需要具备忧患意识，毕竟消费者需求在进步，保险服务也不应止步。

|2014 年 12 月 8 日，《中国保险报》|

观念回归：看山仍是山

保险的观念正在回归。

宋代禅宗大师青原行思提出参禅的三重境界：参禅之初，看山是山，看水是水；禅有悟时，看山不是山，看水不是水；禅中彻悟，看山仍是山，看水仍是水。

近些年，随着保险理财产品的流行，人们对保险是保障还是理财的观念产生了不同的看法。到了2014年，这种观念正在悄然变化。从政府到大众，对保险的认识和理解已经回到保险最初的本质，即回归保障。

引起这种变化的因素，可以从以下几方面来考量。

首先，"新国十条"的发布从社会多个层面改变了人们的认识和观念。无论是国务院发布的"新国十条"，还是各地政府出台的"省十条"、"省九条"，无不从保障地方经济社会发展、服务民生的大视角，支持和鼓励保险的规范化发展，并且明确了要在发展中予以配合的相关政府部门。

随后，一场全国范围的学习热潮，也将"新国十条"的这种视角和观念深入基层人心。在"新国十条"发布之初，就有舆论建议地方保险业尽快拿着方案找政府。在这段时间里，大多数地方政府采取了座谈、调研等多种方式，高调对保险业予以支持和鼓励。很多地方保险业打通了政产学研等各种优质资源，全面解读学习"新国十条"。各行业的专家，在不同场合，以各种接地气的形式，让"新国十条"的传道授业解惑既保留了高端的水平，又走向了基层的机构和人员，效果非同一般。在行业内部组织的闭门学习中，各种亮点也不断出现。在这方面，各省、市保险业均有不同程度的涉足。

在"新国十条"意见的指导下，保险业不论是产品创新还是服务创新，都越来越回归保险保障的本质。在这基础上，各级政府、保险业和大众对保险的认识，自然也回归到保险的保障上。

其次，以微信等新媒体形态或者社交方式为主的保险知识普及，让大众有更多的渠道便捷地了解保险知识。这方面，突出表现在朋友圈的保险营销、微信公众号的保险知识普及、新闻传播上。

在以前，保险业通过保险知识进社区、进学校、进农村等形式，已经打通了很多保险知识的普及渠道，让各个群体更多地了解保险知识。而随着科技的进步，可能只需要用手轻轻一触，就能够使有用的保险知识、具有警示意义的保险案例让周围的朋友都看到，这是新的科技带给保险的福音。

不过，在微信朋友圈营销普遍存在的现实下，朋友圈的保险营销更需要进一步的规范。多一些实实在在的案例，少一些浮夸的误导，规避这种新社交方式带来的行业形象风险。

最后，网销保险的盛行和规范。随着电商平台的快速发展，保险网销也成为一种时尚和潮流，很多企业在网销领域取得了不菲的成就。保险网销的盛行，通过低价的保费，进一步让普通大众有更多的机会接触保险，了解保险，体验保险。

例如，2014年11月12日，阿里巴巴公布了"双11"全天交易数据：天猫24小时成交金额571亿元，支付宝全球移动支付交易笔数达到1.97亿笔，同比增长336%，共售出退货运费险1.86亿份。一天1.86亿份退货运费险，无疑再次创造了中国保险业单日成交保单份数的新纪录。

同时，网销产品中的理财类产品也通过企业的整改，逐步向保障方向回归。在2014年下半年，通过一个长阶段的整改，业内人士普遍认为，网销保险产品有望回归保障本质。

而在这种回归之下，对于喜欢网购的保险消费者观念的树立，无疑传播的是一种正能量。

此外，可喜的是，在保险类信息的传播中，还出现了一些崭新的文本形式，通过有趣的语言和形式，将保险业的事件、保险知识以另一种大众喜闻乐见的手法表现出来，增强了传播的效果。比如，一些微信公众号用武侠框架阐释保险业，吸引了众多眼球。

相信新的一年中，随着各地对"新国十条"的贯彻落实，社会各界对保险不仅看山仍是山，还能看清山上的种种美好风景。

|2015 年 1 月 14 日,《中国保险报》|

种粮大户更需要保险

得益于土地流转，山东省汶上县次丘镇东南村的种粮大户贾维涛终于流转到了1 700多亩土地，夏粮加秋粮两季，刨去成本，卖粮纯收入100多万元。新的一年，他种粮更有积极性了。多打粮，多增收。老贾高兴之余，心里老是犯嘀咕。种粮能过上好日子，但种粮一直过好日子不容易。万一遇上大旱灾，粮食减产或绝收，苦心经营的家庭农场就会遭殃，积累数年的种粮收入就会打水漂，所以他希望有足够的种粮保险。

这是日前《人民日报》刊登的一篇文章中提到的一个土地流转中比较典型的案例。在城镇化进程加速的背景下，全国的农村土地流转也在不同程度进行着。而土地流转产生的种粮大户，对农业保险的期待越来越高。

种粮大户面临着比农户更大的风险。在近期数次的采访调查中，记者从陕西、辽宁等多地的农民口中，均得到这样一种反馈：在遭遇灾害导致绝产时，农民普遍认为保额过低。有的甚至提出，宁肯多交点保费，希望在赔付时能够提高标准。这种问题对种粮大户来说，尤其显著。一方面，种粮大户有比农民更高的成本和投入；另一方面，一旦遭遇灾害，种粮大户将面临巨大的损失。

下情上达，对于农民的呼声，包括承保机构、保险监管部门和相关政府部门十分了解，2014年，一系列的政策、做法已经开始尝试。

在政策层面，2014年8月，国务院保险"新国十条"的出台，为农业保险今后的发展指明了方向："按照中央支持保大宗、保成本，地方支持保特色、保产量，有条件的保价格、保收入的原则，鼓励农民和各类新型农业经营主体自愿参保，扩大农业保险覆盖面，提高农业保险保障程度。"除了原则和方向外，"新国十条"还明确了一系列的具体举措，如开展农产品目标价格保险试点，探索天气指数保险等新兴产品和服务，丰富农业保险风险管理工具等。

在实践层面，有些土地流转程度比较高的地区，出现了样本性的做法。例如，界首市（县级）是安徽省土地流转"第一县"，截至2014年6月末，全县土地流转率为75.5%，大大高于全省和全国平均水平。保险业与当地政府紧密合作，围绕新型农业主体发展需求，探索"三农"保险综合服务创新，取得一定成效。

在界首市的做法中，最重要的一条就是提高流转大户的保障水平。凡土地流转面积达到100亩以上的小麦、玉米、大豆三类种植户，即可在政策性农业保险的基础上投保补充保险。投保后，小麦保额由270元/亩提高至500元/亩，玉米保额由250元/亩提高至400元/亩。

同样，在土地流转程度比较高的江苏省苏北地区，沭阳县也探索出了独特的农业保险模式，并保证了较高的保障程度。沭阳县常年承保小麦145万亩，水稻100万亩，玉米20万亩，参保率99%以上。目前，每亩执行550元标准，每亩签单保费22元，其中县级财政每亩补6.55元，占签单保费的29.77%，而农户每亩仅交2.25元，占签单保费的10.23%。

而在非农业主产区，土地流转中对农业保险的期盼也很浓厚。山西省太原市耕地面积小，资源压力大，人均耕地1.5亩，属于典型的非农业主产区。2014年，全市预计流转土地面积3.5万亩，为了降低种粮大户风险，太原市农委就对媒体明确表示，要协调保险部门加大对农业的保险力度。

春江水暖鸭先知。提高农业保险保障程度，保护种粮大户的积极性，对此，保险业早有察觉。在2014年辽宁省特大旱灾理赔中，沈阳市东陵区柏叶村种粮大户王新宇包了3 000多亩地，绝收1 500亩，共获得27万元赔款，成为人保财险辽宁省分公司的第一个获理赔客户，该案也是辽宁保险业第一个理赔案。

这种理赔的寓意，不仅仅是一个案卷的结束，也代表着未来的一个方向。

化解医患矛盾的一剂良方

"羊水栓塞"这个专业术语在2014年突然成为大众关注的焦点。

事件起因于一起医疗事故。2014年8月10日，湖南省湘潭县妇幼保健院发生一起产妇死亡事件。随即湘潭县卫生局表示，产妇是因羊水栓塞经9个小时左右的抢救无效死亡的。"羊水栓塞"一词迅速成为关注焦点，随后《人民日报》刊文《羊水栓塞产妇鬼门关》予以解读。

此事件之所以引起舆论的广泛关注，还是脱离不了医患纠纷加剧的背景。2014年，在全国一些地区，医患纠纷案件仍然呈现多发趋势。广东省法学会卫生法学研究会2014学术年会公布的数据显示，3年间，广东省医患纠纷一路增多，二级医院发生率占比超过45%，而经鉴定，最后认定医疗机构有过错的仅为二三成。

在这样的压力之下，有的地区通过第三方调解，成功地解决了一部分纠纷事件，而另一些地区，则依靠医疗责任保险的杠杆作用，给患者和医生开出了一剂良方。

首先，国家顶层设计中，充分认可了医疗责任保险的作用，为其发展指明了方向。保险"新国十条"中明确指出，发挥责任保险化解矛盾纠纷的功能作用，把与公众利益关系密切的环境污染、食品安全、医疗责任、医疗意外、实习安全、校园安全等领域作为责任保险的发展重点，探索开展强制责任保险试点。

2014年11月，国务院办公厅印发了《关于加快发展商业健康保险的若干意见》（国办发〔2014〕50号）。其中指出，要加快发展商业健康保险，提高医疗执业保险覆盖面，鼓励医院和医师个人购买医疗执业保险。这可以视作加快医疗责任保险发展的另一项重要政策。

其次，在全国各地，相关部门都以制度、举措等形式，将医疗责任保险的地位和作用明确。例如，河南省洛阳市在2014年末出台了《洛阳市促进健康服务业发展实施方案》，对健康服务业发展作出了详细规划。该方案提出，加快推进医疗责任险，发展手术责任保险、医疗意外责任保险等医疗执业保险和食品安全责任保险。这一举措有利于第三方商业保险机构对医患纠纷赔偿问题起到制约作用，进一步促进医疗赔偿的公平性。

而在深圳市，让医疗责任保险有法可依的做法更进一步。2014年11月，被称为深圳医疗"基本法"的《深圳经济特区医疗条例（征求意见）》正式公布，在公布的条例征求意见稿中，对于医患的权责规定成为一大亮点，而将医疗责任险纳入立法，意味着深圳将强力推动医疗责任保险。

在各地的做法中，也不乏一些让人眼前一亮的创新之举。例如，在黑龙江省，第三方调解与商业保险模式携手，共同破解医患纠纷难题。黑龙江省七台河市政府在黑龙江保监局的支持下，进行了大胆探索，让第三方调解机制介入医患纠纷，同时引入医疗责任保险机制进行赔偿。七台河市政府主导，卫生部门响应，商业保险公司积极开拓市场，使得各方牵手形成合力。

让第三方调解和商业保险这两种解决医患纠纷的方法有效地结合在一起，不再各自为政，是非常值得借鉴的做法。

在医疗纠纷频发、政策又加大推动力度的影响下，各地政府也正视医疗责任保险的推广，并规划出明确的时间表和覆盖范围。例如，在2014年10月，陕西保监局和省卫计委等多部门联合下发了《陕西省推进医疗责任保险工作方案》，共同促进医疗责任保险进一步发展。该方案要求，到2015年末，三级医院全部参保，二级公立医院的参保率达到九成以上。11月，湖北卫计委宣布，湖北将全面实施医疗责任保险，2015年末前全省三级公立医院参保率达100%，二级公立医院参保率达到 90%以上。12月，甘肃则宣布，从2015年起，将把医疗事故、医疗过失、医疗意外等风险事故纳入保险责任，扩大医疗责任保险覆盖面，2015年末覆盖全省所有公立医院。

在有的地区，医疗责任保险已经探索实施了一段时间，经过2014年各地的规划奠基，到2015年，全国的医疗责任保险将有一个质的飞跃。这样的局面，无论对从医者，还是病患者，都是可喜的、可期待的。

|2015 年 1 月 15 日，《中国保险报》|

快处快赔保路通

有这么一个在网络广泛流传的经典笑话。

一日，一位在公路上堵车长达几小时的朋友终于无法忍受。他暴跳如雷地打开车门，拉开后备箱，从里面拿出一根长长的木棍。所有堵车的人吃惊地看着他，只见他大骂着把地上一只蜗牛敲得粉碎，一边敲一边骂着："看你还敢跟踪我！"

诸如此类的笑话还有很多，夸张的风格反映了堵车给人们造成的困扰。堵车有各种各样的原因，如城市规划不合理，如汽车数量逐年递增等，其中交通事故造成的堵车最为常见。在这样的背景下，利用车险理赔效率的提升，让保险发挥缓堵保畅的功能，建立快处快赔机制，是全国各地都在探索的办法。

应该说，快处快赔是保险业为客户提供的更好更优质的理赔服务，同时也是对城市交通通畅的保障。种种优势，让城市中迅速涌现出一批快处快赔中心。2014年初，银川上陵快处快赔服务中心正式运营，体现了宁夏保监局和交管部门联合推出交通事故快处快赔的做法，搭建起了一个高效、快捷、便民、综合的事故处理服务平台。在河南省郑州市，到2014年10月，第11家快速理赔中心开业，与此前已经开业的10家交通事故保险快速理赔中心一起，覆盖郑州市东南西北中，方便司机朋友就近处理车辆交通事故保险的快速理赔。

轻微事故造成的堵车，重在提高处理事故的效率。在事故现场等待交警、保险人的时间，即使短到极限，也会造成一定程度的拥堵。如果不等他们到场可行吗？2014年10月，山西太原市启用快处中心，对符合条件的小额财损交通事故，不再要求交警和保险人员到现场，而是要求当事人先自行撤离，再约定到快处中心进行"一站式"定责、定损、理赔，以缓解交通拥堵状况。

在2014年，快处快赔中心在有些地区是第一次出现，尽管相关方面加强了引导，但是对这种"新生事物"，出险人仍存在一定的生疏之感。2014年9月，广西柳州实施启动快处快赔第一天，事故当事人在事故现场因为紧张状况百出，如不会拍照、忘记互留电话、仍在现场等待等。不过，等事故双方进了快处快赔网点后，发现事故处理原来很简单。

让一切变简单，这就是便民的举措，这就是维护保险消费者利益的举措。虽不会，也无妨。

在堵车现象极为严重的城市，这种做法进一步得到了创新。例如，在北京，2014年末，北京市交管局和北京市保险行业协会两部门联手打造的"快处E赔"系统正在紧锣密鼓的研发之中，依托交管局提供的视频抓拍、车险手机APP软件、122报警台，保险行业就可以对大量协商不一致的案件进行快速的线上定责。如若投入使用后，不仅可实现九成以上的交通事故快撤快处快赔，而且在北京因为交通事故而造成交通拥堵的情况将大幅减少。

依靠互联网技术，北京车险快处快赔做法已经从线下升级到线上。早在2007年，北京保监局、北京市交管局联合推出的快处快赔机制，有效缓解了北京市道路交通压力的作用。作为快处快赔的升级

细节看保险

版，"快处E赔"机制中，车险理赔将从过去的快速处理升级为线上处理。

行车难不仅存在城市之内，也在城市与城市之间。

城市需要治堵，高速公路同样需要保持交通顺畅，尤其是在节假日期间。2014年9月，山东省出台规定，机动车在省内高速公路上发生交通事故，仅造成机动车财产损失且车辆能够自行移动的，适用快处快赔程序。符合快处条件但未快速撤离，造成交通拥堵的，将被罚款200元。

快处快赔不是治理拥堵的唯一做法，而缓堵保畅也不是快处快赔的唯一目的。可以看到，各地政府相关部门对于快处快赔的支持是非常巨大的，也给保险业提供了展示服务的舞台。做好快处快赔工作，其意义不可小觑。

毕竟，路通畅了，人心也就通畅了；人心通畅了，保险业的未来之路，也会更加通畅。

| 2015 年 1 月 16 日,《中国保险报》|

保护权益听心声

社会对消费者权益的保护越来越关注。上海团市委2014年发布的一项调查显示，青年认为消费者权益保护领域法律与自己关系最为密切，选择比达80.87%，其次为劳动者权益保护、婚姻家庭。这种社会心理的变化值得相关部门给予更多的关注。

消费者权益保护一直是保险业多年来在努力的领域，在2014年，密集的法律法规出台让这项工作出现了新的导向和契机。

在2014年，消费者权益保护法制方面的建设有了进一步的发展。2014年3月15日，由全国人大常委会修订的新版《消费者权益保护法》正式实施。这是1994年1月1日《消费者权益保护法》施行以来，该法的第二次修订。修订后的《消费者权益保护法》内容丰富，涉及每一个消费者的权益。随后，各地陆续酝酿出台了地方版本。如2014年11月，湖南省十二届人大常委会决定，修订后的《湖南省消费者权益保护条例》当月正式施行。同在11月，上海市通过了修订《上海市消费者权益保护条例》的决定，加强治理预售商品想退不能退、信息泄露却找不到源头、加盟店扮直营店销售预付卡等现象。

对保险消费者，2014年同样有重要的政策利好。2014年11月，保监会下发《关于加强保险消费者权益保护工作的意见》，要求从监管机构到行业协会、保险公司都要设立保护保险消费者权益的机构，并首次提及保险公司要设立消费者事务委员会，将消费者合法权益保护与相关人员的薪酬分配、职务晋升挂钩。对此，诸多媒体纷纷以《保险消费者权益保护全方位升级》为题进行了报道。

在以上种种法律法规的引导下，2014年各地保险业的消费者保护工作呈现出异彩纷呈的局面。

监管部门和行业协会主动与消费者接触，以各种形式宣传监管政策，普及保险知识。多家保监局领导带头走进电台政风行风热线，走进直播间，通过热线电话、网络、微信平台互动，接受群众投诉、咨询和建议。例如，2014年4月，山西保监局通过参加省电台"政风行风热线"节目24小时解决保险消费者实际问题7件；11月，安徽保监局组织行业参加安徽省纪委、省纠风办等单位举办的"政风行风热线"节目，拓宽服务群众渠道，有效维护群众权益。

就行业本身而言，提升保险服务水平是保障消费者权益的根本。监管部门通过推动行业规范经营和服务提升，直接维护了保险消费者的权益。例如，近年来，湖南保监局持续开展车险理赔服务质量评价，深入推动理赔难综合治理，强化消费者权益保护，不断提升车险理赔服务质量。从2014年上半年车险理赔服务质量评价结果看，一些消费者感受直观的重点服务指标已达到较好水平，如事故第一现场查勘率达到92.9%。

加强信息披露和风险提示，各地保监局主动"发声"，让消费者规避某些风险。针对很多当地保险市场存在的问题，或者预期会发生的现象，保监局通过媒体等渠道，向消费者进行提示。例如，2014年12月，针对非保险金融产品销售行为不规范的问题，山西保监局提示消费者，要提高自身防范意识，认真了解合规情况，远离金融诈骗或非法集资。同在12月，北京保监局在处理保险消费者投诉中发现，部分消费者购买了意外保险卡，但在办理理赔时却不顺利，为此北京保监局提醒，意外保险卡是一种卡单式的人身意外伤害保险产品，激活之后才能生效。

"新消法"加强了对金融消费者的保护力度，赋予了省以上消费者协会提起消费者公益诉讼的权利，形成了对保险消费者权益保护多方参与的格局。在这样的背景下，保险行业协会的消保工作也各有新意。例如，江苏省保险监管部门与工商行政管理、保险行业协会与消费者协会紧密协作配合，构建了良性互动的"2+2"保险消费者权益保护合作模式，形成一种制度化、规范化、常态化的消费者维权工作机制，同时在全省地市级层面，各市保险行业协会也与消费者协会建立了协同机制，其目的是更好地保护消费者权益，促进保险业健康发展。

解决保险纠纷是消费者权益保护不可回避的一个问题。2014年，各地保监局加强与法院的沟通协调，通过建立诉调对接机制，推进诉调对接全面开展，不断探索。这种探索还在不断向基层延伸。2014年9月16日，全国第一个乡镇法庭保险纠纷诉调对接调解室在安徽省马鞍山市当涂县人民法院石桥法庭揭牌，标志着马鞍山市保险纠纷诉调对接市—县—乡"三级联动"体系建成。

保护消费者权益，也要倾听消费者心声。一方面，正确处理好消费者投诉；另一方面，通过消费者满意度调查，可以得到有效反馈，从而为新一年的消费者保护工作带来参考和借鉴。陕西省保险学会、陕西省保险行业协会于2014年分别通过网络问卷调查的形式，深入了解陕西保险消费者对陕西保险业的意见与建议，近距离倾听保险消费者的心声，发现、查找、分析陕西保险业在提升保险服务方面存在的不足，并提出改进建议。

可以说，2014年保险业在消费者保护方面做了很多工作，随着各地消费者权益保护条例出台，在2015年保险业需要做的事情可能更多。

|2015 年 1 月 19 日,《中国保险报》|

"四点心"

做公益的越来越多了，这是一个可喜的好现象。

无论是机构、企业还是个人，近年来越来越多的人参与到公益行动之中，形成了全社会公益的良好氛围。但是随着参与主体范围的扩大，各种说不得的动机和用心，也让公益这件本来十分简单的事儿变得有些复杂与浑浊。

要做好公益，必须要少用"四点心"。

少一点博名心。俗话说，做好事不留名，这是做公益的至上境界。而目前，许多企业机构或者个人，为了宣传企业品牌或者炒作个人名声，从而策划了一些很奇葩的公益活动来吸引眼球，有的企业为学生捐了区区几本书，就堂而皇之地拍照撰文宣传，有的人为了博得眼球效应，在公益行动中言论出格，令人厌恶。正是这种博名心，让公益成为一种上位的工具，成为满足企业或个人成名心的形式。对于真正想做好公益的人，博名心是不可取的。

少一点逐利心。公益本来就是一种回报社会的方式。一些成功的企业或者个人，感觉自己从社会中获得了很多，需要用公益这种形式来回报社会，帮助弱势群体，完全是一种去除功利的行为。而有的人通过设立公益基金，广泛吸纳社会各界的钱财，资金来源与去向都不明；有的人将公益当成了洗钱的工具；有的人将公益当成投资工具，不停算计着各种回报。这些逐利心，让公益被大众所怀疑和摒弃，损害的不仅仅是公益的名声，更损害其本质。对于真正从事公益的人，逐利心也是要舍弃的。

少一点欲速心。所谓"欲速则不达"，公益是一种长远的、持续的行为，不是一次性的短期行为。很多人为了做公益而公益，像做任务一样做公益，比如在某次灾害中，某企业为了完成上级下达的捐款任务，强制命令员工每人捐钱。在这种高压态势下，任务可以迅速地完成，但是已经脱离了做公益的范围。像这样的企业行为，让员工对公益的看法又怎么能转变与提升？因为，做好公益，还是要少一点欲速心。

少一点从众心。从众心理在中国是很常见的，公益活动中也很常见。别人捐书，我也捐书，别人支教，我也支教，别人看望老人，我也看望老人。据说，重阳节来临时，养老院的老人一天要接待很多拨志愿者。我们看到，现在很多公益活动的同质化十分严重，缺少创新的机制。其实，公益的对象再扩大一点，公益的行动再丰富一些，又何尝不可？

那么，在公益行动中，是不是就不必用心了？答案是，至少要保有一颗责任心。无论对于机构企业还是个人，公益都是实现社会责任感的途径，保有一颗对社会的责任心和对弱势群体的爱心，是公益的初衷、本心，也是公益做大、做好、做长远的内在因素。

"剁手族"变活雷锋

一本名为"雷锋日记"的淘宝公益账单成为年轻人重新审视自己善心的标准。据淘宝数据统计，2014年网友通过阿里系平台公益捐赠2.8亿元，其中参与公益的淘宝会员数有2.13亿人，善举总次数超11.1亿次，总金额更是高达2.34亿元。

淘宝会员一直被贴上"剁手党"或"败家"的标签，他们足不出户，手一点就在淘宝上下单购买各种物品。那么又是什么原因，让这些"剁手族"变成了活雷锋？

首先，是基于网络平台上公益的便捷性。在国外，对公益的创新，主要体现在即视感和便捷性上。传统的公益形式，通过募捐、汇款、转账等，从形式上来说，显得略为烦琐，同时其可信性也不高，需要求证与验证。因此，大众有时虽有公益心，却碍于麻烦并未付诸行动。而通过网络平台开展的公益项目，在购物的同时，即能通过网络支付完成公益行为。这种简单的形式，受到广大网友的青睐。

其次，是充分发挥了众筹的能量。人人为我，我为人人。目前来看，相对于热衷于公益的企业，个人对公益的热情明显不高。有专家认为，以往由于认识、技术等各方面原因，中国的慈善捐赠主要依靠企业，个人不仅捐款数量少，而且参与比例低。移动互联网等信息技术的革命为中国公益事业的发展带来了新的机会，而其面对的对象不是企业，而是普通消费者。普通消费者个人可以通过互联网非常便捷参与公益活动，加速了中国公益参与模式的变革，使得人人参与公益不再是可望而不可及的目标。

最后，是利用了各方力量，调动了商家和"剁手族"的积极性。除了平台的作用、面对的受众不同之外，调动各方力量，形成合力，也是这种转变的原因之一。一方面，让商家参与活动，在卖掉商品的同时，就有部分收入流入了公益账号；另一方面，商家也靠公益的卖点，来吸引消费者购物。此外，淘宝根据会员们做公益的力度，分别给予了会员红领巾、小标兵、三好生、好榜样、三道杠、红旗手等奖励。大家只要点开手机淘宝，即可查询自己的公益账单，根据评分来判定自己的"人品指数"。这种虚拟的名誉，对于网友来说，也是一种心理上的满足和价值的实现。

成功的公益形式总是有很多可以借鉴的经验。淘宝网只是目前火热的电商平台之一，而类似的电商平台在未来数量将更多，覆盖更多行业，也包括保险业。充分吸纳网络公益成功的经验，对于今后的公益行为，必有裨益。

|2015 年 2 月 13 日，《中国保险报》|

细节看保险

准入与监督

近日，温州的一名被称为"公益少年"的小伙，卷入了挪用善款的风波。

据报道，1998年出生的市区人小向（化名），在公益界颇具知名度，在他的名片上，印着"广传爱心，义行天下"八个大字，以及七八个公益组织头衔。四五天前，一个网络帖子将他推到风口浪尖，帖子内容跟这两点都无关。帖子上说：小向以给小学募捐为名，私下将两万多元善款挪用。面对媒体，小向也承认了此事，并道歉。

这件事引起了舆论广泛的关注和议论。有人说，小向经常参加各种公益活动，小有名气；有人说，他在募集善款的时候，采取索捐、不停纠缠的不当方式；也有人说，小向之所以热心公益，是因为太年轻，贪图做公益来博取虚名。

种种议论，反映出了此事背后一些深层次的东西。一方面，面对越来越多的民间公益组织，如何进行管理？比如说，小向打着七八个公益组织头衔在募集善款，有一些头衔却是自己加在自己头上的，为何没有相关组织出来管理？面对如此大的漏洞，也必然会衍生出一些动机并不纯粹的组织和个人来参与公益。另一方面，公益组织的资金去向问题。向谁募集善款，募集了多少善款，善款都花到哪里去了？这些问题，基本上不透明，是一笔糊涂账。以小向来说，如果不是一个网络帖子的曝光，他挪用善款一事，应该到目前还没有被发现。

目前，我国公益慈善事业的飞速发展，离不开中央的政策支持。但与社会需求相比，公益性社会组织发展仍然滞后，其重要原因在于缺失公益法人制度，公益性社会组织发展缺乏相应的法律保障。

同时，做公益是应该提倡人人参与，但是涉及众筹、组织等因素，就应该归入管理和监督的范畴。如果不对此进行监督管理，其间有可能会产生挪用善款等破坏公益的行为。

在2015年的全国两会上，也有代表委员关注了这一点。全国政协委员、中国（海南）改革发展研究院院长迟福林递交了《尽快启动公益法人立法的建议的提案》。迟福林表示，我国应尽快把公益法人立法纳入立法规划，2015年启动《公益法人法》的研究制定工作。《公益法人法》要涵盖社会组织、基金会、民办非企业单位、新型智库以及其他公益法人主体，并且对公益法人的规范对象、设立与解散、业务开展、内部管理、税收政策等作出明确法律规定。

也就是说，不仅要建立公益法人认定机构，对公益法人进行资格认定，还要加快公益法人监管制度建设。不仅要设立准入门槛，还要加强日常的监督。这并非是限制打击公益积极性的做法，而是致力于公益长远发展的思路。

公益有法可依，有制度保障，可以信赖了，参与公益的人还会少吗？

书与公益

读书不觉已春深，一寸光阴一寸金。4月23日，是世界读书日，读书随着这个时节，慢慢升温。

应该说，这些年来，与书有关的公益活动不算少，活动种类却显得并不是那么多。除了传统的捐书、赠书、捐建图书馆，似乎很难想到其他的方式，把书和公益有效地融合起来。

用各种形式募捐图书、捐赠图书，是这些年来大多数企业会想到的去做的事。当然，有的企业还玩出了一些花样。比如，有的企业在募集图书环节，开展用玩具换图书的活动，吸引学生们用书来换玩具，有的企业用花草种子来置换图书，再冠以一种绿色环保的概念，等等。这些形式，的确比企业单纯地发出一则捐书的号召有效，但是想来人们能拿出来置换的图书，也未必是什么好书。

在书的公益开展对象方面，也非常有局限性。这些活动大多是针对西部贫困山区的孩子，他们生活拮据，交通不便，学习环境非常恶劣，除了课本外，很少有课外书可读。理所当然的，这部分人群成为了各种渠道募捐来的图书的受益者。

并非是说，为贫困山区孩子募捐图书是不对的，相反，这是非常有必要的，需要整个社会长期坚持下去的一项良心之举。只不过，回到与书有关的公益上，应该视野更广阔、胸怀更宽广。在上述公益活动中，图书只是成为公益的一种道具，换成钱或者物，同样能达到公益的效果，或者企业品牌宣传的效果，而对于公益读书本身，并无增益。

有书不等于读书，书的公益应该更多地着眼在读书上。近日，贾平凹在"阅读中国·书香社会"大型公益文化活动上以读书人的担当，向社会发起读书的号召。他建议一个人一年至少读十本书，用行动的力量去影响身边的人。贾平凹提出的十本书，我想，也只是一个最基本的数目。每个人读书的数字，应该更多。

当然，也有少数活动已经开始进入这个领域，开始享受书的内容，而不止于"倒书"的形式。近日，一场名为"书声"的大型读书分享活动在上海举行。八家读书会的骨干们"抱团"集结，分享心中所爱之书。每人18分钟的TED演讲模式在保证分享内容高质量的同时，让台下观众感受到了群体阅读的乐趣和魅力。在世界读书日前夕，群体阅读也为全民阅读的时代提供了新的模式探索。

同时，书的公益应该面向更为广泛的人群。在现代社会，读书显得是一件非常奢侈的事。不仅是学生，很多成人并没有预留足够的精力读书。因此，与书有关的公益不光是把目光锁定在贫困山区、贫困学校、贫困儿童，而应该面向全社会，从老人到中年到少年，所有的人群。

|2015 年 4 月 17 日，《中国保险报》|

善心与善行

"儿子不如我留钱做什么？儿子强于我留钱做什么？"这句类似家训的话，在媒体中备受推崇。而说这句话的，正是中国著名慈善家、香港知名企业家、"彭年光明行动"发起人余彭年。

根据媒体报道，5月2日，慈善家余彭年在深圳去世，享年93岁。2010年，在轰动世界的"巴比慈善晚宴"中国行中，余彭年现场宣布将所有财产共93亿港元委托香港汇丰银行托管，在他百年后全部用来做慈善事业，成为中国"裸捐"第一人。

回顾余彭年的一生历程，可谓历经坎坷，又富有传奇色彩。他于解放初至上海，拉过黄包车，摆过地摊，卖过书，历尽人间艰辛；其后辗转香港，做清洁工等，最苦时每顿饭仅吃一个馒头；再后来他进入台湾地区发迹，成就事业，发达至今。

而余彭年对慈善事业的支持，也已数年。余彭年做公益并非心血来潮，裸捐也不是一时冲动，公益伴随着他一生的事业。连日来，各大媒体纷纷追忆他"慈航普度、施惠天下"的事迹：一句"恢复光明不要钱，赶快去找余彭年"的承诺，他为三湘万千白内障患者带去了光明。彭年酒店位于罗湖火车站附近的黄金地段，是一栋高58层、总建筑面积达11万多平方米的五星级酒店。几年前，余彭年将该酒店所有利润都用于社会公益事业，开了中国"公益酒店"先河。

余彭年对公益的贡献和成就，很难被遗忘，他也因此获得了应有的嘉奖。2007年，余彭年成为美国《时代周刊》评出的"全球十四大慈善家"之一，与他同时上榜的中国人只有李嘉诚。2006—2010年，余彭年连续5次蝉联胡润中国慈善榜榜首，5年来累计捐款62亿元，被誉为中国最慷慨的慈善家。

余彭年裸捐的举动对于慈善，乃至整个社会风气而言，都不啻为一种震撼。很多人心存慈善，但是要其效仿裸捐之举，恐怕仍有诸多疑虑。而更多的人面对随手可为的小慈善，也不很重视。余彭年裸捐的意义，并非号召大众效仿裸捐，而是弘扬一种努力做慈善的风气和决心。不仅要有慈善之心，还要有慈善之行，每个人、每个企业都应该力所能及地去做慈善。

当然，余彭年的裸捐也在颠覆着国人的家庭观念。为子孙留下些遗产，是大多数国人家庭在做的。而实际上，他们留下的大多是钱财、房产等实物，而余彭年为子孙留下的却是一份丰厚的精神遗产。子孙强，则自有福报，子孙弱，万贯家财亦败光，何需金钱为？

| 2015 年 5 月 8 日，《中国保险报》|

水流公益深

上善若水，水善利万物而不争。近些年来，围绕水的公益慈善活动越来越多，不仅参与主体增多，活动形式也在呈现多样化。从饮水，到节水，到保水，涉及人文生态的方方面面大主题。甚至可以说，与水有关的公益，是公益活动的内容之一。

水是生命之源，对于人的生存来说，最直接的就是有水可以饮用，尤其是对于缺乏水资源的地区，提供可饮用、可使用的水尤为重要。由公益机构或者企业自行发起的各种水窖公益活动，正是致力于解决缺水给人们带来的生存困境。例如，"母亲水窖"，是中国妇女发展基金会2001年开始实施的慈善项目，重点帮助西部地区老百姓特别是妇女摆脱因严重缺水带来的贫困和落后。在这个良心工程中，也不乏金融企业参与的身影。例如，新华保险、光大银行都曾经参与捐助。而有的金融企业也在自行捐建水窖。例如，长安信托通过骑行捐募，帮助广西壮族自治区瑶寨的村民建水窖。

而对于水资源供应相对充足的大城市来说，号召节水的公益活动则更为普遍。活动的关注点从沐浴、洗衣、做饭、洁具、饮水等多个方面，都有涉及。虽说这一类的公益活动与企业自身的产品多多少少有关联，但是从客观上来说，也告诉人们在生活的每个细节中，如何做到节水。例如，有一个国际牛仔裤品牌，通过走进学校开展活动，帮助学子了解如何在清洗牛仔裤时节约水资源。其中，不乏一些趣味的数字比较，比如，中国消费者平均每穿着4次清洗1次牛仔裤，如果消费者将清洗牛仔裤的频率降低至每穿着10次清洗1次，将节约60%的水资源。从笔者个人的角度，更为欣赏这类公益宣传内容，既不声不响宣传了企业品牌，更将知识和趣味融为一体，潜移默化地更改人们不科学的用水习惯。

从国计民生，或者从整个人类的角度来说，保护水资源，保护水生态，则显得更为久远和重要。一方面，水污染威胁人类的健康。据媒体报道，在我们生活的地球上，每天约有6 000人因缺乏洁净的饮用水而死亡，其中大多数是儿童；另一方面，缺乏保护的水资源也影响生态环境。例如，近期河北省内库容量最大的岗南水库由于持续干旱少雨，原本库容量达到17亿立方米的水库几近干涸，大面积库底露出水面。水位下降十余米。水位下降后很多水生动物因生态环境变化而死亡。不少网友质疑，这难道仅仅只是天气的影响吗，会不会有环境污染造成的危害？

水是生态环境中最重要的因素之一。以水污染治理和水资源保护为重点，加快水生态文明建设，刻不容缓。近期，《中共中央国务院关于加快推进生态文明建设的意见》出台，国务院印发《水污染防治行动计划》，可以印证国家对水资源保护的重视程度。从这个角度来说，围绕保护水资源的公益活动，更值得重视和投入。

|2015 年 5 月 15 日，《中国保险报》|

控烟

细节看保险

"戒烟很简单，我已经成功戒过好几次了。"这是马克·吐温开的一个黑色的玩笑。一个抽烟的人，往往为戒不了烟找出一堆"可靠"的理由。但是在近日，无论戒烟简不简单，很多人开始试图去戒掉这个根深蒂固的坏习惯了。原因就是，北京发布了被称为史上最强禁烟令。

这则禁烟令通过举报、监督、罚款等硬性手段，把吸烟者从室内或者说有顶子的地方强行轰了出去。在新令实施到现在一周多的时间里，单位室内吸烟的基本绝迹，当然在很少有其他人去的领导办公室，则无从考证。有一次在地铁口看到一男子倚在铁栅栏上，迫不及待地点上一根烟，猛吸不已，只见烟进去，不见烟出来，一边还向身边的人连连问："我在这抽烟不犯法吧？"言辞间，颇有悲愤之意。由此可见，此禁烟令对于嗜烟如命者，也大有约束，其效应还是立竿见影的。

政策是硬的，连CCTV上配合播出的控烟公益广告，也是非常硬的。老老少少男男女女对抽烟者的厌恶和坚决说不，尤其是最后，小女孩皱着小眉头说"我不爱闻烟味"，让抽烟者看了不禁自惭形秽。

通常来说，公益广告是温和的，劝人向善，但是在一些特殊的方面，如反腐、禁烟，都需要硬一些。这意思，就是社会不欢迎抽烟的人，或者说不抽烟的人不愿跟抽烟的人在一起。

通过其他国家的一些禁烟或者控烟的公益广告，也能发现一些硬元素。

在美国，打开电视经常能看到一则广告。第一个画面是一位名叫泰瑞的20多岁美丽女子。接下来出现的是51岁秃头、气管被开一个洞的泰瑞。她对着镜头说，她叫泰瑞，曾是个烟民，她每天出门前是这样打扮自己的：戴上假发、假牙，用一个小盒盖遮住脖子上被切开的洞，再戴上围巾。

印度也开展了广泛的大众媒体禁烟广告宣传活动，在电视媒体播放的一则题为"海绵"的广告让人印象深刻。广告称："肺就像海绵，吸烟者的肺就像充满了焦油的黑色海绵。"

泰国的戒烟公益广告"抽烟的孩子"被誉为史上最具震撼力的戒烟广告。两个六七岁的小孩手上拿着烟去向那些抽烟的大人借火，大人们都提醒小孩子抽烟不好，孩子们听后递给他们一张纸条，上面写道："你会替我担心，那为什么不担心自己。自我提醒才是戒烟最有效的警告。"

电视公益宣传是在政策之外比较有效的禁烟方法。欧盟委员会认为，生动的影视表现形式比单调的说教更有说服力。在利用电视宣传的同时，欧盟还继续推动成员国在烟盒上印制健康警告提示，特别是警示图片，以使吸烟者产生戒烟的愿望，降低烟草对未成瘾者的吸引力，预防青少年吸烟。

当然，在政策划定的禁烟区域、公益广告灌输的禁烟意识之外，还应该有更多的公益行动引导社会控烟。让一部分人先戒烟，再带动未戒烟的人共同戒烟，这是一个不错的思路。例如，在江苏有一个

细节看保险

24年"老烟枪",他用自己摸索出的一套方法成功戒烟,并帮助身边的多位朋友戒除了烟瘾。近日,他联合两名朋友创办了戒烟公益工作室,欢迎想戒烟的朋友去参加。像这样的线下公益活动应该多多创办,否则单单依靠政策和线上的公益宣导,不免会产生"靡不有初,鲜克有终"的复吸现象。

近日有媒体走访了北京一些单位,对北京禁烟令效果进行观察,其中提到,一个多年经营烟酒的老板则说:"该抽的还抽,禁烟令对我们的销售没啥影响。"这个结果有些让人始料未及,莫非阵地战已经转移成了游击战?从这个意义上说,社会的控烟之路,才刚刚走出第一步,无论是政府还是公益组织,还需要更深入的努力才行。

|2015 年 6 月 12 日,《中国保险报》|

娘家人管娘家事有可信度

"娘家人管娘家事有可信度,说话管用"。这样亲切的话语,是保险行业员工对于辽宁省丹东市保险行业协会劳动争议调解中心的评价。

2014年12月成立至今,丹东市保险行业协会的劳动争议调解中心已经运行了半年多时间。在市劳动人事争议仲裁院的指导下,主要做了四件事情:一是确定专人负责受理调解;二是明确工作流程和职责;三是下发文件向会员公司进行宣传;四是邀请仲裁人员对辖区内

42家主管劳资工作人员进行相关法律法规的培训，并下发劳动用工法规政策学习资料，用以指导会员公司依法合规履行劳动合同，防范规避用工制度中的法律风险，增强处理好劳动人事纠纷的能力。

随着经济社会的发展和保险业的繁荣，人员流动和人才竞争也日趋常态化，劳动关系纠纷现象时有发生，丹东市保险行业协会经过调研发现主要有以下几个方面：一是用工不规范，比如临时员工签订的是保险代理合同，却从事着由正式员工来做的内勤管理工作。他们一旦被要求离开公司，就会与企业产生劳动争议。二是合同不规范，有漏洞，一旦员工流动时，会据此向公司索要补偿。三是法律意识淡薄，不按合同办事，侵害了员工的合法权益。若诉求未得到满足，就会寻求法律途径解决。而仲裁机构的裁决或法院的判决，往往使保险公司处于不利的地位。据不完全统计，近两年来，因为劳动关系纠纷经过劳动仲裁院裁决的有6件，经人民法院判决的有3件，保险公司胜诉率为零，支付各种补偿费用59.9万元。

"新国十条"颁布之后，保险行业目前处于发展的黄金期，但是由于行业内部激烈的人才竞争，互挖墙脚，加上有的公司疏于人事管理，不能依法合规履行劳动合同，造成了劳动纠纷，影响了行业的和谐稳定，也给行业形象带来了负面影响。丹东协会秘书长张晓琪表示，保险业要在经济社会发展中有地位、有作为，首先内部要和谐稳定，只有内部和谐稳定了，我们才能凝神聚力，更好地发挥保险的职能作用。

张晓琪说，正是基于上述想法，我们觉得有必要成立劳动争议调解中心，不仅在发生劳动纠纷后可以提供调解服务，更重要的是为会员单位日常劳动人事管理的合法合规以及疑难问题提供政策法规咨询和培训服务，也可以提前介入会员单位的劳动纠纷，协助处理好相关矛盾，不使矛盾升级，做到事前预防和事后救济并重，这正是我们的"初衷"。

行业协会成立劳动人事争议调解中心以后，在公司、员工和社会上引起了良好的反响。一些会员单位表示，行业协会作为第三方居中调解劳动纠纷，可以及时地将矛盾化解在业内，避免矛盾的激化和转移，减少不必要的劳资冲突和对立，在当事双方互谅互让的基础上，有利于维护行业劳动关系的和谐稳定，同时有利于引导公司增强劳动人事关系合规管理意识，减少用工的随意性。

而很多保险公司员工的反映更为直接，他们说，行业协会就是自己的娘家，娘家人管娘家事有可信度，说话管用，省去了与公司打官司的麻烦，节约了员工的维权成本。

"消费者、公司和员工都是保险市场的关系人，都有自己的合法权益，协会在维护三者权益方面都应有所作为，不能偏废。只有三者权益都得到了很好的保护，整个保险市场才能繁荣发展。"张晓琪如是说。

| 2015 年 6 月 25 日，《中国保险报》|

夜宴

赴宴，和吃饭其实完全是两码事儿。

这些年来，公益晚宴这样的提法常常出现在人们耳边。有时候是某某明星欣然赴宴，有时候是某某企业家钱包满满地参加。是时，男的必西装革履，女的必花枝招展，论引人眼球，这是极好的。

更何况，这些参加晚宴的人，往往还给观众朋友们意外地泄露一些八卦消息，比如某男明星或携带刚刚搭上的绯闻女友，或者带着刚度完蜜月的新婚妻子，再不就是给记者朋友们爆点料，今年不生小孩之类。

当然了，这慈善晚宴，既不是一个纯粹的吃局，也不是一个所谓的秀场，其最重要的还是落在慈善上。在晚宴中，众明星们拿出随身佩戴多年的首饰，或者压箱底多年的纪念品，或者干脆写一幅字，画上一幅画，表现自己的才情，而这些物件通过慈善晚宴的拍卖筹集善款，最终席终人散。

自古以来，设宴就是有目的的行为，并不是为了吃饭。宴请某人，一则是有求于人，觥筹交错间，把所求之事厚着脸皮摆上台面，成功率颇高。二则是要坑人，爱欲其生恨欲其死，设宴于堂前，伏刀斧手一对于屏风后，酒过三巡，掷杯为号，刀斧手一涌而出，晚宴也就结束了。其他种种宴会，也都不甚光彩。

以前有句话说，宴无好宴。这并非就是随便说说，而是从古至今有着很多的有力证据，如鸿门宴。从近的事件来说，就有一个非常好的例证。2010年，所谓的"巴比晚宴"来到中国，巴菲特和比尔·盖茨携手请中国富翁赴宴，有人慕名而去，但是更多的巨富公然拒绝前往。对此，媒体也各有评价，有批评这些不去的人的，说他们抠门，也有力挺的，说"巴比晚宴"来中国抢钱了，不去就对了。各种说法等等不一而足。

就慈善来说，固然是多多益善，形式多种多样为上。不过，也不能完全只看结果，不看过程。至于通过什么方式来做慈善，并非所有的都值得力挺。

慈善晚宴，针对的似乎都是社会中的上流人士，但是事实上，无论参加宴会的人有多么上流，最终埋单的还是各位企业家。在宴会上，有的企业家往往花费百万元，购买了某明星捐出的一条结婚纪念项链，或者亲手涂鸦的一张画作。作为腰缠万贯的企业家们，买回这些二手货或者习作，有什么意义呢？巴菲特和比尔·盖茨来中国搞晚宴受到种种质疑，而中国的种种慈善晚宴大行其道，也算一种怪事了。

不过，现在不少的慈善晚宴也开始把慈善和帮扶对象更紧密地结合起来了，如把贫困山区学子的画作拿出来拍卖。窃以为，这样的慈善晚宴更有意义，更像是一场慈善的行为。

|2015 年 7 月 10 日,《中国保险报》|

细
节
看
保
险

端午习俗

端午临中夏，时清人复长。端午历来有食粽子的习俗，而今人多将端午节嘲为粽子节，暗讽端午节重粽子、轻文化的现象。

在现在关于端午的公益中，粽子首当其冲，成为各种公益慈善活动的器具。一些企业和公益机构利用端午这段时间，或者筹资购买粽子作为礼品，或者准备了包粽子的材料，去往养老院等福利机构或者鳏寡孤独家中，陪伴老人们包包粽子，下下棋，聊聊天，以求回报社会。

与大多良好传统一样，此种做法也有古之先例可循。

近代著名慈善家余治编纂的《得一录》是一部总汇慈善章程的善书，在晚清民初具有非常广泛的影响。书中记载了一段民间慈善机构端午节发粽子的故事。

清节堂是清代专门收养救济节妇的慈善机构，又称恤嫠会、敬节堂、安节局、全节堂、崇节堂、保节堂、寡妇堂等，其宗旨是保全节操，救济寡妇。嘉庆十一年（1806年），全国首家清节堂在南京建立，此后逐渐普及到全国各地，对当时的节妇们甚至整个社会都带来了巨大的影响。

在清节堂的救济体系中，对于堂内收养的人的饮食有如下规定："每日一顿食粥，两顿食饭，每人开销米7合，蔬菜钱12文，幼子女折半。每逢初二、十六日食肉，逢五、逢十食鱼。人人每名肉四两，幼子女每名肉二两。每遇荤期，输派在堂雇工老妇，二人值厨，按名分齐，逐碗盖覆。过节时更丰盛。端午节，孀妇每名派肉半斤，粽子四个，盐蛋二个，不食者照价折钱，幼子女减半。年节，每名肉一斤，鱼一尾，幼子女减半，不食者俱照价折钱。"

可以看到，在每个月特别的日子，如逢五逢十都会改善生活，不过在端午节，改善的力度更大。不仅在肉的分量上提升，还有四个粽子和两个盐蛋。最为重要的是，不吃粽子等物的人，可以照价折钱。虽然比不上过年的分量大，但是也足慰人心。

这种做法虽说出发点各个不同，但是的确也有可以褒奖的意义。养老机构的老人们平时就在寂寞中生活，逢年过节，寂寞倍添。如有这类活动送来热闹和礼物，的确能够聊感安慰。无论出发点如何，都应该大力提倡，甚至可以提升到政府的角度。

在2015年，已有政府开始提倡端午公益活动的多样化。河南省委宣传部、省文明办联合下发通知，将于6月17～22日在全省开展"文明

细节看保险

河南·情暖端午"主题活动。通知要求：各地党委宣传部、文明办要结合本地特点，组织开展包粽子比赛、龙舟赛、经典诵读等活动，抒发家国情怀；要关心留守儿童、空巢老人、特困家庭等特殊群体，开展走访慰问帮扶活动，为他们送温暖、献爱心。

通知设想齐全，兼顾方方面面，倘若能够切实执行，这个端午节，的确能够让那些需要帮助的人们感受到人间的情与暖。

惜纸

在小的时候，我们经常听老人或者老师们讲敬惜字纸的故事。

宋代青州出了一位名人——王曾，据说，王曾的父亲王兼，目不识丁，但酷爱儒士，敬惜字纸。每当看到掉落的字纸，王兼都会捡拾，并以香汤洗涤，然后焚化。有一天，王兼做了一个梦，梦见孔子出现在身旁，摸着他的背说："你敬惜字纸，诚心诚意，只可惜年事已高，不能有大成就。我会让曾参到你家投胎，光大门户。"不久之后，王兼果然得子，就起名叫王曾。因宗圣曾参以孝著称，主张慎终追远，因此王曾字孝先，意思是以孝为先。

明清时期，敬惜字纸尤为风行，出于对文字的敬畏，古人提倡，一纸一字均须好好珍惜，不可浪费，即便是废纸，若写有字也不能随意丢弃，须收集起来到特定的地方焚烧。古代各地都建有专为焚烧字纸的惜字建筑，称敬字亭、敬文亭、惜字塔、焚字炉、惜字宫等。儋州敬字塔就是其中一种惜字建筑，门楣镌刻"敬字亭"或"字纸亭"三字，位于儋州王五镇官田村的敬字塔第三层正面则写有"敬字惜币"。

敬惜字纸无疑是一种公益行为，是一种善意的约定。在古代也出现了惜字会这样的专门公益组织。清人笔记《得一录》中记载了惜字会的条程："人生斯世。父生之而师教之。师者所以成我。而舍字则无以为教故不敬字者其罪同于背师。人莫不有师。即无人不当敬字。饮水思源。"书中还附载了惜字五法，供人参考。

考证众多的案例和文献，敬惜字纸所偏重的，更多的是在字上。与近些年来公益活动中广泛提倡的节约用纸的理念大有区别。

节约用纸，可以是写字的纸，也可以是包装的纸，甚或是揩秽的纸。而敬惜字纸，主要的对象是放在书籍上。青州、寿光一带的民俗中就有"不以书夹刺，不以书作枕，不以书与妇女夹针线。不卷书折角，不乱翻乱揭，不杂乱堆积霉烂"的规矩。

不过现在提倡敬惜字纸，看起来好像是拳打棉花——打空了。在现在的互联网时代，人们的阅读和书籍的关系，或许可以借用"渐行渐远渐无书"来形容。没有人读书，没有人读报，没有人在纸上写字，从互联网上获取信息，用键盘来抒写胸臆，要书何为？那么，又谈何敬惜字纸？

其实，如果深究敬惜字纸的内涵，就会发现，惜纸是表面，惜字其实也是表面，其内核其实是尊重文明、尊重文化。

现在很多企业将绿色环保办公列入了企业的公益、社会责任报告中，甚至有的企业，还会列出一年少用了多少办公纸张。的确，在互联网的趋势下，无纸化办公室是可以实现的，在累积如山的公司汇报、总结材料中，每年浪费的纸张，向来并不是一个小数。

不过从敬惜字纸的意义上讲，这种文件的负累，不仅仅是对纸张的浪费，更是对文字的一种浪费。一句话能说清楚，为何洋洋百言？层层叠叠的文件中，又有几句是真知灼见？而企业的这种习惯并没有随着互联网化而消失，只不过文字的载体换了一种罢了。

在互联网时代，敬惜字纸依然有存在的意义和提倡的价值。

|2015 年 7 月 17 日，《中国保险报》|

空白

和其他的政府行为相比，公益与慈善，更多的是团体和个人的行为，前者靠的是行政的力量，后者靠的是自发的觉悟，前者轻轻松松可以做到全覆盖，后者则在点点开花中，不免会留下一丝空白。

中致中心于2015年7月1日至2015年7月11日，对全国23个省的100多所乡村幼儿园进行问卷调查，报告显示，社会组织和志愿者对乡村幼儿园留守儿童的发展支持情况较差。

这个针对留守儿童的调研，用一组数据切实地说明了针对留守儿童公益的空白。调研中，超过八成的受访者表示，所在地没有政府、村民委员会、社会组织、志愿者为留守儿童提供特别的支持和帮助。在获得支持和帮助的地区中，提供支持和帮助最多的是政府，占比为18%；其次是社会组织，占比为11%；最后是志愿者，占比为9%；村委会参与的比例最低，仅占4%。

随着农村劳动力的日益流失，留守儿童问题日益突出。农村留守儿童数量从2004年的约2 000万人增加到目前的6 100多万人。亲情关怀缺失、教育缺位等问题日益凸显，留守儿童如何健康成长已经不仅仅是某个家庭、某个地区的问题。

近期，媒体上屡屡爆出一些贫困地区留守儿童自杀或被殴致死的新闻。例如，毕节4名留守儿童自杀事件，再如，湖南省衡阳市衡阳县一个名为界牌的小镇上，两小姐妹小霞和小林被人投毒致死，这些反映了留守儿童的心理健康问题以及人身安全问题。

这些惨剧的发生固然有多种多样的原因，但与长期以来农民工离家弃子，致使留守儿童得不到真正的关爱和保护直接相关。此类悲剧一再上演，亟须引起社会高度重视。

留守儿童数量庞大，分布广泛，处境不容乐观，显而易见是最需要援助的群体之一。然而，通过上述的调查数据可以发现，受访者中，不到两成得到了为留守儿童提供的支持和帮助。

在提供支持和帮助的阵容中，政府还是占了大头，村委占了最小的比例，这且都按下不论。其中，最值得关注的，就是社会组织和志愿者提供的帮助，在整体的比例中，也显得并不起眼。志愿者服务低于政府和社会组织，高于村委会，这说明了什么问题？

对此，报告解释，志愿者主要来自公益组织、幼儿园工作人员（老师）和退休教师。帮助的方式主要是捐赠款物和组织参与有针对性的帮扶活动。幼儿教师志愿者直接参与留守儿童的帮扶，有利于更全面掌握留守儿童的需要和困境，但志愿者的数量和精力限制是一个很大的障碍。

不仅留守儿童公益是公益的空白，留守儿童的心理援助，也是空白中的空白。

目前，对于留守儿童的帮助中，物质关怀大过精神关怀。社会各界对乡村留守儿童的帮扶方式重点是救贫济困，鲜有涉及心理或情感上的支持，也因此导致帮助的留守儿童多局限于家庭贫困的，而忽略了其他普通留守儿童的需要和问题。

|2015 年 7 月 24 日,《中国保险报》|

晚节

早年为祸世间，晚年造福乡里，当这两种事情同时发生在一个人身上，显得矛盾而不协调。

被历史记载为"窃政二十年，溺信恶子，流毒天下。人咸指目为奸臣"的严嵩，到了晚年回归乡里后，却做了不少诸如修桥建学之类造福乡里的事情。但是无论他晚年做的慈善有多少，历史并没有对他的评价减弱一分，正史上也没有书写一笔，相关的事迹也仅仅是记载在家谱上而已。

严嵩想通过晚年的慈善，来保一下晚节，却未成功。但是，相比之下，有些光耀千古的人物，晚年回乡后，却劣迹斑斑，晚节也难保。

明朝中最具有代表性的就是董其昌。董其昌才艺出众，但人品低劣。特别是他在几次辞官归乡期间，与其子横行乡里。据松江生员揭露，董其昌曾谋胡宪副之孙女为妾，因其姊而奸其妹。为扩建宅第逼迫乡民搬迁，还淫童女而采阴。他的万顷膏腴田地，输税不过三分。董其昌父子的所作所为引起了华亭民众的强烈愤慨。冯氏合族写了"冤揭"；五位生员发出"檄文"，历数董宦的罪行，各处飞章投揭，最终酿成了著名的"民抄董宦案"。

严嵩与董其昌可以形成鲜明的对比。一个是庙堂中臭名昭著，回乡后做了好事，一个是庙堂中无劣迹，但回乡后坏事做尽。这样的现象，其实可以作出很多种角度的解读。比如说，为何千古大奸臣晚年会突发善心？比如，人性善恶在不同环境中是如何激发的？或者还有一种角度，明朝以乡里为范围的慈善究竟到了何种程度，为何奸臣可以效仿，为何对董其昌的恶难以忍受？

明朝的慈善活动已经蔚然成风。韩德林《行善的艺术：晚明中国的慈善事业》一书中，向读者引介了杨东明、高攀龙、陈龙正、陆世仪、祁彪佳这五位晚明时期的著名行善人，深入探讨了他们的生活、慈善行为及影响。作者深入晚明善行义举的各个细节，以确凿事实证明，中国古代不仅有悠久的慈善传统，慈善思想也相当完善。

书中提到的高攀龙等人，都是当时各种善会的领导者。比如东林八君子之一的高攀龙，组织了无锡同善会。同善会的主要活动是举行集会，进行劝善演说，并施米舍钱，旌奖节孝，以促成乡里一种人人为善的良好风俗。

由此可见，在明朝荣归故里、衣锦还乡的各色人里，大多重视对乡里的慈善活动，这与"穷则独善其身，达则兼济天下"的理念有一定关系。但是，无论晚年做了多少善事，若早年为恶过多，都掩盖不了劣迹，也无法改变史书雷霆的一笔。

153.
细节看保险

硝烟中的倩影

【按】 在中国人民抗战胜利70周年的大背景下，中国记协组织全国60家媒体的编辑记者走基层活动，大家重温历史，接受思想教育和心灵洗礼。本文为《中国保险报》记者黄明明参观沈阳"九一八"纪念馆后的感受。

"九一八"事变后，东北的抗战，从未停歇。

与杨靖宇等铁血男儿相比，赵一曼不遑多让。

在沈阳"九一八"纪念馆，巨大的石书镌刻着那个国人永不忘却的历史时刻。在纪念馆内部，也是别出心裁地按照历史的走向，设计了下坡路和上坡路。

在下坡路上，展示的是日军侵华的种种罪行，肆意杀戮，圈民劳作，刑讯逼供，无恶不作。随着脚步的下沉，游者的心，也在历史的残酷面前缓缓下沉。

行至中段，路势渐变，由下坡转为上坡。中国人民奋起抗战的情形，开始陆续呈现。经过一个由雕塑和画面组合呈现的成功的狙击战后，抬头可见一片银色的白桦林，林中雪地上，一队游击战士围篝火而坐，稍缓一天游击的疲惫。

走在这段上坡路上，猛一回头，看到了一个铁窗中的女子，囚服短发，双手紧握铁窗，面向窗外的天空，双目炯炯，透露着一股子坚毅不屈。虽然是一座雕塑，但是浑身依然散发出不可屈服的气势。

这就是被捕后的赵一曼。

1936年6月30日，赵一曼在奔往抗日游击区的途中不幸被日军追上，再次落入日军的手里。赵一曼被带回哈尔滨后，日本军警对她实施了坐老虎凳、灌辣椒水、过电刑等酷刑。但她始终坚贞不屈，没有吐露任何实情。日军知道从赵一曼的口中得不到有用的情报，决定把她送回珠河县处死"示众"。

赵一曼牺牲时年龄是31岁。对现代的女性来说，这正是职场上的黄金时期，也是婚姻爱情的甜蜜时期，或者是初为人母的幸福时期。但是在当时的抗日大背景下，这一切，都是遥远而不现实的。

与沈阳故宫中那些触摸政权的女子不同，与赵四小姐这样为爱而生的女子不同，赵一曼的命运，在抗战的洪流中起伏。她放弃了温香暖玉，放弃了儿女情长，唯愿在战场上与日本侵略者一决生死。

每一个投身抗战的女子，都值得历史铭记，都应该被世人景仰。她们做了很多令男人惭愧与汗颜的壮举。她们的柔弱之躯，承受的苦与痛，不应该被忘却。

我常常在想，是什么样的信念，给予了女子这般的刚毅，这般的果敢，这般不输男子的气概？

也许，从赵一曼的那首《滨江述怀》中，可以找到答案：

"誓志为人不为家，跨江渡海走天涯。男儿若是全都好，女子缘何分外差？未惜头颅新故国，甘将热血沃中华。白山黑水除敌寇，笑看旌旗红似花。"

我想，那种信念，是对祖国和故土的热爱，是对人民和乡亲的保护，是舍小我为大家的无私无畏，是一种光耀千古、世代传承的精神！这种精神，这种作为，不仅值得每一个男人学习，也应该成为每一个中国人的楷模。

壮哉！

| 2015 年 8 月 28 日，《中国保险报》|

大河水滴

烈日炎炎的夏天，来"51号大院"乘凉听故事、讲故事的人越来越多。

"51号大院"微信公众号自7月初诞生以来，在保险业内各位读者的呵护下，不断茁壮成长，逐步转入正轨。在"互联网+"盛行的传媒业，她不仅转载了《中国保险报》上一些优秀的报道，拓展了网络发布渠道，也将一些生动活泼、极其优秀，但因种种原因无缘在报纸上刊登的稿件，呈现在业内人士面前。

"51号大院"的很多来客热情而有礼，让身在大院中的我非常感动。有一位陕西国寿的通讯员，在行业内做宣传报道工作二十多载，虽然年事已高，但是对于文字工作仍然保持着高昂的热忱，对保险业的理解日久弥深。

"51号大院"开通以后，我跟这位老大哥说，现在保险行业发展越来越壮大，新进入行业的宣传人员越来越多，不妨将这些年的宣传经验写出来，跟行业内的同志们分享分享。老大哥欣然答应。从此以后，他经常性地将自己工作中的一些体悟非常认真、一丝不苟地写出来。其中一篇写道：

"保险业的飞速发展和取得的辉煌成绩以及对国家经济建设所作出的贡献，来源于国家的重视和政府的引导，更得益于从业者的艰辛努力和默默坚守。他们三十多年跌宕起伏的人生经历可以构成一部鲜活而又生动的保险发展史。"

这是在写保险业，也是在写保险人，每一个保险行业的人，当然，也包括以作者为代表的、为保险行业做宣传的人。

看着那些数千字的经验文章，可以想象到作者的用心程度，感受到他对岗位的坚守和对行业的奉献精神。有一次我因公务去陕西出差，特意约了这位行业的老大哥一见。但种种原因，终是缘悭一面，非常遗憾。他的文章，已经成为"51号大院"中通讯员心得与培训的最重要的助力。

这个栏目在"51号大院"上刊出后，就备受行业的关注和推崇。很多行业人士留言，看了行业通讯员的经验分享后，找到了一种激情，看到了一种精神，同样，也学到了很多的经验，很多分享经验的通讯员也有了意外的收获。比如上文提到的国寿通讯员，因为一篇发表在"51号大院"上的文章，被一个失去联系很多年的朋友看到了，朋友联系上了他并告诉他，看了文章非常感动，回忆起了很多过去的美好往事。

由于工作的原因，我和很多保险行业的通讯员都保持了非常密切的联系。而这成百上千的通讯员中，有"80后"、"90后"，有步入中年的，当然，也有很多人已经过了知天命之年。他们的年龄、阅历、知识结构、生活方式或许都不同，但是，他们对行业的坚守与热爱没有区别。特别是，每一次和年事已高的通讯员聊天，都会让自己得到砥砺前行的勇气。

今后，"51号大院"将有更多的通讯员故事，写的是他们自己，写的也是保险行业。因为他们本来就是行业大河中的一滴水。

|2015年9月14日，《中国保险报》|

融合公益

近段时间以来，经常在朋友圈看到一些朋友的分享，自己走了多少多少路的同时为公益捐了多少钱。这其实就是最近一个火热的公益活动，可以让我们把自己在微信中统计的步数捐出去，从而为那些贫困山区的孩子送去温暖、健康、书籍等。

这样的公益活动通过移动端的平台，迅速在网民中走红。就算那些平时闷在屋子里不出来的人，瞬间似乎就变成了健步走冠军。这一方面可以让我们自己多运动，多锻炼身体，对身体健康有益处，另一方面还可以用这样的方式来做公益，可谓一举两得。

说徒步公益成为全民运动似乎有点夸大，如果说成为网民喜闻乐见的活动倒是不为过。但是这些似乎并不足以解释这些现象红红火火的深层次原因。

徒步、互联网、社交、公益这些所有的流行元素结合起来，将互联网时代的网民的所有敏感元素融为一体，迎合了全民健身的理念，借用了移动互联网平台，接入了公益慈善的理念，又不用自己出钱，出发点好，操作简单，还能在朋友圈晒一晒，这样的活动不火才是怪事。

　　我们常常说现在很多公益活动固守陈规，捐款不知所从，机构坐等收钱。这样的公益慈善理念还停留在最初的阶段。我们也常说，公益活动要创新，要与时俱进。但是看现在很多企业的公益活动，实际上还处在老思维中。这个老思维，让企业做公益的钱没少花，却没有起到应有的作用。

　　企业做公益，并不是机构做公益。专门的公益慈善机构，其本身就是以救扶为己任，可以不讲究效益，可以不追求效应，只要帮助了就算完成了。但是企业做公益，应该有更深层次的考虑，不仅要达到帮扶的目的，还要完成品牌宣传的任务。这也就是很多企业把公益活动放在品牌部门的原因。

　　现在的很多企业，逢年过节，去看望老人，去看望孩子，然后发几篇新闻稿件，似乎就完成了所谓的公益使命。这样的活动，已经成为大多数企业公益活动的常态。但是这样的公益活动会有多大影响呢？实际上，是没有多大的影响的。一则，除了帮扶的对象外，社会上的人很难去关注；二则，这样的活动持续性很差，间隔周期太长，也不利于社会影响的扩大。

　　在互联网时代，做公益更要有互联网思维，要有融合思维，有跨界思维。现在很多企业建立了自己的互联网平台，比如APP、微信公众账号等，同时也有很多的第三方公益平台，试想一下，如果将自建平台和第三方平台都充分利用起来，从而策划有企业特色的公益活动，岂非能达到更好的效果？

当保险来敲门

2015年，最流行的热词是什么？是"服务上门"。

在流行懒人经济、宅服务的今天，我们已经习惯于享受快递员敲门送快递的欣喜和方便，也慢慢开始接受专车上门、保洁上门、洗衣上门服务，并开始接触更多的上门服务，上门洗车、上门维修、上门做饭、上门美容美发等新业态受到不少人尤其是年轻人的热捧。

在"互联网+"、"O2O"等思潮和商业模式的推动下，作为一种新的服务形态，上门服务正在迅速崛起，遍布零售、餐饮、社区服务、美容、旅游、教育、汽车等众多行业，吃喝玩乐都能涵盖。

作为金融服务业的保险，是否也服务上门、上门服务了呢？

服务上门是有必要的。众所周知，上门服务方便的同时，也会带来一定的风险。我们也常常在报道中看到，因为上门服务，有人受到伤害，有人丢失财物，等等。在价格优势、时间成本优势等之外，这是目前大多数享受上门服务者的担忧所在。在这方面保险能做什么？

这首先要从互联网保险公司着眼。在2015年初，有一家专业提供美甲、化妆的互联网公司宣布，与互联网保险公司众安保险进行合作，为该公司的上门美甲、化妆服务提供安心保障险。保障范围包括意外伤害、附加人身权利侵害、个人财产及随身物品损失保险服务。

通俗点说，就是保险和其他上门服务企业一起，去为消费者提供更为放心优质的服务。这样的服务，切中了消费者的痛点，也弥补了O2O商家们的短板，充分发挥了保险的风险管理作用。

那么，不和其他互联网企业一起，保险业是否能自己提供上门服务呢？当保险来敲门，消费者是否也能够像对待其他行业一样，欣然开门呢？

让我们来看一组公开的案例。2015年初，光大永明人寿在天津推出"阳光花仙子"上门理赔探访服务，对因疾病或意外住院的被保险人客户进行上门理赔探望；丽水新华保险开展上门理赔服务，主要针对不方便上门办理的本地客户、异地难以上门办理的客户、身残无法上门办理的客户；在聊城，因为客户工作忙，没时间办理保险业务，平安人寿决定上门为客户收取保全材料，并迅速安排了专业的工作人员上门办理等。这些案例充分说明了保险业在服务中与时俱进、不断创新的意识。

保险业天生具有上门服务的优势。近年来，保险业在宣导、承保、理赔等各方面，都在不断提供上门服务。在宣导方面，保险知识进社区、进校园、进农村、进机关等，将保险知识宣传和需求引导送到消费者门口，这是宣传服务上门。在承保方面，近年来保险业都在致力于发展多渠道的服务形式，比如客户既可以通过电话、网络、手机WAP、手机APP等渠道自助办理简易保单业务，也可以通过电话预约服务人员上门办理，这是承保服务上门。在理赔方面，送赔款上门、赔款及时打入被保险人卡中，这些也都是常见之事。

这些保险上门服务的贴心做法，很显然都带来了非常好的效果，消费者在接受服务后也都给予了很高的评价。这是保险行业形象向好的直接原因。

上门服务只是一种流行的理念，我们难以预测上门服务会火多久，也难以预测下一个流行的服务理念是什么。"互联网+"所蕴含的不仅仅是商业模式，更是一种时代精神。这不仅仅是针对互联网企业，更是对所有的企业提出的高级命题。在这个背景下，不仅要创新服务，还要保持高度的创新服务意识。只要保持高度创新服务的意识，就不会在服务的大潮更迭中落伍。

只有如此，当保险来敲门，消费者就不会将其拒之门外，而是欣然请进门。

|2015 年 10 月 15 日,《中国保险报》|

细
节
看
保
险

无假日

假日有公益，公益却无假日。

和很多服务性质的行业一样，公益喜欢在假日期间举办活动。除了清明节、端午节、劳动节、春节，就连刚刚过去的国庆节，都已经成为公益活动扎堆的沃土。

稍微翻翻报纸或者手机新闻，就能发现国庆期间举办的各种各样的活动，比如大学生志愿者团队在旅游景区做公益导游，比如图书馆举办公益读书活动，比如大规模的公益骑行，比如公益慈善大型晚会等。多姿多彩的活动目不暇接，似乎涵盖了各行各业，也遍及了社会的各个角落。

我们热衷于在节假日期间做公益活动，其实是有道理的。在工作日期间，人们大多忙于学习和工作，对于做公益的人来说，他们大多是业余时间做公益的志愿者，他们时间有限，精力有限，平时时间紧，只有遇到长假可以拿出更多的时间和精力去参与其中。反过来，对于公益服务的对象来说，同样也只有在节假日期间，可以更加放松地参与各种公益活动，而不会有生计等方面的压力。

2015年五一过后，一项关于节假日公益的调查显示，有近六成的网友支持节假日期间扎堆办公益活动。这项由《公益时报》联合新浪网、问卷网、凤凰网联合推出"益调查"中，59.06%的网友支持公益组织或商家在节假日集中推出公益活动，理由是公众在节假日才有空闲，公益活动多，参与机会也多。表示不太支持的仅有27.70%。

由此可见，假日公益还是颇受大众欢迎的。也无怪乎很多机构和企业卖力地牺牲假日做公益。这其中，也包括了保险业。与其他的行业略有不同的是，保险业的公益既要带来价值，又要体现行业特点，那么要在哪一点发力呢?中秋国庆双节期间，保险业把公益的舞台搬到了公路上。

在现在旅游营销的思潮推动下，人们在节假日期间更倾向于出去旅游。而高速公路节日期间不收费的规定，也助长了人们自驾出游的做法。节假日集中出游带来的直接问题，就是景区人满为患，当然还有严重的堵车。在刚刚过去的黄金周期间，堵车一度又成为各大媒体和移动端的头条。那密密麻麻一眼望不到边的堵车景象，也让人心里发堵。在这样的情形下，保险业站出来做一点事，是绝对受到欢迎的。

我们也看到，很多地方的保险业都取得了不错的成果。比如，江西太平洋产险在双节期间推出了公益服务，不仅在本业上加强服务，快处快赔，还提供了诸多带有浓厚公益色彩的附加服务，例如，为司机送一瓶水、发送天气提醒短信等。再比如，平安产险内蒙古分公司在全区主要高速路口设立服务站点，由平安理赔人员与客服人员组成专业服务团队为来往车辆提供保险咨询、道路指引、紧急救援、理赔办理等全方位专业服务。还有，河北保险业、大连保险业在双节期间同样大规模出动人力，提供各种贴心服务，赢得了消费者的心。

像这样的公益活动，不仅对于公司本身的服务价值和品牌内涵有质的提升，还有助于整个行业形象和价值的提升，是值得大力提倡的。

但是，个别公司的成功，并不代表所有的公司都要一拥而上，在长假期间全部走上公路提供服务。假日出行的人多，不出行的人也不少;旅游的人多，有其他安排的人也不少。根据假日期间人们的不同选择，根据公司的业务特长，从而打造富有公司特色、行业特色的假日公益活动，才是可持续发展的。

|2015 年 10 月 16 日,《中国保险报》|

以及人之老

在清朝的南京，有一处名为"恤颐堂"的慈善机构，收养70岁以上无依无靠的老人。这个机构为老人们提供吃穿住行等生活需要方方面面的帮助。在《得一录》的规条中，有十分详尽的记录。该堂除了提供日常的饮食起居帮助外，逢年过节，老人们都享有额外的福利。比如：在端午节，"每人给粽子四个，钱三十文"；在中秋节，"每人给月饼一个，钱三十文"；到了过年，"每人给素菜一碗，年糕二条，压岁钱六十文"。虽说并不如何丰厚，对于老人而言，也算有点节日的意兴，聊胜于无了。

"老吾老，以及人之老"，中国素有敬老爱老的传统，这也是孝道的延伸。在现代社会中，敬老爱老也是社会大众和公益机构着眼之处，而到了节假日，尤其是重阳节这样的老人节，各种敬老爱老的活动就集中出现了。

在种种敬老活动中，形式也大不相同。简单点的，给老人们赠送一些生活必需品，柴米油盐、衣服棉被之类，再有一些企业，给老人们讲讲健康课，放几场电影，策划点文艺演出，或者陪着老人包饺子、散散步、聊聊天，也都算是常规行为，并不稀奇。也有一些企业或机构想了一些比较奇特的敬老活动，比如给老人洗洗脚等。总体来看，在重阳节前后，敬老活动是非常丰富的，敬老成为社会的一个主要话题。

自新修订的《老年人权益保障法》明确规定每年农历九月初九为老年节之后，重阳节的敬老风气浓厚了，重阳的味道却淡了很多。其实仔细观察这些活动，则发现这并不是简单的敬老活动，背后都有一定的动机。不过，我们不怕带有目的的敬老活动，只要是敬老，就有积极向善的意义，何必苛求活动者的本心？但是，也不能将敬老当作过节一般，把活动做成应景之作。

学者张颐武说："真正弘扬敬老的意义或许并不需要每天在一起，而是要做到将其融入内心，并在日常生活中反映出来。"他的这番话是针对孝顺自己的老人，其实推之于社会的敬老风气也是如此。

那么问题来了，在日常生活中如何去敬老爱老？除了让座、扶老人过马路、扶起倒地老人这种事，老人们在生活中还有什么真正的需求，有什么真正的难处？

在重阳节前几天，央视财经《经济半小时》的一则新闻迅速成为了社会的热点话题。

北京的一位空巢老人住在北京市双井附近的一家养老院。老人有高血压、糖尿病，每天都要吃药。老人三天两头就得自己去三级甲等医院开药。记者跟踪发现，这位老人到医院取药要花5小时，其中包括路上2小时、排队3小时，而看病仅需5分钟。

这个案例，真真实实地反映出了目前部分老人看病难的问题。目前我国60岁以上的老年人已经超过2亿人，空巢老人突破1亿人，失能、半失能老人达到3 500万人。养老、看病成了老人必须面对的话题。

撇开医疗体制等因素不谈，仅仅从公益的角度来看，如果这时候有一个公益组织，能够帮助老人排个号，让老人只需5分钟排队，5分钟拿到药，我想对于这位老人自身来说，具有更为重要的意义。

因此，对于敬老爱老，其实应该更细心一些，更长远一些，从老人的真正需求入手。对于公益慈善活动来说，也是如此。老人真正需要的养老和医疗方面，能帮则帮，能帮多少就帮多少，这才是真正的"以及人之老"。

| 2015 年 10 月 23 日，《中国保险报》|

范氏义庄

最近，舆论中在探讨一桩关于馒头的"公案"。

这些年，全国各地纷纷出现了一种民间公益形式，爱心馒头店。最著名的，是郑州的一家爱心馒头店。2014年4月经新闻发酵之后，为很多人知晓。当时这家馒头店推出了一项爱心服务，每天为每位环卫工人免费提供5个馒头。

然而好景不长，看起来很美的一件事，却遭遇了尴尬的境遇。来排队领馒头的人越来越多，这给小店带来了很大的经济压力。更大的困境还在后面，一些环卫工认为店家之所以免费送馒头，是因为这笔钱环卫公司提前支付了，虽然事实上并非如此，可是避免不了人们如此猜测。于是竟然有环卫工人到店里不领馒头，而要求馒头店给他们退钱。这让店家感到心灰意冷，摘下了爱心招牌。

还有一家免费送面的小店，历经一年的爱心赠送，最终经济不支而倒闭。泛观其他的爱心馒头店，也都是在苦苦支撑，凭借着社会人士的捐助，来支撑着每年送出的大量的爱心馒头。只是这样的局面能维持多久，各方人士都不抱有乐观的态度。

这类事情中，反映了很多问题。比如，小小饭店，能有爱心之举，值得世人赞誉；比如，分明是针对某些弱势人群的爱心之举，却被当成了免费的午餐，不占便宜白不占，让爱心所送非人；再比如，小的爱心，如何和饭店的经营相结合，既能维持效益，又能持续下去……道德、人心、管理等各种因素交织在这小小的馒头中。

在这种小本经营中，如何又能体现爱心，又能持久经营？如何不让爱心泛滥，变成人们认为的免费午餐？这就需要一种慈善的智慧，一种管理的智慧。

在中国历史中，绝对不乏这种既懂得慈善，又懂得管理的人物，比如范仲淹。

我们对范仲淹"先天下之忧而忧，后天下之乐而乐"，"宁鸣而死不默而生"等名言非常熟悉，但是对他在慈善上做的事情，却所知甚少。

在中国的慈善史上，范仲淹也是一位标志性的人物。宋史记载其"好施予，置义庄里中，以赡族人"。范氏义庄是范仲淹于皇佑二年，第三次被贬后在其原籍苏州吴县捐助田地1 000多亩设立的。义庄田地的地租用于赡养同宗族的贫穷成员。

范氏义庄拥有慈善的初心，同时也充分体现了范仲淹的过人智慧。这在义庄的管理中可窥一斑。

根据范仲淹亲自订立的《义庄规矩十三条》所载，义庄赡济的内容包括口粮、衣料、嫁娶费用、丧葬费、科举费，此外还有义学、房屋借居、借贷等。总之，几乎涵盖了族人在现实生活中的所有问题。赡济的对象是居住于本乡的族人（子弟中有外出做官的，不算在内），不分贫富，一视同仁。

这其中，对于田产、仓房管理，以及领取制度，包括虚报冒领的处罚等，都有细致的规定。义庄还对受益人即族人有一些监督措施，对于违反义庄规矩的人，有不同的处罚措施，比如罚款、取消获得救济资格、送官等。上述的馒头店虽然针对的是环卫工人等人群，但是虚报冒领的情况迭出，最终将爱心行为拖垮。这一点，足资借鉴。

慈善机构要想顺畅地运行，必须有一定的经济基础。范氏义庄是以大量田地为财产基础的。在财产管理方面，义庄也有一定的制度，例如，义庄以田租为财政来源，为了公正，不许族人租种义庄的田地，也不买族人自有的田地。

此外，由于范氏义庄并不仅仅是救济的机构，它还极力发展对族人的教育，力图通过科举来帮助族人摆脱贫困，同时也进一步扩大了义庄的经济来源。在后世，尽管范氏义庄几经沉浮，但都因为范氏宗族重视教育，高官频出，而得以挽回。所以，到800多年后的清朝宣统年间，范氏义庄仍有田产5 300亩，这在中国慈善历史上，堪称奇迹。

所以，无论多小的义举，其实都离不开智慧的管理。有智慧的义举，才能真正地救急，也能够长久地救急。

|2015 年 11 月 6 日，《中国保险报》|

善人不弃

据沙特阿拉伯媒体《萨达日报》的报道，日前当地的一只流浪狗受到关注。据了解，这只流浪狗在垃圾桶找吃的时，意外发现了一名弃婴。小家伙连脐带都连在身上，情况非常危急，见此景小狗立即叼起宝宝飞奔向居民求助。

事实上，目前弃婴的现象仍然十分严重。经常有小区内发现弃婴、高校女生弃婴、公厕发现弃婴等事件发生，据不完全统计，中国每年有10万个弃婴，在这些庞大的数字中，有多少能够生存下来？又有多少能够得到及时的救治？可以说，这些孩子生来就带上了被遗弃的阴影。

本应爱之如日月，奈何弃之如敝屣？弃婴的原因也有很多种。常见的是：因为传统的香火延续观念，婴儿不是男性，故此遗弃女婴；因为家庭经济困难，抚养不起，故遗弃待人领养；因婴儿有残疾，不能接受，故此遗弃；因为在校学生或年龄较小的人对性过于开放或者安全措施不到位，意外怀孕，不敢声张，故此遗弃。

要防止弃婴，就要了解弃婴的原因，并于事前防范，避免弃婴现象发生。出现了弃婴，那么就要充分地予以救助。

弃婴现象自古有之。在古代，人们的慈善活动的主要方面之一，就是防范弃婴、救助弃婴。

春秋战国时期，有关儿童慈善方面的政令及实施已相当丰富。诸侯各国对慈幼工作都极为重视，推行鼓励生育的政策，对生育的妇婴给予特别照顾，免征幼儿的算赋。

两汉时期，政府采取鼓励人口增殖的措施和政策，颁布胎养令，免征育婴之家的赋税，甚至给贫民生子者在育婴期间一定的资助。对于孤儿和父母没有能力抚养的幼婴、孩童，由官府出资抚养。

在古代，因为经济原因无法正常养育孩子的也不在少数。这些政府出面的做法，在一定程度上防止了弃婴行为。

到了两宋时期，救助弃婴的慈善得到了进一步的发展。慈幼局是宋代又一重要慈幼慈善机构。临安慈幼局是官方创办的最早最著名的一处。它于淳祐七年（1247年）由理宗颁布诏令设立。这是南宋政府明令建立的育婴慈善机构。它的经费来源于官府，由官府补贴领养幼婴者一定的钱米。宝祐四年（1256年），理宗又颁布诏令，要求天下诸州广设慈幼局。

官方的行为，引领了民间慈善行为的方向。

苏东坡任密州太守时期，写下过很多光耀千古的诗文，比如《水调歌头·明月几时有》、《超然台记》、《江城子·密州出猎》等。而他的另一做法，则为他的完美人格再添上浓墨重彩的一笔。

给李常的诗里，苏轼说在密州"洒涕循城拾弃孩"，见到路边的男尸、女尸、婴尸，当时确是"为郡鲜欢"。有一次，苏轼跟刘庭式沿着城墙根挖野菜，忽然在一丛枸杞旁发现一个用包裹裹着的弃婴。他心痛地捡起弃婴，抱回府中抚养。于是他下令州府的官员到野外去捡拾弃婴。几天时间，州府中就收养了近40名弃婴。他把这些弃婴分别安排到各家抚养，政府按月给抚养费，两年内救活数十名弃婴。

两年后，苏轼被贬黄州时，还把收养弃婴的经验传授给鄂州太守朱寿昌。因当时岳鄂民间有"溺婴"的恶俗。苏轼建议朱寿昌依法禁止溺婴行为，并在黄州成立了一个名为"育儿会"的慈善机构，动员人们捐钱捐米救助婴儿。他虽然囊中羞涩，也给"育儿会"捐了十千钱的善款。

苏轼的这些做法，对后世的影响非常大。尤其是他把比弃婴还恶劣的溺婴行为提了出来，被世人所广泛关注。到了后世，遂有明清时期的救溺会等组织出现，以及更为详细的教化规条。

"洒涕循城拾弃孩"，苏轼对于救助弃婴的行为可能微不足道，可能改变不了大局，但是这种悲天悯人的情怀，不值得今人追怀？不值得为人父母者警醒？

培田育人

近日，南阳市十三中九年级十二班学生云博，因心脏骤停突然晕倒在早自习的课堂上，待120急救车赶到时已无生命体征。事后，男孩的父亲在网络上发布了追思文章，悲痛反思。同时，此事也在网络上引起了又一波关于教育的话题。

在该父亲发表的文中，我们可得知，"作业过多"、"睡眠时间少"、"压力大"等都是造成孩子猝死悲剧的原因。而这些原因又是当下中国孩子所面临的普遍问题。

虽然说，此事没有充分的证据证明男孩的死是和过度学习有多大的关系，但是，管中窥豹，这事也的确反映了一些教育的现状。

我们看到，在一些新闻中，也常常报道学生因为学习压力过大，采取了出走、自杀等极端的手段来逃避。2014年教育蓝皮书《中国教育发展报告》中介绍到，中小学生自杀并不是单纯的心理脆弱，而是高度的学习压力导致的心理崩溃，从而产生自杀行为。而统计的数据更是表明，有75%的自杀案例与学习压力有关。

升学、毕业、找工作，这是现在的学生面临的一个固定人生阶段。目前这个逻辑是不可逆的。没有上一所好学校，没有更高的学历，就难以找到一份称心的工作。这种逻辑，将学校的应试教育推到了主导位置。

那么在社会的主流教育之外，是否存在另一种教育模式？这种教育模式，对人生的成长、社会认可，是否有作用？在中国慈善的历史上，就存在这么一种形式，即福建培田乡土教育。

明清时期的培田属于典型的中国乡村宗法制社会，有着健全而发达的乡村自治系统。而培田的村落自治还有一个特点，即以兴养立教为己任。在"学而优则仕"的封建主流教育之外，培田存在着另一种更为生动活泼的乡土教育。

培田第一所学堂叫"石头丘草堂"，创建于明弘治元年公元1488年，之后村中吴姓族人相继仿效，自此开培田兴教办学之风。明清两代培田有书院9个，家塾5处，童蒙、蒙馆9所，以及接近于专业教育的"锄经别墅"、"修竹楼"和妇女学馆"容膝居"等。"锄经别墅"建于明朝后期，明代培田村民经常请经验丰富的老农向晚辈新手传授种田经验，颇似今天的农业耕作技术讲座。到了清初，村里又增加了手工技艺教育方面的学馆，这就是建于康熙年间的"修竹楼"。

培田的乡土教育与"两耳不闻窗外事，一心只读圣贤书"的科举教育形成互补，构成了传统中国乡村教育多元而开放的人文特色。

我们看到，这些教育，更多的是传授一些专科的技艺，农耕或者织布，甚至习武，本质上，与参与科举没有高下之分。用中国一句流传下来的话说，就是"教子孙两条正道，曰读曰耕"。

因此，现在教育问题的本身，也许不应该从教育上寻找。头痛医头脚痛医脚，也难除病根。应该从改变人们的观念，改变社会的用才理念，自然而然的，教育的问题就迎刃而解了。

不忘的前行

一年一个汉字，一年一个脚印。

近期，由《中国保险报》策划举办的保险年度汉字活动，吸引了数万名微信读者阅读转发，共有数千名读者参与了投票。在当选的"增、融、创、护、全"5个字中，"增"字占29%的比例，远远领先了其他几个汉字，最终夺魁。

与此同时，2015年末，"汉语盘点2015"年度字词揭晓，"廉、互联网+、恐、反恐"分别当选年度国内字、国内词、国际字和国际词。这是国家语言资源监测与研究中心、商务印书馆等机构连续10年举办该活动。

一个字概括，这种形式说难也难，说易也易。容易之处在于，汉字博大精深，任何一个汉字，都能够有很多内涵与诠释；困难之处在于，一年之中，一个行业、一个地区、一个国家，乃至全世界，都有无数大事、要事发生，想要用一个字准确概括，难免挂一漏万。如何取舍？这就要以历史的、发展的眼光来看待。

年度汉字活动既是对汉字使用的考验，也是对历史的回味和思索。

以年度国内汉字活动来说，就是公众用自发创造出来的新词新语记录生活，描述着中国视野下的社会变迁和世界万象。在年度国内字的入围候选名单上出现了"实、跌、拼、廉、稳、强、灾、改、梦、创"，每个字都和普通大众的生活密切相关，道出了民众最为关心的社会问题。最终当选年度国内字的"廉"，则延续了2015年国内词"反腐"的热度，反映出人们对净化社会环境、提升政府公信力的迫切期待。

年度汉字活动一直是各界盘点一年大事的重要手段，而在2015年为最。不仅有全国性的年度汉字评选，在各地还有区域性的年度汉字评选，比如，2015年武汉年度汉字评选中，"圆"字得到共识；在各个行业还有各行业的年度汉字评选，比如，2015中国企业年度汉字出炉，"创"字脱颖而出。同样地，对于保险业的年度汉字，业内也同样给予了高度关注和热情，票选结果也非常贴切地反映出2015年保险业发展的历程。

很多网友对于"增"字情有独钟，爱不释手。一个"增"字，汇集了2015年数百万名保险人戮力同心的成果。前10月保费收入超2万亿元，同比增长近20%，为保费增；保险从业人员数量与素质皆增，为行业实力增；农业保险提标扩面，赔付额增长，为农民实惠增；人身险费改"三步走"收官，保险产品注册制、商业车险费率改革等一系列改革措施出台，为改革力度增；保险产品质量与服务向好，理赔速度与效率提升，为消费者口碑增。有的网友说，一个"增"字说明一切，国民投保意愿上升了，各行各业产值收入提升后更注重风险意识了，从而使保险的深度和广度也进一步提升了……总之，"增"涵盖了全部。

而其他的几个汉字，也以其自身的魅力和内涵，揽得不少粉丝支持。例如，对于排名第四的"融"字，有网友说："我觉得融最好。融是今后金融业的大势所趋。"当然，还有更多的热心读者提出了自己的心中汉字，其想法别具一格，独出心裁。

每个人心中都有一个哈姆雷特。可以说，年度汉字，不是唯一的选择，但是大多数人的选择。年度汉字可能代替不了历史，但是至少让我们不会轻易忘记。而不忘，只是为了更好地前行。

|2016 年 1 月 4 日，《中国保险报》|

赠阅的背后

近期，全国很多地区出现了这样一种现象，由地方保险业主导向地方党政机关赠阅《中国保险报》，让该报摆上了地方领导的案头。

举几个比较典型的例子。在河北省，省保协向省委、省政府等政府机关及相关单位的80个相关部门赠送2016年《中国保险报》；在内蒙古自治区，内蒙古保监局通过赠阅的形式，让《中国保险报》走到内蒙古自治区党委、政府及各盟市党委、政府相关领导的办公桌上；在湖北省鄂州市，鄂州市保协为全市百名领导赠阅2016年《中国保险报》……

与这些赠送单位的交流，笔者发现它们的目的比较明确。一方面，让更多的党政机关领导了解保险行业为服务经济社会、保障民生等所作出的社会贡献，为行业争取良好的发展环境；另一方面，也让地方政府相关部门了解全国保险业的经验和模式，对当地保险业的创新发展产生借鉴意义。

应该说，这种行为并非一厢情愿，而是真真切切存在的需求。近期，笔者曾经在某省畜牧局采访养殖业保险选题，对畜牧局相关负责人进行了深入的访谈。访谈结束后，该负责人便提出了想看到赠报的愿望，希望从中学到更多的养殖业保险方面的经验，同时，也希望通过报纸的平台，将该省养殖业的创新做法传播出去，在保险行业、农业部门等领域产生影响，从而推广自身的经验。再比如，在和某市协会相关人员交流时，对方表示，该协会向当地党政机关赠送报纸的消息在当地媒体上重点发布，甚至上了手机媒体的头条。这充分体现了赠报背后的深意。

自《国务院关于加快发展现代保险服务业的若干意见》（国发〔2014〕29号）发布这一年多来，各地纷纷出台了"新国十条"的实施意见，同时，在"新国十条"和地方实施意见的多重推动下，地方政府对保险业越来越重视，政府相关部门和保险业协同发展形式越来越丰富。地方政府迫切需要了解保险业，保险业也在用各种方式方法让政府更深入地了解保险、用保险。

事实上，近年来保险业快速发展着，对于保险知识普及的力度也越来越大。特别是在进社区、进学校、进农村等相关活动中，保险业从上到下都投入了大量的人力物力，保持了一个相当长的宣传周期。同时，进机关，也是在保险知识普及过程中比较重要的一环。不过，对于消费者的保险知识普及，更多的是一些初级的概念，以及保险的功能作用，对于政府相关部门，除了这些以外，还应该有更多的地方创新做法和经验分享，以便其寻找借鉴和启发。

"新国十条"的红利持续散发，地方政府对保险业越来越重视，这对保险业来说，是一个提升自身的大好机会，理当珍惜。

为谁"亮剑"

数年前,一部电视连续剧《亮剑》火遍大江南北。李云龙所代表的"亮剑精神"一度成为勇于挑战、克难攻坚的代名词,同时也成为很多部门的行动代号。

2011年,公安部启动"亮剑"行动,旨在打击侵犯知识产权和制售伪劣商品犯罪。在保险行业,中国保监会在2015年启动了"亮剑行动",打击的对象便是损害保险消费者合法权益行为。之所以命名为"亮剑",一则是表明打击决心,绝不姑息,二则是重拳出击,打击严厉,三则是提高级别,加强震慑。由此可见,监管部门对于消费者权益保护的重视力度。

消费者权益保护对金融业来说尤其重要。英国经济学家米歇尔·泰勒在20世纪90年代中期提出著名的"双峰理论"。他认为,虽然金融监管有许多目标,但主要有两个:一是加强系统性风险的审慎监管,维护金融体系的稳定、安全;二是对金融机构行为进行监管,保护消费者的利益。

近些年来,随着金融业的快速发展,国内对金融消费者权益保护的呼声也越开越高。2011年10月,中国保监会保险消费者权益保护局正式成立。保监会主席项俊波在随后举行的媒体座谈会上明确，"把保护消费者利益作为监管工作的出发点和落脚点"，赋予消费保险工作至高无上的地位。

消费者权益保护需要多方用力，以"亮剑行动"为代表的打击行动是必要的。而就各地的行动结果来看，"亮剑行动"也是战果累累。例如，在陕西，"亮剑行动"开展以来，陕西保监局依法派出检查力量72人次，进驻13家公司，立案调查34个投诉案件，向6家公司下发监管函；2015年前三季度受理、结案各种投诉2 867件、2 344件，结案率82%，累计为消费者维护经济利益2 480万元。

欲流之远者，必浚其泉源。打击的有效性，并不能当作保护消费者权益的长久之计。而更多地要从法律、制度的层面提供保障，为各地实现消费者权益保护奠基开路。

首先，是要抚今追昔，善于总结。2015年，各种消费者权益保护的经验和做法在探索中，逐步成为一个体系，这集中体现在首部《中国保险消费者权益保护报告（2015）》中。

这份报告出炉于2015年"3·15"前夕，同时也是新版的《消费者权益保护法》正式实施一周年之际。报告全面展示了近3年特别是2014年我国保险消费者权益保护的经验做法及取得的成效，是中国保险监管部门公开出版发行的首部消费者权益保护"白皮书"。报告中重点介绍了包括"治理车险理赔难"、"治理人身保险销售误导"、"开展财产保险积压未决赔案专项清理"和"加强12378维权热线建设"等内容，展现了宁波、江西、浙江、重庆和河北5家保监局在开展服务监督、人身险产品第三方评点、交通事故调解处理、严肃查处损害消费者合法权益行为和开展信誉工程建设等方面的工作实践。

其次，要寻找根本，放眼长远。保护消费者权益涉及方方面面，牵涉到千千万万的人，从表面上看，是一团"乱麻"，以"剑"斩之，也难理出头绪。2015年，监管部门理出了这团乱麻的头绪，将建立行业的信用体系作为牛鼻子来牵。

2015年，保监会和发展改革委联合印发了《中国保险业信用体系建设规划（2015—2020年）》（以下简称《规划》），提出计划用5年的时间来建立保险业信用体系，这是国务院《社会信用体系建设规划纲要（2014—2020）》颁布后，我国首个专门的行业性信用体系建设规划。保险业将用5年的时间来建立统一的信用信息平台，同时还将建立"红名单"和"黑名单"制度。《规划》还提出了具体的时间表，将整个信用体系建设分为三步走。

自古以来，"信"就为思想家、政治家、社会学家们推崇备至，不仅作为立身之根本，还是立家、立业、立国之根本。"仁义礼智信"、"智信仁勇严"等提法，皆是此意。作为保险行业，用信用体系来加固行业生存发展的根基，为行业长久发展、健康发展营造了一个良好环境。

最后，要有令必行，加强自律。2015年11月，《国务院办公厅关于加强金融消费者权益保护工作的指导意见》（以下简称《意见》）发布，明确提出建立健全金融消费者权益保护监管机制和保障机制，规范金融机构行为，培育公平竞争和诚信的市场环境，切实保护金融消费者合法权益，防范和化解金融风险，促进金融业持续健康发展。

《意见》的发布，在舆论中引起了强烈反响。对此，媒体解读为"金融消费者权益保护将更加有法可依，践行金融企业社会责任"。在地方的保险机构中，对此也保持了高度重视。在《意见》发布1个月之后，辽宁丹东市保险行业协会召开了一个针对该《意见》的盛大的宣导会。期间还出台了相关的地方保险机构保护消费者权益的自律公约。

2015年，保险消费者权益保护力度空前。其中，最具开天辟地意义的就是准备在立法中明确"保险消费者"的概念。2015年10月，《保险法》第三次大修订，在征求意见稿中，引入了"保险消费者"的概念，以应对打击销售误导、治理理赔难，赋予消费者主体地位。

当"保险消费者"真正成为法律意义上的概念，当"保险消费者"可以拿着成文的法条去维护自己利益的时候，不正是法治最大的进步么？

|2016 年 1 月 18 日，《中国保险报》|

行路难

随着春节的临近，在外为生计而漂泊的人们谋划着归乡的日程。春节团聚是游子一年中最梦想的时刻，但是行路难，也成为年年春运中不得不面对的问题。

行路难，在古代交通不便的时候常常为文人墨客所感慨。时至今日，交通形式多样，但对于一些低收入群体，如贫困学生、农民工等，仍然面临行路难的问题，这其中最主要的就是买票的问题。

还记得在十多年前，笔者在读大学的时候，每到临近年关，便惴惴不安，不知道此次是否会买到票。经常提前一夜到售票大厅等候，以便来日一早能够排到前面。是时，大厅中已经有很多的农民工携妻带子、卷铺盖席地而坐，或者卧而小憩。抽烟、吃泡面的各种味道，至今仍然记忆犹新。

那时候动车还不多，基本是绿皮车为主。火车速度慢，车上人员拥挤，站着的人，似乎比坐着的人更多。其情形堪比现在上班高峰期的地铁。但是这些，对于已经买到票的人来说，相比没有买到票都是可以忍受的。

有一年，我在排了很长时间队之后，发现所有的站票都已经卖光了。没有办法，只能在读书地过年。当时和我一起没有回家的，还有两个同学，一个是四川的，一个是广西的。那个广西的同学是因为离家太远，故而不回家。而四川的同学，似乎另有隐情，直到除夕夜我才恍然。那天晚上，我给家里打了个电话，这是我有生以来第一次在外独自过年，电话两端都很伤感，当时心中就暗暗决定，以后无论如何也要回家过年。

自然，对于大多数人来说，回家过年是必行之事，再大的事也比不上回家过年重要。

时至今日，交通这方面已经发生了天翻地覆的变化，飞机、高铁、动车、大巴、私家车等各种各样的交通工具，都给人们回家提供了很多便利。而购票方式的多样化，也让人们不必提前到售票处排队等候。

但是对于那些低收入群体，可选择性依然有限。普通列车依然是他们的首选，在买票上仍然非常困难。

这时候，正是需要公益组织用力的时候。我们欣喜地看到，很多公益组织意识到了这一点，针对农民工回家，推出了各种公益行动。

例如，中国平安最近推出了一项公益活动，该公司包了26辆大巴，在全国范围内送10条线路上的逾千名贫困外出务工人员春节回家团圆，同时还赠送了保险保障。有的报纸和企业合作，推出寻找正能量农民工、送他回家火车票的活动，免除其购票之忧。也有的企业组织了更丰富的项目，集中各自优势资源，通过免费大巴、爱心火车票、途中报平安直播点等多种方式帮助农民工回家过年。还有很多企业针对学子回家，也推出了类似的活动。

针对人们真正需要的方面做公益，才是公益的真正价值所在。虽然，笔者现在已经不必享受这样的帮助，但是看到这么多的公益组织关注到了这一点，感同身受。

|2016 年 1 月 15 日，《中国保险报》|

将保险调入"味道"

近些年来，以《舌尖上的中国》为滥觞，美食类节目在国内大行其道。根据不完全统计，目前能够通过网络视频看到的200多个美食类节目中，国内的美食节目占据半壁江山，如《味道》、《天天美食》等，博取了不少眼球。

在人们追求味道的同时，食品安全不容忽视。发生食品安全事件后，由此造成的受害者赔偿问题如何解决？自2015年10月1日起，新《食品安全法》实施。其中一个亮点是国家鼓励食品生产经营企业参加食品安全责任保险。《食品安全法实施条例修订草案（征求意见稿）》于2015年12月9日全文公布，向全社会公开征求意见。该修订草案由原来的64条增加到200条，充分体现了《食品安全法》的细化、补充和创新。

事实上，保险行业对食品安全的探索和实践早已经开始。2008年7月，长安责任保险股份有限公司江苏省分公司与江苏省工商局联合在扬州广陵区举行农村食品安全示范店商品责任保险签约仪式，现场有30位个体经营户代表签订了保险合同。2012年8月，山东青州市政府发文推行食品安全责任保险，并确定保险公司与食药局成立项目推动工作组，由食药局为主管单位。2013年，浙江省部分县（市、区）大中型餐饮单位、学校、大宗食品配送单位和农村家宴等领域开展食品安全责任保险试点。2014年8月以来，湖南、湖北、河北、山西、海南等省份陆续开展了食品安全责任保险的试点。

这些已经开展了试点的地区，在2015年或者覆盖面扩大，或者规模提升，或者有创新的做法，呈现出了新的生机。2015年10月，山东省食品安全责任保险试点范围进一步扩大，650家食品生产企业正式纳入该保险试点。在重视学生餐饮安全的宁波，自2013年2月起开始建设百万名学生餐饮安全工程，截至2015年12月末，累计完成学校食堂基础设施改造提升项目732个，完成投资约4.8亿元。

在2015年，特别是在新《食品安全法》实施以后，各地再次掀起了一股食品安全责任保险的热潮。在上海，东湖集团2015年8月末投保了上海第一份美食节食品安全责任险。该险种涵盖了餐饮现场几乎所有可能发生的事故责任险，并且承诺出现纠纷会进行先行赔付等优惠政策。在广西，2015年末之前，已确定在关系民生、风险等级较高的五类食品企业中开展食品安全责任保险试点。由食品企业购买保险，一旦发生重大食品安全事故，由保险公司先行对受害者进行赔付。在福建，保监局与省食安办、省食药监联合印发《福建省食品安全责任保险试点工作方案》（以下简称《方案》），计划2016年全面开展试点工作。《方案》决定在五大重点领域推动生产经营单位积极投保食品安全责任保险。

无论是国家大政方针，还是相关的专家解读分析，或者是政府有关部门与保险机构的合力探索，都在将食品安全责任保险推向食品安全管理中的重要地位。不过，还有另一个险种，在保障食品安全方面起到了"幕后英雄"的作用。

在2014年末，记者曾经编发过一篇报道《龙游人敢吃肉包子了》。报道中提到，浙江龙游创新生猪保险模式，将生猪统保与病死猪集中处理形成了良性联动，病死猪有了保险赔款，并得到统一的碳化处理，扔入河中和流入市场的现象大大减少。在此措施的改善下，对于肉包子、香肠等，龙游人都敢吃了。像这样将养殖保险和防疫、无害化处理结合的做法，也在很多地方遍地开花。例如，在辽宁将生猪养殖保险和生猪防疫紧密结合，对于病死猪的处理也因地制宜，采取了多种方式，令人眼前一亮。又如，江苏省病死畜禽无害化处理工作走在全国前列，一些工作经验和首创技术在全国推广。江苏省政府办公厅曾经出台文件要求，到2016年基本建成覆盖全省的以生猪为重点、兼顾其他动物"场户送交、镇设站点、流动收集、集中处理"的动物无害化收集处理体系。

在各级政府的大力治理下，加入保险这一味料，或许不能让中国的美食更美味，但至少可以让人们吃得更放心。

|2016年1月19日，《中国保险报》|

器与术的较量

在反保险欺诈领域，一场术与器的较量正在激烈的进行中。一方是保险诈骗团伙，有作案经验，有作案工具，有团伙成员；另一方是经侦、保险人和大数据时代的器具。一方在暗，躲在阳光的阴影中，在保险流程空白的缝隙中；一方在明，站在维护投保人利益、保险业秩序的立场下，展开了一次次交锋。

2015年，车险依然是保险诈骗的重灾区。记者曾经跟一位经侦人员了解到，与人身险的诈骗案相比，车险诈骗的作案人员虽然也了解车险的流程和漏洞，但是心智上相差甚远。与动辄上亿元的其他金融诈骗案相比，或者与人身险数百万元的诈骗案相比，车险诈骗案的数额并不高。但是难点就在于数量很大。陕西省保险行业协会提供的《2015年三季度陕西保险业反保险欺诈工作通报》数据显示，按照险种划分来看，这些案件涉及车险的有422起，占总量的98.37%，涉案金额1 584.02万元，占涉案总金额的90.33%。

如何破解这种案件小、数量多的局面？大数据成为破解局面的利器。

近些年来，随着互联网和大数据的发展，反保险欺诈工作已经迈入了大数据时代的门槛。北京保险行业于2013年9月26日成立专业机构来应对保险欺诈。北京保监局、北京市公安局海淀分局、北京保险行业协会联合成立了反保险欺诈海淀中心，建立完善了"北京市车险风险信息系统"及反保险欺诈合作机制，通过科技手段发现欺诈漏洞并联手行动，成为反欺诈的杀手锏。

在2015年，大数据在反保险欺诈领域的作用越来越明显。自2015年以来，河北省保险行业协会组织辖内经营车险业务的保险公司，逐步探索和建设车险反欺诈信息共享和合作机制，利用车险"大数据"共享优势，上线运行"车险理赔查询系统"，向各公司开放全省标的车理赔信息实时查询权限，协助保险公司发现和排查疑点案件。

值得关注的是，在2015年，各方联合作战也成为一种新常态。公安、保险监管机构、行业协会、保险公司等多方的参与，让反欺诈不仅具有了专业性，还拥有了震慑力。例如，记者在辽宁省保险行业协会采访时了解到，很多车险诈骗团伙在面临保险人员时，百般抵赖，而面对经侦人员时，却似泄了气的皮球，将违法犯罪行为一股脑招了出来。经侦部门的参与可谓事半功倍。

大数据最重要的就是数据基础。没有牢固的数据基础，依靠大数据来打击保险欺诈，也是难上加难。各地对于车险数据基础的重建也在同步进行，这对于下一个阶段的反保险欺诈以及商业车险费率改革等，都将发挥重要的作用。

2015年末，中国保监会发布了《中国保监会关于印发车险反欺诈数据规范的通知》（保监稽查〔2015〕242号），从顶层设计的角度，为车险反欺诈数据规范和采集工作指明了方向。中国保险信息技术管理有限责任公司将按照统一的数据规范，向全国各保险公司采集车险反欺诈数据，建设"车险反欺诈信息系统"。全国范围内利用车险信息共享的"大数据"优势联合打击车险欺诈行为的大幕正式拉开。

多种模式汇成一股力量

2014年12月25日，58岁的常某因"未分化型精神分裂症"入住沈阳市精神卫生中心治疗。2015年6月26日凌晨2时，常某出现腹痛，在此期间值班医生给予抗感染、抗休克等治疗。后经转院救治无效，患者最终死亡。

据此，家属认为值班医生未能给予高度重视，未能给予及时而有效的救治，要求赔付医疗费、丧葬费、精神损害抚慰金等共计人民币50万元。院方认为救治过程符合医疗操作常规，对患者死亡原因应负次要责任。

争执之下，医患双方申请沈阳市医疗纠纷人民调解委员会（以下简称医调委）介入调查。经核实，医生未能及时发现患者病情恶化，导致患者消化道穿孔并发感染性休克。发病6小时医生诊断不明确，转诊不及时，使患者失去了最佳治疗时间。因此沈阳市精神卫生中心存在医疗过错，对患者死亡负一定责任。依据《医疗事故处理条例》，赔偿金额由死亡赔偿金、医药费、精神损害抚慰金、丧葬费组成，合计19.3万元。

沈阳市医调委于2014年12月10日挂牌成立，12月15日正式启动，沈阳市卫计委、司法局为医调委的业务指导部门，在其指导下，医调委开展医疗纠纷调解工作，确保医调委的有效运行。自2015年1月3日至2015年末，医调委受理纠纷60件，成功调解34件，以上受理调解案件要求赔偿总额累计1 200多万元，经调解达成赔偿协议的实际支付赔偿额累计248万元，调解成效显著，当事各方满意度较高。

这是沈阳市医调委免费为医患双方提供调解服务的典型案例之一，同时，也是辽宁保险业积极运用"三调解一保险"医疗纠纷预防与处理机制，有效发挥医疗责任保险在化解和分担医疗风险方面的重要作用，助推"平安辽宁"建设的重要体现。

据辽宁保监局相关负责人介绍，"三调解一保险"机制在辽宁推行后，全辖医疗机构诊疗总量逐年上升，而医疗事故技术鉴定纠纷数同比降低了11.3%，且未发生重大有影响的涉医违法案件，人民调解成功率达到80%。呈现出医疗纠纷调解成功率和医患双方满意度双提升，涉医违法犯罪案件和医疗纠纷数量下降，医疗风险分担覆盖面全面延伸的"两升两降一延伸"的良好局面，大大减轻了政府善后处理压力，有效防止了社会纠纷的发生。

辽宁保监局加强与省卫计委、司法厅、财政厅等相关部门的沟通协作，出台医疗责任保险发展指导意见，将医疗机构参加医疗责任保险为主要行动的医疗分担机制纳入"平安医疗"及深化医改考核体系的重要内容。

辽宁保监局积极协调各地市政府部门，有针对性地选择沈阳、本溪、盘锦、丹东等地区先行先试，出台地市级指导性文件13份，加强医疗责任保险在投保层面硬性制度性保证，在不到一年时间里迅速实现了全省13个地市（不含大连，下同）全覆盖的突破式发展。截至2015年第三季度，全辖共承保各类医疗机构1 189家，实现保费收入4 039.23万元，为各级医疗机构提供风险保障6.38亿元，同比增长

108.77%，有力地支持了医疗纠纷处理机制建设和医疗事业发展。

目前，辽宁保监局辖内13个地市均建立了以人民调解为主体，医院内调解、司法调解、医疗风险分担机制有机结合、相互衔接的"三调解一保险"的医疗纠纷预防与处理制度。各地在医疗责任保险的开办模式、激励机制等方面都进行了大胆尝试，取得了积极效果，得到了当地政府的充分肯定以及医患双方的良好赞誉。

"调赔结合"模式。沈阳市设立由卫计委、司法局等部门牵头的沈阳市医患关系人民调解委员会，负责万元以上的医患关系调解工作；医疗责任保险共保体组成医患纠纷理赔中心，负责医疗责任保险的理赔工作，同时适当参与人民调解工作，并以调解结果作为主要依据落实理赔责任。截至2015年第三季度，沈阳市医疗责任保险收入占全辖的23%，成为全辖医疗责任险保险开办规模最大的地区。

"强制全覆盖"模式。盘锦市以"参加保险＋新农合定点医院"为条件，要求全市一级及以上医院参保医疗责任保险，对不参加保险的医疗机构取消新农合的定点医疗机构资格。本溪市以"县乡村全覆盖＋提升农村医疗服务水平"为目标，通过政府推动强制各级医院全部投保医疗责任险，破解投保难问题。2015年，本溪地区已实现了医疗责任保险在一级医疗机构、乡镇卫生院、社区诊所、村级卫生所和个体诊所371各级医疗机构领域的全覆盖，保费规模居于全省第三位。

保险机构尝试开发"保障分级、服务为主"的保险产品。对固定纠纷支出部分保障额度封顶，额度之上的风险设定高保障额度，保险产品以风险管理、纠纷转移等服务内容为主。

对抗风险能力较弱、风险较小的中小型医疗机构，尝试开发"保障额度较高、提供保险服务为辅"的保险产品，主要满足经济补偿为主的保险需求。

对医疗机构风险的全覆盖，保险产品设计不仅局限于对医疗体系

细
节
看
保
险

中医患纠纷的关注，更将目光转移到医疗机构所面对的风险上，包括针对不同医疗机构的公众责任保险、雇主责任保险等，基本覆盖了医疗机构在经营过程中所面临的主要风险。

辽宁保监局介绍说，医疗纠纷调解是医疗责任保险风险控制的核心环节，"三调解一保险"体系已在辽宁辖区各地市全面铺开。保险机构作为有利益关系的第三方全程参与医疗纠纷，调解不成时，可向人民法院提起诉讼，保险机构依据调解协议或法院判决，在保险合同约定范围内进行赔偿，在维护医患双方的同时，有效地防止"医闹"现象和恶性事件的发生，维护了医疗机构的正常诊疗秩序。

|2016 年 1 月 25 日,《中国保险报》|

提高保险供给质量

民生休戚，涉及社会方方面面，更和保险业紧密相关。在围绕保险供给侧结构性改革这条主线中，服务民生将带来保险供给质量的提高。

在1月25日召开的2016年全国保险监管工作会议上，中国保监会主席项俊波在谈到2016年保险监管工作时，首先提出了三项重点监管工作，其中将服务民生三大突破作为首条谈及，分别是提升大病保险服务水平、抓好巨灾保险制度落地、推动商业保险税优政策试点顺利实施。

值得注意的是，在措辞上，报告使用了掷地有声的"突破"二字。突破是从一个阶段到另一个阶段的转变，突破之后往往会完成一个质的飞跃。项俊波提到的三个突破点，无一不是处在将破未破的瓶颈期。

首先，大病保险已经完成了由点及面的工程，亟须深化服务来提升质量。近年来的理论和实践表明，大病保险在防范"因病致贫、因病返贫"方面，具有不可替代的作用。特别是对全国既贫又病的人群来说，他们是扶贫的对象，也是救助的对象，大病保险对于他们的重要性体现最为明显。发展大病保险，不仅是保险业的使命所在，也是政府民生工程的重点所在。

根据会议披露的数据，2015年，大病保险已经覆盖全国31个省区市。在覆盖面上，大病保险已经拿到了满意的成绩，下一步应该考虑将服务做精做细，以实现从广度到深度的飞跃和转变。

会议指出，在2016年，将大病保险作为扶贫攻坚的重要着力点，推动大病保险稳健可持续发展。进一步推动落实国务院办公厅下发的《国务院办公厅关于全面实施城乡居民大病保险的意见》，制定完善配套实施细则，推动实施大病保险"一站式"结算和异地就医即时结算。进一步完善大病保险运行机制，研究制定投标管理、服务规范、风险调节、财务独立核算、退出机制等制度。进一步强化与基本医保等医疗保障制度间的互补联动，形成保障合力。

以大病保险作为保险产品供给侧着力的重点，将为保险业探索经办基本医保等业务进一步奠定基础。2016年1月，国务院印发了《关于整合城乡居民基本医疗保险制度的意见》，决定将城镇居民基本医保、新型农村合作医疗两项制度"并轨"，并鼓励保险企业来经办，体现了国家对保险企业经办大病保险成绩的充分肯定。

其次，巨灾保险试点到制度的转变也势在必行。近些年来，各界舆论对于巨灾保险的呼唤从来没有停止过，特别是在地震、台风、洪水等灾害发生后，呼声更高。目前巨灾保险制度已在几个试点地区有所突破，广度和深度仍有待加强。

"十二五"时期，保险赔款和给付3.1万亿元，在应对台风等重大自然灾害和突发事件方面，较好地发挥了经济补偿和社会风险管理作用。2015年，云南、四川地方巨灾保险试点相继启动，我国首只巨灾债券在北美成功发行，在宁波"灿鸿"、"杜鹃"台风事件中保险赔付8 000万元，广东"彩虹"台风赔付7.5亿元，"东方之星"事件赔付7 380.6万元。保险在实践中日益成为重大灾害事故应对的有效方式，但是与发达国家相比，差距仍然很大。

会议指出，在2016年，保险监管部门将着眼于更好地发挥巨灾保险在灾害救助体系中的作用，推动巨灾保险建设取得新的重大成果。要抓紧制订方案，尽快推动《建立城乡居民住宅地震巨灾保险制度实施方案》在全国范围内落地。积极推动《地震巨灾保险条例》出台，将地震巨灾保险纳入法制化框架。继续推动巨灾保险地方试点，探索研究覆盖洪水、台风等主要自然灾害的巨灾保险制度。

最后，健康、养老的保障不足，税优政策的激励不可或缺。与西方国家相比，我国商业健康保险和养老保险的覆盖率并不高。而我国还面临着老龄化社会加速到来所引发的健康、养老需求激增的局面。业内人士一直认为，在制度上，税优及税延政策是打破这个局面的至关重要之举。

会议指出，切实发挥税收优惠的政策杠杆作用，用足用好政策，抢抓政策红利，促进个人税收优惠型健康保险和税收递延型养老保险发展。税优健康保险方面重点是总结试点工作，完善试点方案，推动税优健康保险全国试点。税延养老保险方面重点是争取尽快推出税延养老保险试点政策，抓紧制订试点方案，并组织好实施工作。做好税延保险信息平台建设、税延保险监管制度制定、示范条款设计等试点准备工作。

2015年，商业健康保险税收优惠政策已经正式出台。税优政策的出台，激发了商业健康保险发展的潜力，拓展了商业保险与大健康产业结合的空间。商业健康税优之后，税延型养老保险的出台将成为2016年工作的重中之重。

2016年，是"十三五"规划开局之年，也是推进供给侧结构性改革的元年，是"五大理念"贯彻落实的一年，是"新国十条"持续发挥落地效应的一年，也将是服务民生形成突破的关键一年。

|2016 年 1 月 29 日，《中国保险报》|

细
节
看
保
险

缘何合署办公

2015年6月初，中国中车成立，媒体在报道此事时，不约而同在标题中突出了"南北车高管合署办公"的信息。其实合署办公并非新鲜事物，是当代中国政治与行政生活中的常见现象，存在于中央和地方各级党政机关、人民团体、企事业单位中。在保险业，合署办公也在大病保险的开展过程中，被广泛运用。

合署办公的形式，古已有之。在唐代，门下、尚书、中书三省合署议事、办公，三省职能逐渐趋向混同合一。三省分权，势必造成相互扯皮、效率低下等弊端。为了三省之间协调行动，三省首长定期在门下省的政事堂议事。这便是早期的合署办公形式。

合署办公也是中国党政机构一种编制组织形式。例如，中国共产党中央纪律检查委员会、中华人民共和国监察部、国家预防腐败局就采取合署办公形式，再例如中共中央政法委员会和中央社会管理综合治理委员会，也采取合署办公形式。

大病保险和医保经办机构、新农合经办机构的合署办公，在国家大力推进大病保险的过程中，也顺理成章地被各地广泛采用。

2013年，记者到陕西西安采访大病保险开展情况的时候，就已经注意到了这种模式。中国人寿陕西省分公司是陕西大病保险的服务公司之一，在签订承保大病保险协议之后，中国人寿陕西省分公司稳步推进理赔服务各项工作，在办公模式上，采取医疗机构"一站式"服务以及医疗保险经办机构与保险公司合署办公两种服务模式，为群众提供了方便。像这样与政府部门合署办公的大病保险服务点，在西安还有24个，其中，新农合服务点有10个，城镇医保服务点有14个，基本覆盖了每一个区县。

"十二五"时期，为了缓解"因病致贫、因病返贫"现象，我国大病保险迅速拓展，覆盖人口9.2亿人，报销比例普遍提高了10～15个百分点，345万名大病患者直接受益。2015年，大病保险覆盖全国31个省区市。在这个背景下，合署办公在各地如雨后春笋。

以较为有名的"襄阳模式"来看，保险公司与湖北省襄阳市医保局共同对项目进行管理，与医保局合署办公。对患者而言，不再需要自己先行垫付，然后再跑医保、跑商业保险机构报销，便捷地解决了补偿问题。

这种办公形式不光是对患者有益，对于大病保险资金使用也有一定的风险防范作用。重庆市潼南县医保中心积极提供办公场所，中国人寿潼南支公司派4名专员到县医保中心合署办公，并开设大病审核报销窗口。重庆市社会保险局相关人士曾对媒体解释，医保经办机构和保险公司合署办公，对医疗费用进行初审、复核和医疗巡查等，用实时监控的"撒手锏"堵住漏洞。同时，通过科学核算，在年初就对医疗机构的医保费用进行总额控制。

至于不具备合署办公条件的地区，也加快了建设合署办公机构的步伐。哈尔滨市启动新农合大病保险"暖冬行动"，主要目标是，到2015年末，全面规范新农合大病保险合署办公机构建设，基本建立稳步运行的大病保险经办、管理和服务机制。

应该看到，大病保险和医保、新农合经办机构合署办公的形式，不仅提升了效率，方便了患者，还能够互相监督，防范风险，已经形成了燎原之势。

在1月25日召开的2016年全国保险监管工作会议上，中国保监会主席项俊波提出要提升大病保险服务水平。大病保险已经完成了由点及面的工程，亟须深化服务来提升质量。依托合署办公的形式，保险业如何借此提升大病保险服务质量，也是2016年要深入探索和挖掘的命题。

|2016 年 2 月 3 日，《中国保险报》|

比奖杯更重的

近两年来，特别是2015年以来，保险行业协会获得各级政府表彰的消息纷至沓来，有的获得全国性的表彰，有的获得地方性的表彰；获得表彰的荣誉也不一而足，各种各样。

在全国层面，2015年12月22日，民政部发布《关于表彰全国先进社会组织的决定》，中国保险行业协会被授予"全国先进社会组织"称号。

在省级层面，2015年，四川省人社厅、省民政厅联合发出表彰四川省民政系统、社会组织先进集体和先进个人的通知，四川省保险行业协会在全省各行业协会中脱颖而出，荣获"四川省社会组织先进集体"称号。四川省保险行业协会是四川金融行业唯一获得此项殊荣的协会。

而在地市级层面，这样的案例更是不胜枚举。2015年，经江苏南通市放心消费创建工作指挥部单位申报、现场验收、考核评估，南通市保险行业协会被评为2014年度南通市放心消费创建活动示范行业。2016年2月17日召开的江苏宿迁市金融工作会议上，宿迁市保险行业协会被市政府评为"金融管理工作先进单位"。2月16日，陕西宝鸡市委、市政府召开全市2015年度目标责任考核总结表彰暨2016年重点工作部署动员大会，宝鸡市保险行业协会被授予"2015年度金融业支持地方经济发展先进单位"荣誉称号，这是宝鸡市保险行业协会继2014年度被市委、市政府授予"金融业支持地方经济发展先进单位"荣誉称号的再次肯定。朝阳市政府授予朝阳市保险行业协会、人保财险、中航安盟、中华联合等4家单位2015年度政策性农业保险工作先进集体荣誉称号。今日本版刊登的消息也显示，河南驻马店市民政局表彰了一批2015年开展行业协会行业自律与诚信，以及民办非企业单位塑造品牌与服务社会创建活动先进单位，驻马店市保险行业协会榜上有名，获评2015年度行业自律与诚信先进单位。

应该看到，在全国层面对保险行业协会的表彰越来越多，并不是一隅一地的个案，这背后与整个行业快速发展、水涨船高分不开。

首先，保险行业在地方的影响力越来越大。随着"新国十条"的出台，以及各省市对"新国十条"实施意见的发布和践行，保险行业与各级政府的联系越来越紧密，政府也越来越重视保险的功能和作用。同时，保险业深度参与经济社会发展，在国计民生的方方面面都发挥了重要的作用，以自强的精神，让地方政府和大众都感受到了保险的影响力在扩大。在未来，保险业对地方的影响力将进一步升级。"新国十条"提出，到2020年，保险深度（保费收入/国内生产总值）达到5%，保险密度（保费收入/总人口）达到3 500元/人。保险的社会"稳定器"和经济"助推器"作用得到有效发挥。

其次，保险行业形象向好，保险业走上了规范发展之路。随着近年来对保险销售误导、理赔难等行业顽疾的治理，保险行业在业务领域正在变得"守规矩"；而监管部门对保险消费者权益保护的重视，以及行业诉讼调解机制的建设，让消费者投诉得其门而入，能够得到快速有效处理。此外，地方保险业也承担了普及保险知识、提高大众

细
节
看
保
险

对保险认识的任务，包括进学校、进农村、进机关等举措，慢慢都在酝酿出效果。

最后，保险行业协会也正在寻找自己的发展之路。近年来，关于行业协会与行政机关脱钩的思路正在明确，而保险行业协会也面临这样的形势。2月，国家发展改革委政研室副主任、新闻发言人赵辰昕在发布会上介绍，2016年将扩大全国性行业协会商会脱钩试点。随着国务院简政放权部署的进一步加快，我国近7万家行业协会商会将与其主办、主管、联系、挂靠的各级行政机关脱钩。脱钩以后，如何找到正确的发展道路？从这些获奖协会身上，不难看到一些端倪。

例如，四川省保险行业协会坚持"自律、维权、协调、交流、宣传"五大职能，履职尽责，勇于担当，在净化行业发展环境、维护会员单位和保险消费者合法权益、推动保险服务惠泽民生、扶贫济困公益爱心行动、构建行业大宣传格局、唱响四川保险业好声音等方面谋篇布局。

再如，2015年，朝阳市政策性农业保险工作在市委、市政府的正确领导下，在市保险行业协会、保险公司和广大干部群众的共同努力下，不断创新政府救灾方式，积极发挥保险功能，面对特大旱灾侵害，保险行业协会充分发挥职能作用，在全市抗灾救灾、稳定农业生产、保护农民收入等方面发挥了重要作用。

行业协会要发展好，不仅要得到保险机构的认同，也要得到各级政府的认同，更要得到保险消费者的认同。这对协会的工作提出了更高的要求，同时，也让协会肩负了更重的责任。

|2016 年 2 月 24 日，《中国保险报》|

寻找共同的底线

在公益慈善领域发生过的一些热点事件，至今回忆起来，我们仍然记忆犹新。

例如，郭美美事件引发的舆论风波和一系列震动慈善界的结果；例如，在大灾害中，某某名人承诺捐款，最终又不了了之，引起群情激奋，网络声讨；例如，对于公益组织的信息透明公开，以及财务运作的质疑；再例如，有的人打着治病救人的幌子，在网络上虚构故事，骗取爱心……

说到底，慈善和公益是一种道德行为，体现的是个人和社会的爱心。类此种种，我们看不到当事人在道德行为上的底线，其对于公益慈善事业的伤害是致命的。每当此时，人们都会呼唤相关法律的出台。此次《慈善法》的出台，是众望所归。其中，对于上述的不利于公益慈善发展的行为，都有涉及。

例如，对于诈捐的问题。《慈善法（草案）》第四十一条规定："捐赠人应当按照捐赠协议履行捐赠义务。捐赠人违反捐赠协议逾期未交付捐赠财产，有下列情形之一的，慈善组织和其他接受捐赠的人可以要求交付；捐赠人拒不交付的，慈善组织和其他接受捐赠的人可以依法向人民法院申请支付令或者提起诉讼。"具体情形包括捐赠人通过广播、电视、报刊、互联网等媒体公开承诺捐赠的。

出尔反尔，是人际交往中的忌讳。轻诺寡信，也是社会关系中极不稳定的因素。在大灾害中，有名望的人们既然通过媒体公开承诺了捐赠，就是一种诺，得到了公众的关注和尊敬，但是诺而不捐，损害了自己的名誉不说，也为公益慈善事业树立了坏榜样。有了法律保障，诺而不捐就是违法行为，诺而不捐现象也会得到一定的改善。

当然了，如果在诺捐之后，承诺人的经济问题的确出现了状况，如突然破产，无力支付诺捐款项，也应该得到法律和公众的谅解。

这是一种社会道德共同的底线，那就是诚信。

再例如，在个人募捐的问题上，《慈善法（草案）》也作了相当明确的规定。《慈善法（草案）》规定：不具有公开募捐资格的组织或个人开展公开募捐，将由民政部门予以警告，责令停止募捐活动；对违法募集的财产，责令退还捐赠人。

是不是不具有公开募捐资格的组织或者个人就没有办法参与到慈善事业中了呢？答案是另有他途。《慈善法（草案）》第二十八条规定，不具有公开募捐资格的组织或者个人基于慈善目的，可以与具有公开募捐资格的慈善组织合作，由该慈善组织开展公开募捐，募得款物由具有公开募捐资格的慈善组织管理。

很明显的是，《慈善法（草案）》引导个人跟有公开募捐资格的慈善组织合作。根据有关人士分析，一方面可以防范个人募捐的道德风险，另一方面有利于监管。

这也是在寻求一种个人和组织、道德和监管之间的共同的底线。

类似这样的寻找共同的底线，在《慈善法（草案）》中比比皆是。就连《慈善法》本身，经过十年的求索之路，终于迎来了出台的时刻，其本身就是各部门利益博弈之后寻找到的共同的底线。

当然，很多业内人士非常明确一个观点，指望一部法律就能解决目前慈善的诸多问题，并不现实。不过我们也相信，随着法律一步步完善、相关配套法律法规出台，《慈善法》的威力与光芒必将照亮慈善事业的前路。

| 2016 年 3 月 18 日，《中国保险报》|

为她保险

两会期间，三八节摇曳而来。虽然两会期间各种事关国计民生的话题频出，但2016年的三八节话题仍然以强劲的势头脱颖而出，成为两会期间的一个热点。

放半天假，成为女性职工们喜闻乐见的小福利；座谈会、茶话会等公益活动，为三八节添了一抹温馨；就算是依然坚守在岗位的女性们，例如，两会报道的女记者，也成为各路自媒体追捧的对象；此外，最为重要的就是，各种各样的促销活动也瞄准了女性的需求。

其中，"三八节女性保险"就是比较靓丽的风景。

在三八节当天，一些互联网保险趁机推出了女性特色保险。例如，在支付宝上，国华人寿的"美厨娘关爱险"、生命人寿的"家务无忧险"、阳光保险的"美颜险"，等等，价格不高，3～19元，但却能获得300～3 000元的保障。

这些险种瞄准女性，并且有功能性的细分。燃气事故、厨房事故等在我们的日常生活中并不少见。以"美厨娘关爱险"为例，如果被保险人在烧饭过程中，因切伤手指或者烫伤等意外产生的医疗费用，保险公司最高可赔3 000元。"美颜险"则是保障被保险人因使用化妆品而过敏产生的医疗费用，最高赔付300元。

三八节女性保险的推出，和其他节日营销的思维有类似之处，但是也有不一样的特点。

一方面，这些保险产品大都是线上销售，依托互联网渠道。早在3月初，不少保险公司便陆续推出女性专属保险产品活动。如泰康在线推出的"女王季"系列活动，便是线上的产品。再如保险公司还联手第三方平台，推出"3·8"系列关爱险种，如在支付宝的保险页面上销售的多种保险产品。

另一方面，这些保险产品还根据三八节的特色，吸引男性购买保险赠送给女性，以表示爱心。蚂蚁金服的数据显示，有10%的保单为赠送，其中有65%为男性购买并赠送给女性。有意思的是，"美厨娘关爱险"于3月6日正式上线，虽然号称为"美厨娘"所保，但截至7日的投保用户中，近四成是男性用户。

当然了，在舆论评价方面，三八节的女性保险仍然存在一定瑕疵。例如，有的专家表示，"这些三八节保险也不排除有赚眼球的嫌疑。"其依据是保险的保额比较低，保险责任难以界定等。投保人即使出险，在理赔流程上也不堪其长。

也有专家认为，女性在选购保险产品时，首先应该考虑的是健康、意外等保障，然后是养老、理财等需求。不同女性，投保的侧重点有所不同，需要结合年龄、婚姻状况、经济收入等因素来选择。

像三八节这一类的节日营销，不求大而全，但愿小而美。能抓住需求，设计好专属产品，折射出保险业在供给侧改革中的努力方向。

创新总是在探索中曲折前进。对于不同观点的评价，总会对于创新有或多或少的指导意义。在"互联网+"的大趋势下，在大数据日益充实的支持下，今年的不完善，到了明年可能就会成熟。

| 2016 年 3 月 10 日，《中国保险报》|

放生的科学

放生，自古以来寄托着人们的美好愿望。入春以来，气温渐升，又到了传统的放生时节。不过，这几日，一些关于放生的新闻让人哭笑不得。

3月9日，在黄河济南段泺口浮桥处，商贩将装满鲫鱼、鲤鱼、泥鳅的货车开到黄河边，市民现场买鱼称重，再将鱼儿放生到黄河中。但是在下游，却出现了令人忍俊不禁的一幕，放生点的下游100米处，10多名村民身穿连体防水服，带着渔具站在齐腰深的黄河水中，撒网捕捞刚刚放生的鱼儿，有的还将电瓶放在充满气的旧轮胎内胆上，到河水中电鱼。

无独有偶，在中国广西梧州市西江岸边，每逢中国农历初一、十五或者星期六、星期日，都会有人在西江岸边将很多大活鱼放生。但是，放生的同时，另外一群人却等候在旁边将刚刚放生的大鱼用鱼钩、鱼兜或者渔网重新抓起来。

这边放，那边抓，一方放生未成，一方守株待兔。有的媒体深度挖掘这种现象，其实已经存在若干年了。2010年，在济南锦绣川水库，早上放生的鱼，中午就被捕捞了上来。济南市民说："他们前面放，有人后面捞，成了流水作业了。"

撇开放生鱼被当场抓获的话题，就济南的黄河放生来说，背后也隐藏着不少故事。在2016年以前，大明湖等济南景区水域本是放生的地方，2016年之所以转移到了黄河，因为多年来盲目放生活动使景区的生态链造成破坏。因此，从2016年3月开始，济南多部门共治大明湖乱放生。市渔业部门相关负责人说，大明湖以及南部山区多数水库都不适合放生，放生可选黄河。

那么，政府能否干预放生行为呢？虽然水生生物放生目前仍是法律空白，但农业部曾针对水生生物增殖放流下发规定，禁止使用外来种、杂交种、转基因种等不符合生态要求的水生物进行增殖放流。用于增殖放流的水生生物应当依法经检验检疫合格，确保健康无病害、无禁用药物残留。单位和个人自行开展规模性水生生物增殖放流活动的，应当提前15日向当地县级以上地方人民政府渔业行政主管部门报告增殖放流的种类、数量、规格、时间和地点等事项，接受监督检查。

放生这样的做法在全国多地是普遍现象。有很多地方政府、相关机构对其影响重视起来。例如，济南相关部门对此进行整治和引导，又如，西安市渔政监督管理站组织多批次渔政人员向慈善机构及有关民间团体宣传科学放生知识，并发放《科学放生水生生物手册》，以引导民众依法放生、科学放生。

对此，大部分的市民给予了正面评价。从生态环境来说，放生的养殖鱼或死或生，都会对环境生态产生不利影响；从安全角度来说，放生的部分蛇、鳄鱼龟等，也会对生态造成破坏性影响。

作为一项传统，放生应该予以充分尊重，但是并不妨碍对此进行适当的引导。

硬招与硬手

自3月21日开始，保监会《关于规范中短存续期产品有关事项的通知》（以下简称《通知》）正式实施。相关信息3月18日于保监会官方网站发布，并配发了一则较为详尽的答记者问。我们注意到，从信息公开到正式实施，中间只隔了一个周末，显示出监管部门的决绝之心。

从《通知》内容来看，监管部门对于中短存续期产品的监管手段非常凌厉，从产品定义到规模管控，再到监管措施，都有全面的规范。但即便如此，监管部门并没有否定该产品的种种优势。例如，中短存续期产品顺应需求，并具有收益稳定、透明度高、销售误导少等特点，得到了持续快速发展。这也是当前复杂的经济环境下，比较被看好的理财型保险产品之一。

凡事皆有正反面。在中短存续期产品繁荣的背后，更应洞幽烛微，查看是否存在隐患。由于各保险公司发展策略有所不同，经营管理水平也存在差异，个别公司面临资产负债不匹配、现金流不足的风险隐患。从行业现状来看，前述风险是非常明晰的，这也正是引起监管部门高度关注的原因，并因此启动了相关监管政策的修订。

防范风险是金融监管部门的重要使命。"存续期限不满1年的中短存续期产品应立即停售"，可见此次保监会是下了硬手。从另一个角度来说，守住风险底线，也是为了更好地保护保险消费者的权益。

值得一提的是，借规范中短存续期产品之机，保监会此举再次强调了保险业姓"保"的立场。"社会资本进入保险业需依法合规，不能把保险当成提款机"——这是保监会主席项俊波在两会期间对媒体作出的重要表态。对于企图利用中短存续期产品迅速做大规模的资本方，在《通知》的阻截下，其幻想可以休矣。

从更为广阔的一个层面来看，保险监管部门此次不仅仅是解燃眉之急，更重要的是谋求长远的发展。除了防范风险之外，保监会更倾向于借此推动行业转型发展，向保障靠拢。

中短存续期产品对中小险企有致命的吸引力，但是在发展中过度依赖该产品，也容易集聚风险。《通知》的发布，有利于人身保险公司不断调整和优化业务结构，进一步发展风险保障类产品，理性发展中短存续期产品，守住不发生区域性、系统性风险底线；有利于人身保险公司牢固树立风险意识，加强资本规划和管理，促进全行业进一步转型升级，增强可持续发展能力。

"不谋万世者，不足谋一时；不谋全局者，不足谋一域。"放眼长远，放眼全局，谋划经济社会发展大局，在保险供给侧用力，为社会发展和民生福祉提供高效的保险服务，才是整个保险行业百年大计。人身保险业应以此为契机，在负债端，发展长期保障型产品，在资产端，重点支持关系国计民生的基础设施、科技教育等长期项目。惟其如此，人身保险业才能保持持续健康发展的态势，才能更好地服务经济社会全局。

按图索骥

公益活动做什么，可能很多企业都有了成熟的模式，但是公益对象在哪里，喜欢公益的人在哪里，可能这些就不是那么明确了。

假如有一份慈善公益的地图，既能够找到帮扶对象，也能够找到参与公益的人，一切按图索骥，那岂非省时省力。

这样的资料也并非没有，只是比较分散，需要整合起来。

近日，在网络上流传着一份《2015年中国最穷地级市排名》，据榜单发布单位称，该排名是依据城市的人均GDP，人均GDP低于3 000美元的城市，就进入了贫困组。统计之下，新疆、宁夏、甘肃等多个西部地市入选名单中，例如，和田、定西、临夏州等。

贫困和地域有莫大的关系。无论榜单是否准确，但是大体上的指向是正确的。西部地区一直处在贫困的边缘，很多地市和沿海地市的发展不可相提并论。2016年全国两会期间，全国政协委员、南充市政协副主席朱家媛说："根据数据显示，全国贫困人口94%集中在中西部，且贫困的范围广、程度深。《国家扶贫开发工作重点县名单》所列的全国592个贫困县中，中部省份占217个，西部省份占375个。"

西部地区人们的生活水平、学生的学习环境都需要很大程度的提高，政府部门也一直在致力于此。例如，朱家媛委员建议充分发挥集中力量办大事的制度优越性，着力构建"东部、沿海经济强县＋中西部贫困县"的对口帮扶机制。与此同时，很多热衷于公益慈善的机构，也把帮扶的对象放在了西部的大范围中寻找。例如，安徽21所高校大学生织爱心围脖，捐给西部贫困山区儿童。

《2015年中国最穷地级市排名》的热度刚刚冷却下来，另一份比较重要的指数排名也出炉了。

北京师范大学中国公益研究院与深圳国际公益学院在北京发布了中国慈善进步指数，据介绍，2014年中国慈善进步指数排名前十的省市区依次是：北京、上海、江苏、浙江、广东、宁夏、山东、重庆、湖南和福建。

北京、上海、江苏获得前三名也并非偶然，具有一定的历史延续性。2012—2014年的中国慈善指数研究结果显示：北京在组织发展、贡献影响和社会参与三个方面优势突出，连续3年的慈善进步指数均排名首位；除北京外，上海、江苏、浙江、广东也连续3年稳定位居慈善进步指数前五。

可以看到，排名前五的地区，不光是在慈善进步指数上，在经济文化发展上，也都是靠前的。至2016年3月，标准排名研究院连续3年推出"中国大陆城市财力50强排行榜"。榜单显示，2016年位居前十名的城市依次为：上海、北京、深圳、天津、重庆、苏州、广州、武汉、杭州、成都。

经济的发展、文化的繁盛和慈善意识是分不开的。相比之下，在这些地区开展公益慈善活动，可能会吸引更多的人参与，募集到更多的资金，产生更大的影响。因此，在这些发达地区，聚集了主要的公益慈善机构，也囊括了主要的公益慈善活动。

这些榜单、排名信息，可能热极一时，也可能不久就淹没在信息的汪洋大海中。不过对于做公益慈善的人来说，掌握更多的类似的资料，加以整合利用，对于精准帮扶、精准扶贫是有极大裨益的。

|2016 年 4 月 1 日，《中国保险报》|

保险不是无情物

服务，是所有行业发展至关重要的命脉；服务创新，是各家企业提升竞争力的关键；保险服务创新，更是现代保险服务业的制胜法宝。

保险服务创新关系到保险业务从承保到理赔的各个链条，关系到财险、寿险、健康险等各个业务条线。保险服务的好坏直接决定了保险消费者的体验、口碑，甚至影响到经济社会的稳定和发展。可以毫不夸张地说，保险服务是保险业长期健康发展的基石。

在这样一个背景下，2016年中国保险服务创新高峰论坛隆重举办。与会嘉宾将就保险理赔、服务创新等话题展开热烈讨论，大家共同期盼着一个保险服务春天的到来。

2015年，全国保费收入2.4万亿元，同比增长20%，行业发展速度创近7年来新高；保险业为全社会提供风险保障1 718万亿元，赔款与给付8 674.1亿元，同比增长20.2%。保险业继续保持着高速增长，续写行业发展最好的时期。覆盖面在增大，保险深度和密度提升，当此同时，更要依托优质高效的保险服务，为行业发展保驾护航。

保险服务创新必须根植在扎实做好理赔服务的土壤中。理赔服务是连接保险与消费者的桥梁，只有理赔及时到位，保险消费者才能切实体验到保险的价值和意义。在《中国保险报》历次基层采访中，我们一次次感受到保险理赔带给受灾者的欣慰和惊喜。这从2015年保险业十大影响力赔案中也能得到力证。在财险方面，无论是尼泊尔地震对藏区农牧民住房造成的损失，还是威马逊台风酿成的巨灾损失，都活跃着保险业者理赔的身影。在寿险方面，一些重大赔案的及时足额赔付，对社会和行业形象产生了正面、积极的影响。

保险服务树立高远目标十分必要，目标越高，就越能激发更多潜能。保险服务创新要紧跟国家大政方针的脚步。国家需要的，就是行业要去努力的；政府提倡的，就是行业创新的风向。"创新、协调、绿色、开放、共享"五大发展理念的横空出世，为保险服务创新提供了战略性的规划；国家"十三五"规划引起热烈反响，又为保险业划出服务经济社会发展的重点领域；"新国十条"和各地实施意见陆续问世，勾画出行业发展的新蓝图……这些政策文件可以视作行业的愿景和目标。在此鞭策下，保险业恪尽职守，砥砺前行。

保险服务创新还要紧随科技的脚步。近年来，科技发展日新月异，一日千里。科技的力量不仅体现在生产中，更体现在人们日常消费中。基于互联网的各种创新产品和服务不断涌现，对生活的渗透全面化。在保险业务流程中，也依托互联网技术产生了脱胎换骨的改造。

此次入选年度案例的诸多保险服务创新中，有相当一部分项目是基于互联网而生的，并在互联网的助力下大放异彩。如平安产险的"智能移动指引理赔，专业让生活更简单"，太平洋寿险的"在你身边"移动服务，富德生命人寿的"首创E服务自助终端亮相"，新华保险的"创新打造移动互联客服节有效传递保险服务正能量"，大童保险的"大童快保打造中国金融保险从业者的最佳服务平台"等。

可以看到的是，互联网等新技术在投保、承保、理赔查勘、保全、给付等保险服务领域的广泛应用，无异于为保险业服务的创新、升级插上了腾飞的翅膀，保险业正迎来新一轮服务提升的热潮。

"落红不是无情物，化作春泥更护花。"人们常说，最好的服务是让你感受不到服务。达到这样的境界，保险业还须加油、努力！

| 2016 年 4 月 19 日,《中国保险报》|

不如归去

近日，中国社科院在京推出《中西部工业化、城镇化和农业现代化：处境与对策》一书。其中一项"中西部农民向城镇转移意愿分布"调查显示："很想"向城镇转移的农民工占11.83%，"比较想"的占21.73%，"一般"的占17.45%，"不太想"的占24.82%，"完全不想"的占24.13%，约一半农民工不想进城；另外，66.1%的农民工认为到了一定年龄就想回乡。消息发布之后，在网上引起热议。（4月26日《中国青年报》）

农民工不想留在城市，或者不想农转非，首要原因就是有一种故乡情结。

前些年，每村每镇总有若干人加入出国务工的行列。出国数年，赚够一定的钱，再回乡盖房子娶媳妇买汽车等，或者以此为养老的费用，未听闻有因为国外赚钱多而定居于彼的。一则是国外虽工资略高，但消费并不低，攒下来的钱实则是省吃俭用的结果。二则是一种浓浓的乡愁始终牵绊着去远方的人们。

中国社科院发布的调查数据显示，农民工不愿外出打工的前五位因素分别是：年纪大了（20.63%），父母子女无人照顾（18.12%），缺少技能（15.94%），农活儿离不开（10.03%），对城市不熟悉（8.93%）。

近年来，出国的人渐渐少了，但是离乡去大城市打工的人却多了起来。国家统计局数据显示，2015年，全国农民工总量27 747万人，比上年增长1.3%。其中外出农民工16 884万人，增长0.4%，大幅低于过去5%左右的水平。

在国内发达地区赚的钱并不少，而且也具备经常回家看看的条件，比出国一年回家一次要好得多。但是，务工者还是将此作为一种赚钱方式，赚到了钱依然是回乡盖房子、娶媳妇、买汽车。要让他们离开故土，进入陌生的高楼大厦生活，并非易事。《人民日报》2015年12月27日的报道显示，四川省统计局对成都、绵阳等9个城市进城务工人员进行调查，53.8%的受访者不愿将农村户口转为城镇户口。

现在很多学生也不愿意借上大学之际将户口农转非，原因就是农业户口还会有些土地分配、拆迁补偿等方面的利益，但农转非之后，却并无实实在在的好处。学生如此，农民工也一样。特别是近些年来土地流转、占地补偿等风行的背景下，很多新生代农民工对农转非并不热情。

中国社科院经济所副研究员张自然曾表示，根据调查，占总量一半左右的1.4亿人的老一代农民工（1980年前出生），不一定都愿意将农村户籍转为城市户口，一些80后以及此后出生的新生代农民工也不愿意。

　　还有另一个比较重要的因素就是，农民工进城之后，没有了房前屋后的菜地和一亩八分的口粮地，面临着处处要花钱的情况，对于社会保障能否跟上也存在一定疑虑。中国社会科学院农村经济发展研究所宏观室主任党国英此前接受采访时认为，要从户籍制度、社会保障的统一、降低房价、农村土地的产权保障、教育、就业、调整劳资关系、适当提高最低工资水平等方面来提高城市化率。

　　从目前来看，在养老方面，农民享有的新农保的层次还比较低，虽然有独生子女补贴等，但总体保障还不高；在医疗方面，新农合和城乡居民大病保险为农民提供了一定程度的保障，农民一旦进城，相关保障程度和范围、医疗条件都要相应提升。特别是对于那些异地进城的人来说，打通异地医保报销渠道，是最为紧迫之举。总不能在外地定居，看病要回老家？

　　这些桎梏不打碎、不解决，会对农民进城产生直接的阻碍。

|2016 年 4 月 27 日，《中国保险报》|

逻辑不可逆

　　近日，据新华社报道，杭州市经营两年的"大熊猫"旧衣物回收"慈善"项目，竟成企业敛财工具，被指存在欺诈嫌疑。该企业借

"公益"之名谋利，其通过民政渠道捐赠的衣物仅占回收衣物一成，其他回收的衣物却被企业倒卖。

此事一经曝光，舆论哗然。政府部门对此态度十分鲜明。民政部门相关负责人表示，回收项目就是回收项目，企业愿意捐赠一部分收益给慈善机构，我们当然欢迎，但不应该打着公益的旗号，误导群众。学界对此也持有否定态度。中国社会工作学会副会长、复旦大学社会工作学系教授顾东辉说："免费把旧衣物回收进来，本来用的就是社会资源，还'掐了大头捐零头'，这就与公益慈善背道而驰了。"对于参与该企业公益的大众来说，反感的情绪更高。一位女士表示，"我们作为捐赠者，是有知情同意权的，感觉自己的善心被利用了。"

公益的归公益，经营的归经营。两者并不能混为一谈。

打着公益的旗号，做着谋私利的勾当，就是一种违法的行为。在2016年的两会上，酝酿十年的《慈善法》终获通过，慈善公益活动从此有法可依。该法第四条明确规定，开展慈善活动应当遵循非营利原则，因此经营性的企业应该严格区分经营性活动和公益性活动的界限。在《慈善法》已经颁布的背景下，"大熊猫"这样的事，可以看作一个典型性事件，应该给予足够的重视。

很多企业在做公益的过程中，将公益和经营混为一谈，甚至有的故意混淆两者的边界。这其实是弄混了两者的逻辑。放眼世界范围内，做公益慈善的企业家为数不少，有名望的也不鲜见，如钢铁大王卡内基。

20世纪初，年老的卡内基已经成为当世最富有的人。从一个穷小子到世界首富，他在商业帝国中的各种较量和手段，塑造了一个冷血、孤独的形象。但是人到老年，他坐在首富的位置上，开始思索生命的意义。有一天，他忽然意识到，是上帝派他来赚那么多钱，有生之年，他要把财富还给上帝的子民们。于是卡内基把余生都投入到慈善事业中，他捐赠的博物馆和图书馆在美国随处可见。

卡内基是一个商人，他的大半生在商业帝国中斗争，而后却又全情投入慈善，他是在用商业的利润来体现慈善的价值。这种逻辑是慈善事业的道。

相反，如果用慈善的名义，来做经营的勾当，从而使慈善成为企业获取利润的工具，这违背了基本的慈善逻辑，背离了慈善背后的道。

应该说，发生"大熊猫"这样的事并不是普遍现象，但是也绝对不是个案。在《慈善法》已经颁布的背景下，要将监管的漏洞补牢，将法律实施落地，将不合法规的假慈善行为纳入监管和监督体系，将事后处罚前移到事前、事中的管理。

| 2016 年 4 月 28 日，《中国保险报》|

苟且与远方

"上下四方曰宇，古往今来曰宙"。

科技发展至今天，宇宙是什么，是如何形成的，诸多流派的物理学家们仍然在面红耳赤的争论之中。虽然仍无定论，各种质疑也层出不穷，但是大爆炸理论还是保持着比较高的支持率。对此，部分国人应该是有一定了解的。

但是2016年以来发生的一件事，却让国人在科普方面的认知露了馅儿。

2016年2月11日，美国科学家宣布，他们探测到引力波的存在。引力波是爱因斯坦广义相对论实验验证中最后一块缺失的"拼图"。美国亚利桑那州立大学物理学家劳伦斯·克劳斯曾对记者说，引力波的发现"可以跻身过去25年最重要的宇宙学发现之列"，有望获得诺贝尔奖。这个发现引爆了全球的舆论，让引力波重新回到人们的视野，与此同时，在国内也酝酿出一出闹剧。

天津卫视《非你莫属》栏目一段五年前的视频又被挖了出来，一位只有初中学历的"民间科学家"自称诺贝尔哥，他提到了引力波，这导致在座的方舟子等人群起而嘲之。网友在其后评论称，"他们都欠他一个道歉"。这段视频和相关的文字在微信朋友圈中广泛传播，很多人认为中国民间奇人早就发现了引力波，但是怀才不遇，遇人不淑。

该事件随即被证实为炒作和推动，不足为信，舆论才平息下去。但是此事件的背后，的确说明了很多人对于科学知识的离奇匮乏。只要对引力波稍有了解，就自然而然明白"5年前节目中他首提引力波"的说法站不住脚，这是爱因斯坦的猜测，连《三体》中都提到过，科学名词而已。

人们对于宇宙科普认知的匮乏，细细分析起来，有错综复杂的原因，有中国发展阶段的关系，有经济环境的影响，有人口与竞争的元素，有集体价值观走向的偏离等。但是无论如何，这一块的缺陷是需要弥补的，而且需要从孩子入手，从小培养孩子的眼界和视野，认识宇宙，独立思考，而不是人云亦云。

另一个事件也让我们看到了人们对于宇宙科普的短暂热情。2016年4月，被誉为继爱因斯坦之后最杰出的理论物理学家斯蒂芬·威廉·霍金开通了微博，与中国网友互动，他发出第一条微博后的一个小时内，粉丝数已经突破30万人，完胜诸多网红。

匮乏与热情，这给科普类的公益活动提供了发挥的空间。

当然现在也常常有一些有关科普的公益活动。例如，最近一家航空公司为60名学生奉献了长达3个半小时的航空科普课，在普及航空知识的同时，还加入了精彩互动和制作体验等内容，极大激发了孩子们对航空的兴趣。再如，有的公司借助VR／AR的热潮，开展了面向少儿的"起跑太阳系，让孩子爱上科学"的活动等。从立意上来看，这些活动值得提倡，但是从内容来看，偏向于为公司自身产品服务，靠在科普上卖产品，严格来说，还是算不上真正的公益科普，只能算是科普营销。

与其他的公益活动相比，科普类的公益活动从数量和规模上，都难以相提并论，如敬老活动、妇女节活动、扶贫活动、改善环境活动等。并非说上述种种活动不重要，而是应该将科普公益活动提到和此类活动并重的位置。人们需要关心人类的生活环境，需要保持对弱者的悲悯的关怀，但也应该保持一颗好奇的心。这类公益活动不是针对一隅一地的帮扶，不是针对某一群体的救助，但却是对一个国家未来的启迪和推动。

有意思的是，在2015年一颗小行星被命名为"母亲水窖星"。"母亲水窖星"就是中国的一个公益项目。当时国外有公司发贺电，祝愿"母亲水窖"项目继续成为慈善事业的典范。"母亲水窖星"成为浩瀚宇宙中最善良的爱心之星。

公益既然进入了宇宙，那么宇宙也应该进入公益。

毕竟，生活不止有眼前的苟且，还应该有诗和远方。远方的远方，就是宇宙。

健康讲座不"健康"

近年来，保健品"忽悠"式营销不断升级，炒作高科技概念，部分消费者对此偏听偏信。特别是一些针对老年人开展的免费"健康讲座"不断增多，这些讲座实际上就是给老年人"洗脑"。保健品的营销策略也从"广而告之"，升级为专门针对老年人的精准"忽悠"（5月11日《新快报》）。

保健品行业的暴利已经是公开的秘密，其暴利靠的是营销，而不是技术和质量。按照国家规定，保健食品的科研经费应占其利润的3%～5%，但很多保健食品企业在科研上的投入不及利润的1%。保健品行业利润可达100%～200%，这已成为行业内部公开的秘密。很多厂家自己不研发，而是采取买断经销权或外购产品的办法经营保健品，导致各路厂家更加陷入炒作式营销大战。

在各种各样所谓营销策略中，针对老年人开展的健康讲座，的确起到了很强的迷惑性。这些节目或者包装出一个健康专家，或者邀请一位中医世家传人，表面上谈的都是健康养生的观点、知识，甚至还包装上中国古典的文化，但细细琢磨，其所涉内容很浅不说，还经常会有意无意地往推销的产品上引导。

更为人们所诟病的是，这些健康讲座节目不仅循环播放，进行洗脑式推销，而且还专门选在白天的时段播出。那时候，对保健品有所了解的年轻人都上班去了，家里只有不明就里的老年人。加之老年人对于健康和生命的珍惜，以及病急乱求医的心理作祟，不免就会着了道了。

有很多朋友都有这样的经历。老人在电视上看到讲座后，哭着喊着要去买推销的保健品，说能治疗百病，深信不疑。子女了解后，发现这是保健品，费尽口舌告诉老人保健品不能治病的真相，却并没有什么用。老人依然会坚持去买，子女再阻拦就说子女不孝了。所以很多年轻人也就听之任之。

老年人重视健康是好事，喜欢听听健康讲座也不是坏事。但是如果在这个过程中，老年人不知不觉地进入陷阱中，花了冤枉钱，却没有得到期望的疗效，不免会受到二次伤害。不过，从另一个角度来说，老年人既然喜欢健康讲座，为何不为老年人真真正正地提供一些纯粹的、没有功利性的、导向正确的健康讲座呢？

保健品行业做健康讲座，实际上是越俎代庖，毕竟根据《食品安全法》规定，保健品是食品而非药品。要是保健品行业开辟饮食类的讲座，还算在专业之内。那么，健康类的讲座应该由哪些专业机构来进行现身说法，以正视听呢？

我们可以想到的就有很多，比如近年来如火如荼的养老产业、医疗行业、健康保险公司等。这些行业，要么与老年人生活健康息息相关，要么在疾病治疗中拥有权威话语权，要么就在健康管理上耕耘多年，深知风险。这些行业，都有条件给老年人实实在在地讲讲健康。

我们的身体需要健康，但是健康讲座应该更"健康"。

| 2016 年 5 月 12 日，《中国保险报》|

楚门的世界

楚门是一名善良且热爱生活的保险经纪人，他居住在一个仿似世外桃源般的小岛上，过着悠闲的生活。

有一天，他忽然发现，自己的生活中存在很多的疑点，例如，死去的父亲又莫名复活了，自己暗恋的女神频频向自己暗示着什么，周围的人们似乎每天都在演戏……在多次的试探和调查后，他才知道，原来自己的生活就是一场人为安排的戏剧。

他的成长、生活、工作、悲欢、好恶、习惯，一切的一切都被拍摄成了电视剧，成为全世界最真实的真人秀节目，世界上的人们都将他当作大明星，除了他自己。他在生活和工作中选择的食品、道具，都是著名广告品牌的产品，这都是隐形的产品植入，他自己却浑然不知。

发现了真相的楚门，随即在痛苦中坚决地寻求自由之路，这是电影《楚门的世界》的梗概。

就电影本身来说，已经可以跻身伟大之列，其思想和构思，丝毫不输给《肖申克的救赎》、《辛德勒名单》等振聋发聩的殿堂级影视作品。而从另一角度来看，这部电影极其自然地演绎了场景营销的概念。

不仅仅是各种日常用品的植入，楚门本身也成为影视剧本身最为震撼的场景营销。

场景营销并非一种新鲜事物，其实早已融入我们日常生活中的方方面面。只要仔细观察，就会发现周围充斥着各种各样的场景营销。

人们生活在现实生活中，各种商品是人们生活中的需要。结合人们的生活开始的营销，就是现实生活里的场景营销。比如，在超市里，每一种商品都配有各种场景，雅致的模特穿上了精美的衣服，超市的厨房正在出炉各种香喷喷的食品，这些都与周围的事物有千丝万缕的联系。这样的场景设置帮助顾客寻求完整的内心世界，也激发了顾客对相关商品的兴趣与欲望。又例如，在近些年备受争议的房地产市场营销中，样板房展示是最为重要的环节，激发了购房者对于未来居家中与家人幸福生活的想象，有利于房产的销售。

到了互联网时代，借助新的信息传播渠道，场景营销之所指为之一变。一般认为，互联网时代的场景营销是基于网民的上网行为始终处在输入场景、搜索场景和浏览场景这三大场景之一的一种新营销理念。浏览器和搜索引擎则广泛服务于资料搜集、信息获取和网络娱乐、网购等大部分网民网络行为。针对这三种场景，以充分尊重用户网络体验为先，围绕网民输入信息、搜索信息、获得信息的行为路径和上网场景，构建了以"兴趣引导+海量曝光+入口营销"为线索的网络营销新模式。

在这种模式下，体现出一种精准的思维。用户在"感兴趣、需要和寻找时"，企业的营销推广信息才会出现，充分结合了用户的需求和目的，是一种充分满足推广企业"海量+精准"需求的营销方式。

随着移动互联网技术的爆发，场景营销再次飞跃，结合新的渠道和载体，成为全新的事物。

移动场景营销按营销是否与现实结合，可分为与现实结合的移动场景营销和不与现实结合的、纯在移动互联网内的移动场景营销。在手机上，除了与生活场景结合以外，可以做纯在移动互联网内的移动场景营销。移动互联网内的移动场景营销是与PC场景营销相对应的一个概念，目前其突出的两大表现是社会化营销和移动精准广告。前者利用用户社交关系的场景来传播广告信息；后者通过数据理解用户特征场景来进行广告触达。

区块链、UBI等新名词，随着互联网技术的进步，成为年轻一代保险从业人员口头探讨的话题。在一些机构发布的互联网保险发展报告中，也会以专门的章节来介绍这些技术的发展和进步。

不少有影响力的业内人士也频频在公开场合谈及保险的场景营销。

人保财险执行副总裁王和在第九届亚洲保险论坛上指出，在互联网保险的发展过程中，从产品创新的视角看，有两个产品"可圈可点"。一是"退货运费险"，它迎合了互联网经济"场景营销"的需要，同时构建了与传统经营管理模式不同的"体外循环"模式，特别是基于大数据的动态和实时"自定价系统"。二是"航班延误险"，这个产品是利用互联网技术，实现"碎片化"经营的典范。

中华财险董事长罗海平在参加2015中国保险营销峰会时表示，未来，营销模式将会更加注重深度营销，不断挖掘客户价值，增强客户黏性，提升客户忠诚度，实现一个客户、多个产品、综合服务。场景营销将成为未来的发展方向，微信、APP、UBI等移动互联技术创建了全新的工作和生活场景，从而使商业模式发生转型或重构。

慧择保险网副总经理蒋力也曾公开表示，场景化是做互联网保险的公司普遍强调的一点，其基于医疗、出行、购物、旅游、生活等全方位的场景设计保险。比如，人们在订外卖的时候都不希望等太久，将午餐等成下午茶，保险公司就可以和百度外卖等外卖商家合作推出外卖险，在外卖延迟时给予一定的赔付。

有业内人士将场景和流量解读为"互联网＋保险"主战场，并以众安保险为例进行阐释。众安保险的快速发展，得益于其在无竞争对手的状态下长达两年的独自成长，更在于其依托了淘宝的巨大流量和电商包邮特殊场景。

回到上述的电影中，楚门作为一个人格健全的人是成功的，但是作为一个保险经纪人则显得并不是那么优秀。他无形中利用场景营销塑造了很多世界级的品牌，却在熟人充斥的小岛上，没有应用任何场景营销的手段来引起人们的购买欲望。

在大数据背景下，通过对用户网络消费的数额、职业、学历、搜索关键词、购物习惯、浏览记录和兴趣爱好等数据的分析，可在保险产品销售中实现需求定向、偏好定向，真正做到精准化、个性化营销。通过大数据能够将若干不相关的场景结合在一起，并在某个场景上面形成一个闭环，从而得到更确切的用户数据和需求。

从具体的产品来分析，节日营销中的很多产品闪烁出场景营销的影子。例如，与情人节相关，不少保险公司陆续推出保障爱情的恋爱保险，包括长安责任、中国人寿、太平财险、安心保险等。安心保险承诺，购买保险3～10年内与保单里所填写对象登记结婚，就可领取南非钻石，将意外险场景化。

猴年春节期间，除了春晚联手支付宝一起"咻一咻"之外，让人们印象深刻的不少新产品不仅保费便宜，而且保障内容极具针对性，实用性更强。例如，中国人保推出"务工人员返乡险"。该公司相关人士解释，该公司在设计产品的过程中，将产品价值和作用充分融入在外务工人员的返乡场景中，使这款产品一开始就与用户不缺乏默契度。

2015年面市的"保骉车险"也在加快保险与场景的深度嵌合。据悉，保骉车险已正式入驻支付宝，并结合场景特点进行了一次玩法创新设计，即余额宝用户可以选择通过保骉车险将原需支付车险保费的资金冻结在余额宝里，这样就可以同时兼具车险服务和额外资金增值收益的功能。

此外，网络在售的若干家财险、航延险、意外险，都体现出了对用户场景化体验的重视。

业内人士认为，移动互联网时代的场景营销，不仅能够帮助企业精准地找到目标人群，实现滴灌式营销，还可以提升营销的成功率和整体服务水平。

楚门已经走出了桎梏的世界，走向何方，世界一起在关注。

|2016 年 5 月 12 日,《中国保险报》|

讨薪的援手

行走在城市的大街小巷，经常会看到在未竣工的建筑工地旁边，会有一群满身灰尘的农民工聚在一起吃着简单的午饭，或者三三两两地休息。他们离乡背井、风餐露宿，他们远路风尘，只是为了挣够一家老小的花销。

对于从事建筑的农民工来说，住宿简易并不怕，吃的粗粝也不怕，怕就怕临到工程结束，老板跑路，或者讨不到薪水，一年白干不说，一家老小吃喝也成问题。但怕什么来什么，近年来，欠薪事件屡有发生，讨薪事件也屡见不鲜。

4月末，河南省郑州市人大常委会审议《郑州市建筑市场条例（草案）》。草案规定，建设工程当事人不得"采取爬楼、爬塔吊、切断水电、冲击施工现场等方式，妨碍正常施工现场管理、办公秩序"。此举颇具争议。

对此，《人民日报》刊发了一则评论。文章表示：这一方面是由于部分农民工法律观念淡薄，缺乏通过法律途径解决工程款和劳动报酬纠纷的意识；另一方面，也和相关政府部门缺乏主动作为有关。如果有人对农民工讨薪的事一管到底，谁还去爬楼、爬塔吊？

通过了解，可以看到，现在很多部门也都在为农民工讨薪出力。如人社部开辟了投诉通道，接到欠薪案件后，会先多方做工作，调解未成，再将案件移交到公安部门。在公安部门的周旋下，部分欠薪案件也会得到解决。另外，在司法渠道，很多法院也接手类似的案件，通过调解的手段，来促成欠薪事件的解决。

细节看保险

这其中涌现了一些先进的人物事迹。如广西南宁市江南区劳动保障监察大队大队长陈美杏，因为常年帮助农民工讨薪，被众多天南海北的农民工亲切称为"讨薪大姐"。陈美杏从2015年11月到2016年3月，协调的工程款约2亿多元，其中大部分是农民工翘首以盼的工资。有一句话她说得非常感人："不管怎样，都不能让农民工流汗又流泪。"

可以看到，农民工的工资问题引起了社会各方的关注和努力。而作为一个保障机制，保险也适时切入进来。

近日，国内有保险公司推出了"建筑业企业人工工资支付保证保险"，并为一家建筑企业提供了期限为3年、额度高达120万元的人工工资保证金保障。根据保险责任，投保的建筑企业在《建设工程施工合同》履约过程中发生人工工资纠纷，由社保部门或住建部门调解后，仍无法支付人工工资的，负责调解单位可向保险人要求启动保险合同，保险人按所承保保证金额度约定支付相应保险金。

对于投保企业来说，这样的保险是有吸引力的。其中最主要的是通过投保工程综合险，可以以低成本获得担保，释放银行授信额度，盘活更多资金。而"建筑业企业人工工资支付保证保险"就是综合险中的一个支流。

目前在工程建设领域，建筑业企业需缴纳的保证金种类繁多。为促进建筑企业规避风险、减轻负担，2015年以来，有国内险企与地方政府合作探索了建设工程综合保险试点。除了人工工资支付保证保险外，试点项目还包含工程投标保证保险、建设合同履约保证保险、业主合同款支付保证保险和建设工程质量保证保险等险种。

每一例农民工讨薪事件都会在社会上引发高度关注，弱势群体的权益保障必须引起重视。这也是在城镇化过程中必须要解决好的问题之一。保险机制的参与，将与社会保障部门、司法部门、公安部门以及其他的社会公益组织共同组成一个强大的后盾，为拖欠农民工薪水的问题提供更多解决渠道。

|2016 年 5 月 18 日，《中国保险报》|

回家的路

我有个同学在山东某报做记者。前些日子，他朋友圈中发布了一条让人揪心的消息，一个4岁的孩子在自家楼前玩耍时被人带走。发现孩子丢了后，家人和亲戚朋友都在着急寻找，无果。

与此同时，经媒体报道后，全城爱心联动，众多市民主动加入了寻找孩子的队伍。很多人直接来到孩子家中，表达关心和慰问。无数个慰问或者提供线索的电话，打向这个原本安静的院落。300多名爱心人士自发组成志愿者团队，义务帮找孩子。

数日后，孩子找到了，但已经失去生机。悲惨的结局让人唏嘘，却并不是个案。失踪的孩子，如果不及时找到，后果不堪设想。可以看到，在这起事件中，很多人自发参与了进来，但是有没有一个更大的平台、更快速的信息发布机制，让寻找孩子的线索更多、人群更广、概率更大？

在国外，这样的平台已经运行多年，其中不得不提及的就是"亚当警报"。1981年7月27日，美国佛罗里达州，6岁的亚当·沃尔什被一个名叫图勒的连环杀手用糖果和玩具诱拐。两周后，亚当的头颅被渔民在200公里外的河渠里发现。亚当之死，触痛了美国人的神经。亚当的父亲痛苦地质问："一个可以发射航天飞机的国家，为何竟没有一个失踪儿童信息登记系统和全国搜寻系统？"

《失踪儿童援助法案》随后通过，该法案呼吁，在全美范围内建立一条失踪儿童免费报警热线，以及全美失踪儿童的信息汇总和甄别中心。1984年，"全国失踪和受剥削儿童保护中心"（NCMEC）成立，全美50个州的失踪儿童信息都可以在全国范围内联网查询。该中心自成立以来，已在协助执法部门处理的19.5万件未成年人失踪案例中，成功找回18.3万名失踪未成年人。

另一件对美国失踪儿童问题解决方案产生巨大影响的，是"安珀警戒"系统的上线。1996年1月13日，美国得克萨斯州阿灵顿市，9岁女孩安珀·哈格曼在家附近汽车内，被一名男子强行带走。4天后，安珀的尸体在几公里外的一条小溪边被发现。许多民众提出疑问：孩子失踪后，警方为何不在第一时间与媒体联动，像发布飓风警报那样，发布失踪儿童警报呢？

受这一理念启发，一个接驳美国紧急警报系统，通过电台、电视台、电子邮件、交通提示、短信等多种渠道，向全国发布失踪儿童信息的庞大系统——"安珀警戒"上线了。一旦有儿童失踪，经过警方认定，就可利用美国"紧急警报系统"（EAS），通过广播、电视、电子路牌、手机推送、社交网站等途径，发布信息。

现在，让人感到欣慰和鼓舞的是，国内这样的平台也建立起来了。

近日，公安部儿童失踪信息紧急发布平台正式上线。微博名为"@公安部儿童失踪信息紧急发布平台"的官方微博发出倡议书，号召广大媒体积极参与打拐反拐工作，以期利用更加高效的方式快速侦破拐卖案件，让失踪儿童家庭早日团圆。

"公安部儿童失踪信息紧急发布平台"微博5月11日开通以来，粉

细节看保险

丝已经超过10万人。该平台5月13日发布了一条彝族女孩被拐的信息，在公安部刑侦局打拐办的统一指挥下，河北、河南两省公安机关的通力协作下，女孩已被安全解救。

平台的效力初步显现。今后，希望在这样平台的支持下，在越来越多的热心参与者的合作下，每一个失踪儿童都能够尽快回家。当然，严厉打击拐骗行为，加强父母的警惕性，防止孩子丢失，同样非常的重要。

| 2016 年 5 月 26 日，《中国保险报》|

儿童节谁来陪

随着生活和工作节奏的加快，老人或者子女的陪伴，往往也成为一种奢侈。近年来，对于陪伴父母多一点的呼吁越来越多，同时，对陪伴子女的呼声也日渐高涨。

无论如何煽情，结论就是一个，给子女更多的陪伴，是非常有必要的。2016年六一之前，河北省教育厅对万余名小学生进行了调查，发现40%的学生缺少"亲子陪伴"。5月30日上午，河北省家庭教育工作提升专项行动"六一圆梦红包"启动仪式举行。300多位小学生家长代表面对自己的孩子郑重签名承诺，"每天至少有效陪伴你30分钟"，"不拿你和别人比较"。这些也是河北小学生家长公约里的内容。这份公约是为期一年的"履约考勤表",裁判则是孩子。

家长都用心去陪伴子女,但有时也囿于现实条件不能实现。根据媒体报道,江苏常州多家幼儿园家长群里,发布了一份关于儿童节的问卷调查,每年的儿童节有近七成的父母陪伴孩子一起度过,而2016年的儿童节因为是工作日,也有超过七成的父母,请假也要和孩子一起过节。

2015年,国家卫计委发布的《中国家庭发展报告(2015年)》指出,父亲在教育儿童过程中缺位。这些数据说明,父亲们忙碌于工作和应酬,一些父亲在亲子教育上花的时间和精力太少,在情感、陪伴、沟通、亲密、问题解决等方面都不能满足孩子的需求。由此引发了诸多问题:孩子不自信,男孩伪娘化,女孩男性化等。

请假陪伴过节自然可以,但是并不能成为常态。事实上,儿童需要父母陪伴是最基础的、核心的,他们同时还需要更多的福利、保障的陪伴。

首先是安全保障。就在2016年六一前夕,发生了一件令人痛心的事。5月31日上午8时许,武汉新洲区徐古街一幼儿园在举办汇报演出时,房屋护栏倒塌致一名5岁女童死亡,多人受伤。新洲区教育局一位工作人员说,该幼儿园为民办幼儿园,事发前,曾因存在多种问题被下达整改通知。无论后期的处罚如何严厉,对人们造成的伤害已然不可泯灭。儿童日常的食品、人身安全,不能等待出事之后,再按照安全事故来处理,而要真真切切提到预防的层面。

其次是福利保障。对于儿童的福利,更多的是关注弱势群体的儿童,比如贫困、疾病等。中国儿童福利周(2016)系列活动在联合国儿童基金会中国办事处启动。在启动仪式上发布的报告中指出,2015年6月以来,我国儿童福利取得了多方面重大进展,尤其在对留守、重病、残疾、贫困等困境儿童的救助保护和津贴保障方面进展突出。

2015年，我国人均GDP已达8 000美元，有10个省市区超过1万美元，但是我国儿童福利制度仍滞后于经济社会发展，迫切需要加快建立与我国经济社会发展水平相适应的保护型现代儿童福利体系。特别是，我国儿童医疗资源严重不足，据测算，我国每1万名0～14岁儿童平均仅享有5个儿科医生，2010—2014年我国儿科医生总量不但没有增长，反而减少了约0.3万人。

最后是保险保障。我们看到，在六一儿童节之际，很多机构开展了相关的公益活动，包括很多保险公司也积极参与。例如，到SOS儿童村看望慰问，赠送若干小礼品，等等。再如，相关机构也通过保险的手段，为儿童们提供保险保障。近日，由中国儿童少年基金会在民政部支持下启动的"孤儿保障大行动"，再次为河南、青海、内蒙古、北京、天津五省市区的6万多名孤儿赠送儿童重大疾病公益保险。如果受捐孤儿在保障期限内不幸罹患恶性肿瘤、肾衰竭、重大器官移植等12种儿童常发重大疾病，将一次性获得10万元的理赔。

为人父母者，必须尽职尽责。但是让儿童快乐健康成长，也是整个社会的责任。陪伴儿童的，除了父母之外，应该还有更多更多。

给粽子加一道保险绳

临近端午节，在各大商场、街头小巷随处皆有粽子出售，有大名鼎鼎的驰名品牌，也有手工作坊现场制作，也不乏各种糯米、粽叶等材料，以备人们自己动手一展手艺。卖者固然济济，买者也众多。端午虽然未至，但是粽子已然下肚。

近年来食品安全问题频发，人们在购买粽子之时，也不免会想一想。这个品牌是否知名？路边小店的粽子看起来尚可，卫生能否达标？粽子口味如何，馅料佳否，倘若不合胃口，买多了放久了是否会坏肚子？这种算盘一打，在品牌选择、购买场所、购买数量等决策上，不免会偏向有安全感的大品牌。

国家食药监局近期对粽子进行专项抽检发现，当前粽子的样品检验合格率为98%。但同时，国家食药监局提醒消费者，在选购、贮存和食用粽子时，应当注意食品安全问题。这次国家食药监局组织抽检粽子总共302批次，不合格样品为6批次。这些不合格产品中发现的主要问题是商业无菌不达标，以及超范围使用甜味剂，即安赛蜜和糖精钠。

对此，国家食药监局提醒消费者，在选购、贮存和食用粽子时，要通过正规可靠渠道购买并保存相应购物凭证，不要购买无厂名、厂址、生产日期和保质期的产品。

现在在挑选粽子环节，不仅要注意品牌、厂名、厂址、生产日期和保质期，也还要重视一下安全保障举措。例如，现在某些在售的粽子包装盒上，还赫然印着某某保险公司承保的字样，这为消费者吃粽子增加了一粒定心丸。

事实上，粽子保险已经推出有年。

在互联网的推动下，2013年夏秋之际，以"赏月险"、"熊孩子保险"为代表的个性化保险产品相继涌入保险市场。保险产品的想象力之争并没有随着赏月险理赔的结束而终止，当年12月，平安产险又宣布在平安夜当天发售一款"怀孕保险"，这又在消费者群体中引发了广泛讨论。

个性化保险产品的推出，就是要在合适的时间、合适的地点把合适的保险卖给合适的人。这个观点，已经在移动互联网时代成为一种共识。丁克一生无子女，何需"熊孩子保险"？从来不看月亮的人，自然也对赏月险无感。有业内人士认为，只要有足够的数据支持，可以推出任何产品，包括粽子保险。

2013年，在海南就有食品公司为生产的粽子购买了食品安全责任保险。该公司在人保财险为粽子投保，买了食品责任保险可以保障企业生产的食品在疏忽或过失致使消费者食物中毒等人身损害或财产损失，发生时获得保险公司的赔偿。该公司对外表示，为粽子买保险，就是要确保粽子质量，不会因此提升粽子价格。

2015年，浙江也出现了为粽子投保的食品生产企业。该企业也与人保财险合作，为粽子投下了食品安全责任保险，保额为150万元，每次事故每人人身伤亡责任限额10万元，以保障疏忽或过失致使消费者食物中毒等人身损害或财产损失情况发生时获得赔偿。

并不是说，有了保险的粽子就万无一失，保险的参与，是为了预防出了食品事故之后，没有人管，没有人赔，各方互相扯皮的问题。

对于消费者来说，选择有保险的粽子，只是多了一层保障而已，并不能保障粽子的质量；对于厂家来说，投保了食品责任保险，不是为了找保险公司背书，而是多一道监督，督促各条生产线安全规范操作，生产出更好的食品，如此而已。

|2016 年 6 月 7 日，《中国保险报》|

说俭

节俭，说着容易，做到难。

近日，在微信群中流转着一个小视频。在一个狭小的饺子馆中，一中年男子坐下拿起菜单准备点餐，正在此时，对面坐着的客人吃完起身走了，而桌子上留下了一盘尚未吃完的饺子。这个中年男子见状，不慌不忙地放下菜单，在碟子中倒了点醋，旁若无人地将盘中的剩饺子吃了起来。饭馆的老板和食客惊诧地看着这一幕。旋即，饺子吃完，此人走到前台，付了一份饺子的钱，转身走了。

视频很短，却非常有教育意义。现在餐馆中无一不张贴着节约食物等标语，但是剩饭剩菜者并不少见；洗手间等用水之处也都有节约用水的提示，但多用的现象仍在；至于节能的提示在各种场景中也都存在，并非人人能够做到。视频中的这位中年人，不仅做到了节约，还不怕别人奇怪的目光，来帮助别人节约食物，的确难能可贵。这是特殊情况，在别的情况下，是否能够帮忙，就难说了。所以，节俭一事，还是要从自己做起。

节俭，自古以来都是为人处世的重点。例如，"由俭入奢易，由奢入俭难"，司马光的这句话告诉人们要保持节约的习惯，一旦放弃，就很难找回节约的生活。"惟俭可以助廉，惟恕可以成德"，《宋史》的这句话也在阐释节俭和廉洁的关系。"取之有度，用之有节，则常足"，《资治通鉴》的这句话，则告诉人们生活的态度。"静以修身，俭以养德"，诸葛亮的这句名言，更是传诵千古。

虽然，古人的一些劝诫之言，更多的是将节俭放在个人修养的层次，以成就自己为出发点。而实际上，有的人不仅通过节俭成就了自己，还惠及了别人。节俭可为别人树立节约的榜样，节俭下来的财务又能惠及别人。

最近媒体上报道，在浙江温州，刘荷兰一家坚持公益30多年，免费向社会各界贫苦苦难人群赠送眼镜达3万多副，各类捐赠金额累计达600多万元，资助人数达5万多人。这么多年，他们没有给自己买过任何奢侈品，全家人都省吃俭用。最近，他们一家被评为"全国五好家庭"。

类似这样的事迹不多，不然也上不了新闻，但是要寻找，也并非无偶。

山东媒体曾经报道过一个独居老太太的公益事迹。早市上，大家都能看到一位戴眼镜的老太太在卖栀子花。不少人亲切地称她"卖花姑娘"。这位"卖花姑娘"除了卖花外，平日还捡废品赚一点钱。尽管自己平日过得很勤俭，但是她还不时捐款帮助别人。她曾多次捐助灾区儿童及患病儿童，在捐钱时从来不心疼钱。"真是个乐观善良的老太太！"社区的老人们感叹。

每当听到这样的人物和事迹，都会让人感愧交加。不自觉的，会在生活中效仿一二，便会对社会产生多方面的良好影响。这就是榜样的力量。

个人如此，家庭如此，企业也是如此。现在很多企业提倡绿色办公，环保节约，在用纸、用电、用水、办会议、办聚会等各环节都厉行节约，而且经过多年的倡导，取得了很好的效果。如果能把节约的资金和公益慈善活动挂钩起来，影响更多的人，发挥节约更深层次的意义，岂非更好？

| 2016 年 6 月 16 日,《中国保险报》|

借势之风

犹太经济学家威廉立格逊说，一切都是可以靠借的，可以借资金、借人才、借技术、借智慧。这个世界已经准备好了一切你所需要的资源，你所要做的仅仅是把它们收集起来，运用智慧把它们有机地组合起来。

在营销中常常会谈到借势，又云造势不如借势。造势往往要用十二分力气，方能得到七八分效果；而借势，往往只用三四分力气，就能得到十分的效果。借势的"四两拨千斤"之效果不可小觑。

事分大小，势有不同。时事热点，万民关注，是一种势；财经要闻，金融动态，也是一种势；而世界上的顶级体育赛事，同样是一种势。与前两种相比，大企业更偏爱借势体育来营销品牌或产品。从大的体育赛事来说，有奥运会、冬奥会、世界杯、NBA等，从范围小一点的体育赛事来说，有亚运会、足球、篮球、羽毛球、台球、围棋等，大大小小的公开赛事都在其中。企业或品牌赞助，或聘请代言，或共办球迷见面会，利用体育赛事放大企业品牌。

目下，NBA总决赛正如火如荼地进行着，金州勇士队已经拿到了赛点，随时可以结束东西部的对决。目前和NBA有合作的企业为数不少，尝到甜头的也挺多。金州勇士队上赛季的夺冠让背后的赞助商中兴"火"了一把，尽管中兴手机2015年在美国的营销支出增加了2倍，但2014年整体销量提升了60%。而姚明代言中国人寿已经有若干年，虽然姚明退役了，但是在NBA的影响依然存在，国人对姚明在NBA的回忆依然如新。特别是2016年姚明入选NBA名人堂之后，中国人寿各个渠道借此大大风光了一番。

同时，欧洲杯的大幕也已经拉开。此时此刻，各种借势的营销活动也纷至沓来。在这场没有硝烟的"欧洲杯营销之战"中，风头最劲的非"海信"莫属。作为欧洲杯56年迎来的第一个中国赞助商，海信将出现在欧洲杯51场赛事中。小米电视官方微博宣布，央视国际网络有限公司旗下子公司未来电视将2016年欧洲杯专题落地小米电视，提供2016年法国欧洲杯全部51场欧洲杯顶级赛事的转播和点播回放。乐视体育成为英法德意西5支国家队独家官方、新媒体合作伙伴，推出若干档自制栏目，360度聚焦欧洲杯。在2016年欧洲杯开幕之际，NIKE发布了由C罗主演的一部全新广告短片《灵魂互换》，短片中C罗和小球迷进行灵魂互换，双方各自开启了一段全新的足球经历。

借势不等同于跟风。不同于这些大动作，还有很多企业在两微一端中发起欧洲杯的相关话题，逢事必谈欧洲杯，仿佛才有网络热度，才能引发关注。但是在大众的审美疲劳之下，这些跟风之作，很快就会如风般消失得无影无踪，收效甚微。

|2016 年 6 月 16 日，《中国保险报》|

"调控"高温

这几日，高温天气让人们体验到了空调的可贵，同时一些和高温有关的段子在朋友圈中广泛传播。

有一些恶搞型的，例如，"我和烤肉之间，只差一撮孜然，我和扇贝之间，只差一头大蒜！""这个天气约你出去吃饭的，一定是生死之交，谈的肯定都是终身大事！"也有以现实为蓝本的，例如，"让我告诉你福州的天气有多热。挂在阳台上的橡胶手套，它化了……"有网友在微博晒出了一组橡胶手套被"晒化"的照片，引发了众多网友议论。

进入6月，不少地区迎来高温季。据中央气象台预计，近期有12个省会级城市将出现高温，除了南方的杭州、长沙、南昌、重庆、福州、广州、武汉，北方也不甘示弱，北京、天津、石家庄、济南、郑州加入高温队伍。

高温天气带来各种各样的风险，也给保险保障提供了用武之地。

例如对于养殖业、种植业等带来了负面影响，特别是对于水稻而言，损失更重。在水稻种植区宜昌，水稻高温天气指数保险应运而生。中国人保财险公司为枝江市28万亩水稻提供高温热害风险保障，在保险期间，当高温指数超过一定标准时，中国人保财险公司将按照协议对全市水稻种植户进行高温热害损失给付，每亩水稻最高可赔偿200元。此外，高温对于汽车等财物也会产生一些不利影响，导致人们的财产损失。

最重要的是，高温天气对于人们的身体健康也有一定威胁，因此，保险保障也自然而然覆盖过来。

最为惹人注目的就是所谓的高温险。近期，包括众安保险、永诚财险等多家险企推出了针对个人高温生活成本补贴的保险产品——高温险。与2015年的保险不一样，这回的高温险不考虑高温天数，只要当气温超过保险公司与客户约定的标准，客户就能够从保险公司处领取高温津贴。

顾名思义，高温保险就是要在最热的时间发挥保障作用。该险种的保障期限从7月1日到8月31日，约定温度为35℃到39℃，但规定的每个城市的赔付温度的标准略有不同，如深圳、成都等城市35℃起赔，北京、广州37℃起赔。保障期内，只要客户所在城市的温度大于或等于约定温度，众安保险就提供3元/天到5元/天的高温津贴。

面对高温，很多机构和单位也发出了提示，建议减少户外运动，以防中暑。但是若有急事缠身，外出自是不免，中暑也在概率之中。对于体质稍弱者来说，中暑是不小的威胁。除了高温保险之外，2016年还有保险公司开发出了高温中暑保险。中国平安推出的"高温中暑意外保险"，价格为10～38元。被保险人因规定原因被确诊中暑后30日内在合同指定医院支出的，按照当地社保主管部门规定可报销必要、合理的医疗费用，保险公司将按照约定赔付医疗保险金，其金额分为5 000元、1万元和2万元。从记录上看，目前该产品有一定的销量。

当然，有的人为了降温，会采取一些措施，比如不做饭，到烧烤摊上吃吃烤串，喝点凉啤酒。但这样一来，食物的驳杂和不卫生，不免又带来新的风险。某公司微信平台上的"急性肠胃炎健康保险"由此诞生。这款"拉肚子险"每份保费为9.9元，保障期限30天。该产品可赔付因确诊患急性肠胃炎疾病住院导致的住院医疗费用支出，住院医疗费最多可获赔2 000元。

|2016 年 6 月 24 日,《中国保险报》|

从理赔案例看家财险

2016年入夏之后，极端天气频发。暴雨给当地群众人身安全造成威胁，给家庭财产带来一定的损失。暴雨淹毁农作物、房屋、车等，甚至危及人身安全。随着各种损失的保险报案增多，家财险的理赔也为受灾人群送去了一丝安慰。

6月23日，江苏盐城突发龙卷风灾害，据了解，本次龙卷风灾害发生后，相较于其他险种（车险、农险等），家财险的报案数量最多。截至6月27日凌晨，中华财险盐城中支接到报案394件，其中家财险报案303件，已结案293件，结案金额55.4万元，结案率达96.7%，剩余

10件因银行账号未到位，于6月27日结案。

在受到暴雨侵袭的江西，家财险理赔也紧锣密鼓地进行中。近日，江西省景德镇市刘先生在家财险报案后，仅用20分钟就收到赔款。6月25日9时39分，平安产险江西分公司接到景德镇市刘先生家财险报案，称暴雨内涝导致其房屋水淹受损。刘先生在平安工作人员的指导下选择线上自主理赔模式，自行拍照上传，平安理赔人员根据客户上传照片等理赔资料，快速在线定损、理算，及时就赔款金额与客户达成一致，在9时59分完成赔款支付，全程仅耗时20分钟。收到赔款后，刘先生激动地表示，平安理赔不但操作简单，而且理赔速度非常快，很人性化。

据介绍，此次极速理赔体验，缘于平安产险2016年创新推出的财产险"一站式自主理赔"服务。平安产险江西分公司理赔部门表示，随着平安产险"心服务快体验"在全系统的实施，平安产险后续将进一步借助科技，创新理赔服务模式，为客户提供更加便捷、优质的服务体验。

除了龙卷风、暴雨等灾害，近年来，发生在家庭中的漏水、漏气等造成的浸泡、爆炸、起火等损失，以及失窃等事故，也都在家财险的保障范围内。

2016年5月3日晚上，江西吉安客户张某在家中做饭时，突然集成灶意外起火，造成集成灶、橱柜等不同程度受损。接到报案后，太平保险公司查勘人员快速赶到现场，并立即与客户协商核定损失。客户要求到市场购买新集成灶，找维修人员上门进行定损。5月10日，客户通知保险公司前往定损，太平保险公司立即启动绿色理赔通道，当天与客户确定由太平保险公司赔付6 000元，并于当天完成结案支付赔款。

相比于爆炸起火等事故，失窃损失更为常见。太平保险介绍，2015年8月10日，太平保险江西分公司接到朱莜莺报案，称家中被盗，公司接报案后立即赶往事故现场，现场查勘可见明显窗户被砸的痕迹，盗窃者就是通过别墅后面一楼麻将房的窗户进去盗窃的。房主朱莜莺描述，她10日6时40分左右发现家中的摄像头被损坏，才知道家中进贼了，当时立即报警，刑侦也过来调查取证，朱莜莺清点了家中被盗窃的物品，损失大约为3万元，其中现金和金银首饰6 000元，根据卡单产品限额赔付规定，保险公司按照6 000元进行了现场赔付。

业内人士介绍，目前很多保险公司将家财险列入综合保障计划，包括农房保险、家财险、意外险等多种保障，形成一个整体的保障方案。

辽宁丹东宽甸石湖沟乡王法生家因暴雨造成自家房屋及室内财产受损，辽宁人保财险的理赔人员第一时间赶到现场，经查勘发现，暴雨造成房屋屋顶、室内客厅及餐厅地板、衣物受损严重。辽宁人保财险按照理赔标准予以1.5万元赔偿，王先生拿到赔偿后及时修缮了房屋，很快恢复了正常生产生活。王先生兴奋地说，当初他只是缴了20元的保费，没想到除了搭些功夫维修，基本没受啥损失。

沈阳市东陵区的刘春利同样受益于人保财险推出的这一险种。2015年6月7日，刘女士家中被盗，损失了笔记本电脑、数码相机等物品，最终获得人保财险16 651元人民币的赔偿，减少了经济损失。

这一险种就是治安保险，居民只需缴纳保费20元，就可以享受2万元的风险保障，保障范围涵盖房屋、室内财产损失，粮食、农机具损失，大牲畜盗抢、柴草火灾等损失。

自2007年这一险种开办以来，人保财险辽宁分公司累计为500万农户提供超过2 000亿元的风险保障。农村治安保险的县域覆盖率达到100%，城区覆盖率达86%。2014年，治安保险承担社会各类风险保障金额超过600亿元，农村治安保险处理赔案达2.58万起，赔款金额1 615万元。

创新的脚步

保险一直跟随着文明发展的脚步。

茹毛饮血的时代，没有保险，刀耕火种的时代，没有保险；刀剑逐鹿的时代，也没有保险；到了工业时代，保险开始萌芽；如今的互联网时代，保险业红遍了半边天。

保险产品从萌芽时期的寥寥无几，到如今的不胜枚举，其间经历了产品的更新迭代，无一不与社会发展的轨迹相吻合。

与耕种、纺织、建筑、铸造等走过了历史长河的传统行业相比，保险的历史显得相对短暂，但是与互联网时代诞生的一些新兴行业相比，保险行业显然又年长若干。形象来说，保险业可谓正值壮年，没有传统行业的暮气沉沉，也没有新兴行业的稚气未脱，厚积薄发、沉稳而又活力迸发，富有创新力的保险产品正在融入社会方方面面。

在人们驾车上下班或者驱车去旅游的途中，是车险在保驾护航；在人们热衷于购买房产、精心装修之后，是家财险在为居所提供后援保障；在人们重视生活质量和身体健康之时，在人们为了避免疾病而锻炼、保健之时，是健康险在为人们提供更多的选择和搭配；在老龄化日趋严峻的今天，是养老保险为人们提供了更多的安心选择；在互联网影响到社会生活方式之时，是互联网保险为人们提供了最合适的保险产品。

这就是《中国保险报》推出的《产品新视界》特刊中提及的保险品种，也是与人们幸福生活密切相关的基本险种。它们并非初来乍到，不过在近年来不断发展创新，充满了盎然新意。

提起保险创新，我们并不感到陌生。近年来，城乡居民大病保险、一元民生保险、治安保险等服务民生发展的保险产品正在发挥越来越重要的作用；农产品价格指数保险、天气指数保险、特色农业保险等服务"三农"的保险新品也让人眼前一亮；而退运险等互联网背景下的各种创新互联网保险产品发展势头迅猛，不容小觑。

事实上，凡保险之所在，皆为风险之所在。新的保险产品的出现，反映了人类文明出现了新的风险点。

有风险之处未必有保险，但是有保险之处，都是风险的汇聚之地。例如，种田种地的要靠天吃饭，一旦有灾害，对农民的收入会造成极大影响，因此农业保险成为农民的保护伞。在灾害常发的地区，农民的投保积极性高；在灾害罕有之地区，农民的投保积极性相对较低。这从另一方面印证了保险覆盖风险之内涵。再如，在汽车数量日趋增长的今天，驾驶员技能参差不齐，路上擦碰事故随处可见，车毁人亡事故屡见不鲜。开车风险的集聚，让车主离不开车险。而风靡互联网的退运险，不正是对网络购物一族的退货风险提供的精准服务么？

一个行业的创新力，很大程度上就是一个行业的活力、实力和潜力。保险产品在若干领域迸发的创新力量，实际上就是保险行业处于黄金发展时代的鲜活印证。若没有政府的支持、重视和引导，创新也不过是镜花水月。

近年来，保险的风险管理功能越来越受到国家的重视。保险"新国十条"发布以后，保险业的发展方向更加明晰。这不仅仅是一个行业的发展风向标，更是产品创新的指挥棒。于是，各地保险业的创新力再次爆发，建立在区域范围的保险创新试验区如雨后春笋。特别值得一提的就是，近日，国务院同意在浙江省宁波市设立国家保险创新综合试验区，这是首个经国务院批复的国家级保险创新机构。

保险产品创新，也是供给侧结构性改革的题中之意。中国保监会主席项俊波提出的"四个着力"更是新时期吹响的号角。他提出，保险业要从着力优化保险供给，让人民群众有更多的获得感，着力完善金融市场体系，更好地服务实体经济发展，着力补齐社会保障的短板，推动提升社会治理能力，着力增强社会托底水平，为改革创造良好外部环境等四个方面推进保险业供给侧结构性改革。

任何行业的创新，都要有时代感。保险产品创新，互联网是最重要的命题之一，这也是2016年全国保险公众宣传日以"@保险一切更简单"为主题的用意所在。"互联网＋保险"，需要根植于互联网土壤。我们看到：在保险行业的论坛上，保险人对场景、UBI、区块链、用户画像等互联网用语津津乐道；在各种媒体上，保险人对于创新发展的奇思妙想、大胆创意赫然呈现；在产品名称、内涵、销售场景、渠道等方面，无不赋予互联网创新的灵魂。

百年以后，人类文明会发展到什么阶段，我们无法预测；百年以后，保险业和保险产品会呈现何种形态，也无法预料。但是，文明进步，社会发展，保险产品更互联网化、更简单化，是大势所在。

|2016 年 7 月 5 日，《中国保险报》|

黄金时代

近期，一场全国规模的跑与走正在上演。

全国各地的保险业打开大门，从监管机关、行业协会到保险公司纷纷走出来，到各地的主要活动场所亮相。如新华保险重庆分公司在照母山森林公园开展彩虹定位跑大型户外活动，太平人寿北京分公司百余名员工在北京奥林匹克森林公园开展了彩虹健步走活动，烟台太平洋产险公司员工在莱山区体育公园开展彩虹定位跑活动，以此迎接"7·8"全国保险公众宣传日的到来。

保险人用奔跑的方式，让全社会更多人关注健康、关注保险。

一场奔跑和行走的活动，是启动全国保险公众宣传日这一保险行业品牌活动的密钥。而这并非是宣传日的唯一活动，其后续还有若干丰富多彩的宣传活动纷至沓来。如进社区活动、无偿献血、捐资助学助教、寻找最美营销员、唱响保险人之歌、保险知识进校园、人身保险理赔员技能比赛、全民健身活动等。这是一场行业品牌升级的盛会。

这些活动都在散发着行业宣传的正能量。但是我们也应该清醒地意识到，这种正能量不仅需要散发，更需要积累。一则，品牌的宣传要建立在行业发展的基础之上；二则，成熟的品牌宣传，更需要平时的历练和验证；三则，行业的评价和口碑，并不是一次宣传就能解决的问题，而是要练好日常的功夫。

身处一个行业的黄金时代，是这个行业中人的幸运。而保险行业，现在正处在一个熠熠生辉的黄金时代。这几日的朋友圈和相关的新闻稿件中，我们看到了一个又一个充满创意的活动，看到了照片上的保险人脸上写满了自信和快乐。这是在保险业的黄金时代激发的活力，是从内心到外在的一种张扬。

我们正在走向保险业黄金时代，也应该珍惜这个黄金时代。

| 2016 年 7 月 8 日，《中国保险报》|

水与火之歌

北方骄阳，南方暴雨，极端天气，影响了各行各业。

近日，河南新乡电视台的一名女记者火遍网络。原因是她在暴雨时刻，站在齐腰深的积水中，冒雨播报。虽然暴雨如注，但该记者还是坚持了数分钟。这个视频经网络发酵，得到若干网民的支持。有评论称，虽然纸媒被唱衰，记者纷纷离去，但每逢灾难时刻，还是有他们坚强的身影。

同样，在近日的暴雨造成的山洪、内涝等灾害中，参与救灾的武警战士也被广泛关注。安徽一武警小战士从早上七点一直忙到深夜，站在及腰的洪水里浸泡一整天，双脚已经水肿变形，这张被雨水浸泡苍白变形的大脚照片，在网络上感动了无数人。

参与救灾的深度，往往会改变一个行业的形象。电视台一个女记者的行动，往往让人们对传媒行业、记者们的印象大有改观；武警战士更是正义力量的群体代表。还有一个群体，也在灾害中拼搏前行。

一场大暴雨让四川泸州市顷刻间变为一片泽国，当此时刻，保险人纷纷牺牲休息日，自觉来到单位，等候抢险救灾安排；2016年第1号台风"尼伯特"在福建省泉州市石狮沿海登陆，全省各地雨情严重，公司查勘理赔队伍不仅第一时间赶赴受灾现场开展查勘定损，还主动在高危路段驻点，提醒过往车辆注意行驶安全；湖北大范围强降雨，多个城市的小区、道路和工厂、企业遭遇水涝及次生灾害，保险人第一时间深入灾区，冒雨投入抢险救灾中，协助交警对受灾区域进行施救及风险摸排。

值得一提的是，近些日子，保险业的抢险救灾紧锣密鼓，同时全国保险公众宣传日活动也如火如荼。近日本版刊登了有关各地保险业在宣传日开展特色活动的若干稿件，这些活动多种多样，精彩纷呈，其目的也不外是让大众更加了解保险，懂保险，用保险，从而提升保险业形象。保险业抢险救灾，意外地成了公众宣传日期间最让人注目的行动，是对行业形象最好的提升。

前一阵子，笔者采访了一位基层财险公司人员。对方表示，现在基层公司非常倾向于用农业保险理赔大会这样的形式来进行集中赔付，一方面能提升理赔的透明度，另一方面能让各级政府和农民切实感受到保险的重要作用。应让群众不仅能听到保险发挥的作用，还能看到保险发挥的作用。

诚哉斯言。

增亦有道

又到一年增员季。2015年以来，保险业增员迅猛。到2016年第一季度，营销员的数量跃上新台阶，突破了700万人大关。

关于增员热背后的原因，在金融业界备受瞩目，相关解读已经不计其数。概括起来，一则是营销员进入门槛相对宽松，二则是个险渠道强势崛起，三则是保险越来越受到大众认同，四则是寿险公司发展的思路。自然还有就业结构等因素隐隐地发挥作用。

招兵买马，扩大团队，从行业角度来看，是寿险繁荣的表征，是行业价值的外在体现，寿险保费飙升就是很好的说明。而对于进入这个行业的营销员来说，也是对于这个行业的认同，有合理的收入，有体面的公司平台和职业。

不过话又说回来，快速发展不免会带来各种各样的问题。

首先就是互挖墙脚的问题。人往高处走，水往低处流。倘若竞争对手基于更高的职位、更优厚的待遇来挖角，动心的人不在少数。所以说，一个行业之间的人才交流是正常现象。保险业的人才交流也非常普遍，无须大惊小怪。行业内不怕挖墙脚，而是怕恶意挖墙脚。恶意挖墙脚，不顾行业共识，打破行业正常发展节奏，影响非常恶劣。例如增加运营成本、对理赔造成阻碍等。具体案例不必细说，很多地方的监管机构和自律组织已动手对此整治。

另一个增员带来的尴尬问题，就是增的多，走的也多，增得快，走得更快。招来了人，如何留住人？根据相关数据分析，目前，营销员队伍的整体产能依然处于较低水平，人均产能增长的道路依然很漫长。留下来的优秀营销员们，在收入和生活上都算不错，但是那些离开了保险业的营销员，他们对保险如何评价，对保险这个职业和其他职业是如何对比的，是遗憾多，还是失望多，我们不得而知。

其他的问题也客观地存在着，不必一一列举。

保监会相关领导曾表示，虽然目前在人才队伍建设上取得了一些成绩，但与行业快速发展的需求相比还存在着一定的差距。保险业要改革人才的培养模式，充分发挥市场在人力配置中的作用，从而走向专业化的人才队伍建设，从保险营销员"高增长高流失"的怪圈中走出来。

增员还在继续，告别跑马圈地、群雄混战的无序状态，遵循行业发展、人才规划、职业尊严等多方面的道德与道义，从行业到公司到个人，都会受益匪浅。

规范发展，增员有道，行业必须正视。

| 2016 年 7 月 14 日，《中国保险报》|

让电梯不再"裸奔"

近年来，随着房地产市场快速发展，电梯的数量猛增。以南京为例，近几年，南京电梯数量以年均15%的速度持续增长。在新增电梯数量急剧上升的同时，老龄化电梯数量也大幅增加，留下了一定的安全隐患。

为此，2016年上半年以来，电梯安全责任保险在全国遍地开花，以地区为单位的电梯安全责任保险在政府相关部门的大力推动下，已经覆盖到当地的主要电梯场所。

2016年2月19日1时50分，新疆乌鲁木齐市一家超市的观光电梯发生轿厢滞留事件。当时共有7名乘客乘坐这部电梯，乘客从第五层进入电梯后，电梯运行至二三层之间突然停住，发生轿厢滞留。

随后，被困人员向值班保安求救。接到求救请求后，物业公司、电梯维保公司、119、120急救中心等部门陆续赶到，展开救援，最终在3时50分将电梯门打开，7名被困人员获救，无人员受伤。

这次事故催生了新疆首例电梯责任险赔案，7名被困人员每人获得200元赔付。

据了解，电梯特别是共有产权的电梯安全责任主体不清晰，经常导致电梯安全管理、维修保养等无法及时落实，发生事故后经常互相推诿，伤亡事故赔付不及时。

同时，维修保养市场低价恶性竞争，导致维保不规范、救援不及时。更烦琐的是，电梯出现安全隐患后动用公共维修基金，程序复杂，过程漫长，业主意见很难达成一致，拆迁安置房、房改房等没有缴纳维修基金的电梯遇到问题则更加难以说清。推行电梯安全责任险，将能很好地分散和转移风险，增强赔付能力，保障发生事故时能顺利开展赔付等善后事宜。

业内人士介绍说，电梯安全责任保险，对于促进电梯的安全至关重要，它实际上是保障电梯安全的一种社会救助机制。关于保险的规定，《中华人民共和国特种设备安全法》的第十七条提出了一个鼓励政策，就是国家鼓励投保特种设备安全责任险。但从目前全国各地的推广情况来看，使用单位自费投保的积极性不高，参保的电梯数量较少。

记者调查发现，各地对于电梯责任保险的推动，均由政府相关部门发力。依靠政策支撑，贵州都匀市市场监管局下发的《都匀市电梯安全责任保险工作实施方案》中明确提出，采取政府鼓励、市场化运作的模式，"积极在全市推行电梯安全责任保险示范项目"，实施范围涵盖都匀市943部在用电梯，电梯使用人、维修单位、管理人等相关各方，只要其中一方投保，其他方自动成为被保险人。

部分地区保费也由政府出资解决，相关单位可以免费享受电梯安全责任保险保障。例如，青岛市北区政府出资111万元，为全区5 000多部电梯（包括电梯、液压电梯、自动扶梯和自动人行道）购买了电梯安全责任险。

当然，也有一种政府不出资金的投保方案。烟台的电梯安全责任保险，由烟台市质监局与山东省特种设备协会联合，由省特种设备协会牵头风险投资企业免费办理电梯责任保险。上述协会人士公开表示，保险之所以免费，是因为标识上加盖了保险公司的广告，以广告费用来投保电梯险，其险种属于第三者意外伤害险。

在保障额度方面，各地对于电梯安全责任保险的保额都不低，但是具体的数目也并不相同。例如，在贵州，都匀市推行的电梯保险，每部电梯基本保费150元，每次事故及累计赔偿最高500万元。新疆电梯责任保险最低投保费用一年105元，最高是432元。投保基础费用为150元/台，每次事故每人伤亡责任限额80万元，每次事故每人医疗费用责任限额80万元，每次事故每人财产损失责任限额20万元。浙江台州的保障方案更为详细，电梯责任保险包括主险和附加险，因电梯类型差别，年保费基础价格为150元、200元和300元。每次每人死亡伤残赔偿限额100万元，按电梯不同类型，每台电梯每年累计赔偿限额分别为400万元和500万元；每次事故每人医疗费用赔偿限额分为10万元和20万元；每次事故财产损失赔偿限额也分为10万元和20万元两档。

据了解，具体投保费用因电梯类型、电梯使用场所、电梯使用年限、投保电梯数量的不同而有所区分。

从全国各地的实际情况来看，电梯被困事件时有发生。很多地区也添加了被困电梯的赔偿条款。青岛市北区的电梯保险条款规定，居民在电梯内被困40分钟到一个半小时可获赔偿200元，一个半小时以上可获赔400元。

据了解，参加了保险的电梯将粘贴电梯保险标识，上面注明理赔服务热线，消费者可以由此判断自己所乘坐的电梯是否投保。一旦遇到事故，消费者可拨打承保的保险公司理赔服务热线报案。

动物凶猛

若干年前，斯皮尔伯格的一部《大白鲨》以惊悚的情节和画面，成为经典之作。十年前，《狮口惊魂》又将一次非洲之旅渲染成与狮搏斗的噩梦一场。看似与现实生活遥不相及的故事，却在现实生活中真实地发生了。

近日，北京延庆区八达岭野生动物园发生一起老虎咬人事件，造成一死一重伤。据延庆区委宣传部通报，事故发生在当事游客自驾游过程中，游客私自下车后受到老虎攻击。目前，北京警方正在调查此事，涉事动物园已被停业整顿，配合调查。

猛兽终归是猛兽，老虎攻击人类乃出于天性。事件发生后，一些黑色幽默的段子在流转，同时，关于责任归属的争论也在持续发酵。比如，比老虎伤人更可怕的是管理漏洞；不能放大管理者的责任，但也不可忽视游客的盲动；题为《八达岭野生动物园缺乏安全管理，必须追究责任》的评论，谈到了公园的管理责任；有人将问题归因于涉事女游客的易怒。

责任是争论的主要所在，关键是事故发生前的预防，而其后的赔偿责任，也是事件发生后的重点所在。谁来赔偿，赔偿多少，如果各方意见不同，不免也会有纠纷。从大的面来看，这并非一个孤立的事件。

近年来，四川省各地森林生态环境得到有效保护，野生动物种类增多，种群数量快速增长。相应地，野猪攻击人、猴子等动物成片破坏庄稼，甚至黑熊伤人事件时有发生，给林区群众造成了较大人身伤害和经济损失，但在补偿方面却屡屡出现尴尬的局面。对此，民建四川省委的一份提案，呼吁尽快制定《四川省野生动物致损补偿办法》。

野生动物伤人毁财，对自然保护区周边的群众而言，是很伤脑筋的老问题。安全问题应该加强防范，但无法杜绝，因此事后的补偿，风险的分散，就很重要。

据了解，云南自2010年在全国率先试点野生动物公众责任保险，并于2015年实现全省覆盖，保费由政府全额承担。野生动物造成人员死亡，赔偿标准20万元/人；如果人员受伤，赔偿分为医药费和伤残等级赔偿抚慰金两部分；财产损失，由保险公司参照当地物价全额赔偿。2014年，全省理赔金额达到5 000万元左右，赔付率接近50%。

通过专业、高效的运作，用市场化的办法，对生活中难以避免、经常产生的风险予以分散、弥补，是分散意外风险、减轻财产损失的有效做法。

|2016 年 7 月 27 日，《中国保险报》|

旧衣新用

衣不如新，人不如故。

"新三年，旧三年，缝缝补补又三年。"在物质资源匮乏的老一代人的眼中，衣服是极其珍贵之物，往往破了又补，补了又破，直至衣物残破不堪，方恋恋不舍地当作抹布，再用几年。

到了现在的物质生活无忧的时代，这样艰苦朴素的穿衣方式再也难以见到。购置新衣服，也不必等到逢年过节，上班间隙或者周末无聊，上网浏览一圈，鼠标点几下，便有一堆新衣送上门来。

对于经常购衣的人来说，烦恼无尽。新衣既然穿不完，旧衣服又沉积箱底，忽然心血来潮拿出来看时，虽然衣服完整无缺，但是无论款式颜色都已不喜欢。穿上不够体面，弃之不免又感到几分可惜，送给老人或亲戚，又觉得寒碜。

也有人原来体态丰满，费了很大功夫减肥成功，以致形销骨立，衣带渐宽，旧衣服自然要淘汰；或者本来消瘦之人，生活富足，不禁口欲，遂身材日渐宽厚，旧衣服更是无法再穿。

总之，在种种原因之下，旧衣服越积越多，无处安放。据了解，目前我国每年扔掉的旧衣服逾2 600万吨，民间回收、捐赠旧衣的需求和呼声很高。除了丢弃、改做抹布等用途外，公益捐赠是一个主要的处理途径。旧衣服回收机构的出现，受到了多数群众的欢迎和点赞。

现在在全国一些城市的小区中，旧衣服回收箱集中冒出来，居民可以沿着箭头指向将旧衣服放进箱子。有的回收箱上，还贴有回收类别的图示，有衣服、裤子、鞋子、背包，以及可回收的标志。

对于回收衣物的最大担忧，还是在于这些衣物的去向，是否流向交易市场？根据公益机构的思路，这些回收的衣物首先会进行分类，对于那些比较新的无破损的，进行清洁、消毒、熨烫和包装，运往云南等西部的贫困地区或者灾区。对于那些无法再穿的衣服，便作为再生资源，进行纤维化处理，变废为宝。

相对于单纯的公益捐赠，将旧衣服循环再利用，也是一项创新之举。但是在整个的运作流程中，加入监管是有必要的。国外对旧衣回收后的流向监管得非常严格，目前国内这方面主要还是依靠机构的自觉性和群众监督。在监督不够的情况下，相关机构更要公开透明化运作，一方面增强企业的公信力，另一方面，也可以把旧衣服回收再利用这项工作做得长长远远。

| 2016 年 7 月 28 日，《中国保险报》|

不入险地得平安

每当若干电视台不约而同开始播放《西游记》的时候，我们就发现暑假来了。暑假是轻松而欢乐的，尤其是在高温的天气下，可以宅在家里看电视、玩电脑，也可以去避暑胜地观光旅游，还可以在清凉的水中游泳作乐。

但令人痛心的是，每年暑假，都是青少年溺亡事故高发期。

查阅近期的报道，就有多宗儿童溺亡的案例。7月25日，在河南平顶山市叶县邓李乡妆头村和泥车村交界处的沙河河段，4名少年下河游泳时发生溺水事件。7月26日，2名儿童在呼和浩特市玉泉区小黑河镇后本滩村西南角1公里外的大黑河玩耍时不慎溺亡。7月28日，呼和浩特市小黑河镇一处河沟发现一具男童遗体。7月31日傍晚，福清市沙浦镇青屿村海边，两亲兄弟意外掉进养殖场外的排洪道内，两个孩子被打捞上岸，但都已溺亡。

秦人不暇自哀，而后人哀之；后人哀之而不鉴之,亦使后人而复哀后人也。这样的事件，年年都在发生，年年都在提醒，但是年年都没有改善。何故？

暑期溺亡案件多发生在农村周边河道区域、荒滩水域和挖沙坑内。由于水的深浅不一，水草、旋涡、淤泥情况复杂，极易发生意外。统计发现，发生溺亡的多为父母外出打工的留守少年。原因是错综复杂的，既有偶然的因素，也有必然的因素。例如，留守儿童的父母在外打工，爷爷奶奶难以随时看顾，农村学校对学生的安全教育不够，再有，农村水域隐藏了若干风险等。

　　从主观上来说，学生游泳技能不熟练、其风险意识不到位是主要原因。针对暑期的特点，提升学生的风险防范意识，应该多部门集体发力。

　　学校方面，应该在放假前、放假中对学生予以充足的警示。从当地的季节、天气和地理特点中寻找发现危险因素，将野泳危害以及暑期会发生的其他风险作为安全教育的重要内容，或者设置相关课程，或者进行专门的提示，提高学生的自我保护能力。

　　村镇等基层组织，也应该做足功课。对于历年来频发事故的地方，如池塘、江河等进行调研，并设立一定的危险提示标识，必要的时候，在高危地区要设立和完善安全隔离带、防护栏，实施专人巡防制度。溺水高发区如此，车祸、坠亡等事故高发区，也应如此。

　　而作为监护人的学生家长，也必须要负起重要责任。要知道，未成年人到无安全措施、无救护人员的江河、湖塘等户外水域游泳是极其危险的。如果要去，也应在家长带领下到安全场所。某县发生溺亡事故后，该县教体局通过张贴发布公告、致家长一封信、手机短信等形式，提醒、督促家长加强对学生安全的教育和管理，这也是一种后续的防范举措。

　　此外，在加强安全意识的同时，家长们可以考虑为孩子投保意外保险。目前市场上可供选择的产品非常多样，通常保障期限为1年。由于儿童险保额有限、意外险费率较低，因此，家长所要支付的保费并

细
节
看
保
险

不高。这样在风险来临时能获得一定的经济补偿，但这并非主要的。重要的是，家长通过保险认识风险，从而提高自己和孩子的风险意识。不入险地，方能平安。

|2016 年 8 月 3 日，《中国保险报》|

向保险消费者满意靠近

　　满足保险消费者不断变化的需求，同时要做到使保险消费者满意，这是近年来保险行业浓墨重彩的一笔。

　　那么，在保险行业的努力下，保险消费者是否对保险产品和服务感到满意？从某一个地域来说，有多少人感到满意？从全国的面上来看，又有多少人感到不满意？满意之处有什么亮点，不满意之处又有什么缺憾？

　　这些问题，可以从近期一些关于保险消费者的调查中窥得端倪。

　　近日，记者收到一份《陕西省保险服务消费者满意度调查报告》，这是陕西省保险行业协会和陕西省消费者协会联合腾讯大秦网于2016年4月11日至5月31日在全省范围内开展保险服务消费者满意度调查的结果。本次调查共有3 562名用户参与，经过审核得到有效问卷3 301份。

　　调查结果显示，有66.8%的受访者对陕西保险业整体服务质量表示满意（选择"满意"和"非常满意"者之和），其中选择"非常满意"的受访者占16.84%，远高于2012年和2014年的数据。同时，选择"不满意"和"非常不满意"的受访者占比也有较大幅度降低。从更加简单的"好坏"角度来看，受访者选择"好"的比例达到94.34%，高于2014年的86.58%和2012年的87.8%。

此次调查还从不同维度对保险消费者的满意度进行了解析。例如，女性受访者对陕西保险服务的满意度略高于男性受访者，男性对家庭支出的敏感度要略高于女性消费者，对所购买产品或服务的期望值更高，这是造成不同性别对满意度评价出现差异的主要原因。再如，不同年龄段对陕西保险服务满意度的评价呈现出明显的差异。年龄越大满意度评价越低，年龄段从低到高满意度比例依次为74.16%、65.14%和63.35%。

还有一些体现了地域特色的结论也值得关注。关中地区保险消费者满意度明显低于其他地区。作为陕西省保险消费者的主要集中地，关中地区受访者对陕西保险业的好评度低于平均值。

总体来看，为了促进陕西省保险服务质量的不断提高，依法保护保险消费者合法权益，这份翔实的报告获得了比较准确的调查数据，对保险服务状况有了较详细的了解，为规范保险服务、保护保险消费者合法权益和促进保险业健康发展提供了依据。

相比于保险行业自身的调查，各种第三方机构主导的保险消费者满意度调查也不鲜见。

调查显示，各地消费者协会主导的服务调查中，往往有保险的身影。2016年4月，呼和浩特市消费者协会通报银行、保险、通信三大行业服务满意度调查报告。调查对象对保险企业服务总体满意度达七成以上。对保险企业服务反映比较好的方面包括能够及时提醒客户履行保险合同义务、理赔手续便利、销售人员对所售产品能够解释清楚等。

当然，调查结果中，消费者认为也有需要改进的方面。例如，保险条款不够通俗易懂，保险理赔速度有待提升，客服人员的专业素质还需提高，投保时的告知说明、保险金额的合理性以及客户服务投诉机制还需完善等。

在各种垂直领域的消费者满意度调查中，保险也是重要的评价对象。2016年5月，由中国质量协会所做的一项覆盖北京、上海、广东等15个省市近3 209名财产保险个人客户的调查显示，2015年财险行业满意度（78.4分）上升3.9分。不同保险公司用户评价的差距在缩小，个别中小型保险公司用户满意度提升显著。

第三方的研究机构，也往往将保险消费者满意度作为重要课题。2016年5月，波士顿咨询公司（BCG）发布最新报告《消费者眼中的保险公司：中国保险业消费者洞察》。报告显示：寿险满意度最高的是购买环节，极度满意和非常满意选项加起来占比达到80%；而车险满意度最高的是续保环节，极度满意和非常满意选项加起来占比达到88%。不过，从不满意的情况来看，寿险与车险的赔付环节均是最不满意的。

在已经公布的上述调查结果中，保险消费者对保险行业的产品、服务等方面的满意度均保持了良好势头，这是近年来保险行业自身努力的成果。同时，瑕不掩瑜，保险消费者不满意之处客观存在着，也广泛分布在承保到理赔的各个环节中，亟须改善和提升。

从不同方面的调查结果来看，商业车险费率改革等政策对于消费者满意度的影响显著。

车险是公众购买比例最高的险种之一。消费者在车险理赔过程中最关注的是是否为足额赔付、手续单证是否简便和定损维修速度；消费者在理赔过程中最难以接受的是索赔手续烦琐、未能一次告知和出险后发现不符合赔付条件；消费者最需要的增值服务是理赔一站式服务。

从调查结果来看，消费者对车险理赔满意度较高，对车险定损服务满意度为72.93%，对车险理赔服务质量满意度为73.36%。这表明，在各方努力下，车险理赔服务水平质量提升较大，不再是行业的软肋和短板。

同样，BCG的报告也显示，车险的满意度高于寿险。相比寿险，车险的品牌倡导得分相对较高。在包括购买、售后服务和理赔等大多数互动环节中，车险在中国消费者中的满意度得分都高于寿险。

从之前的加强和改进小额简易理赔等服务，到现在的建立信用体系"红黑名单"制度，保险业从 "以保费规模"到"以客户需求"为导向的转型发展基调日渐清晰，这将在一定程度上逐步提升保险业社会信誉度和保险消费者满意度。

|2016 年 8 月 5 日,《中国保险报》|

漫说"杰瑞"之害

近日，英国爆发2亿只老鼠事件引起世界媒体的关注。英国《每日邮报》报道，近日，英国林肯郡一家病虫害控制中心的工作人员在一处房子中发现5只巨型老鼠，这些老鼠的最大身体长度超过30厘米，是世界上最大的鼠类。据称，这些老鼠就像《猫和老鼠》中的杰瑞一样爱搞破坏。当地官员担心，一旦这种大老鼠泛滥成灾，当地的庄稼和生态环境将受到极大威胁。

同样被老鼠困扰的国家，还有新西兰。最近该国也针对老鼠制订了一项灭绝性的计划。

8月4日新西兰政府宣布，为保护国家环境，该国将实行消灭所有老鼠的计划。新西兰政府承诺，将拨款2 800万美元以在全国范围内实行消灭所有老鼠和其他捕食者的计划，让老鼠、白鼬以及负鼠等物种在35年内灭绝。据专家计算，此计划将花费近90亿美元，但新西兰政府还是决定开始实行计划。因为每年老鼠、白鼬和负鼠会导致近2 500万只家禽死亡，致使新西兰农业遭受数百万美元的损失。

鼠害集中于对农业、林业和牧业的伤害。至于小道消息经常说的，某某人在睡梦中被老鼠咬去半只耳朵，老鼠钻进汽车咬坏线路，抑或一只肥硕的老鼠追着俊秀的家猫四处逃窜等，皆非常事。

根据统计，我国森林受老鼠的侵害损失不菲。全国森林鼠害每年发生面积在150万公顷以上，造成的经济损失达4亿元左右。受鼠害比较严重的地区幼树被环剥致死，成片树林被毁，而且其挖掘活动可引起林区出现次生裸地，降低森林生产力，导致生态环境恶化。

因此，在森林保险的实践中，鼠害被列为保险责任之一，因森林病害、虫害、鼠害导致保险林木受灾的，受灾达到中度、重度以上（含重度），其损失率分别按5%、10%计算。例如，在2013年，湖南龙山县万宝山林场与保险公司的保单约定，在保险期内由于火灾或人力不可抗拒的洪灾、旱灾、冻灾、病虫鼠害造成保险林木损失的，由承保机构按照保险合同约定负责赔偿。

目前，种植业结构的调整与品种的更替，使鼠类的田间食源由过去的季节性、单一化走向持续性和多样化，给鼠类提供了良好的食物条件，十分有利于鼠类种群数量上升。鼠害也成为必须正视的风险。

2015年初开始，全国开展中央财政保费补贴型农业保险产品升级改造工作，到2015年末已经全部完成，涵盖15类农作物和6类养殖品种共计738个农业保险产品。升级后，农险产品保障力度大幅提高，保险责任显著扩大，惠农力度不断增强。其中，就有防范鼠害的明确提法：种植业保险在原有自然灾害的基础上，增加了旱灾、地震等重大灾害，泥石流、山体滑坡等地质灾害以及病虫草鼠害。

在政策的指挥棒下，各地也在纷纷细化落实，应对老鼠成灾带来的损失。例如，青海大田作物保险新增了旱灾和病虫草鼠害保险责任；大连的大田作物种植保险条款新增了病虫草鼠害，扩大了保险责任；自马铃薯被列入第四种主粮后，政策性马铃薯保险也随之而来，山西2016年起在全省范围内开展政策性马铃薯保险，山体滑坡、病虫草鼠害等直接造成损失也有了保障。

对于鼠害而言，保险目前也仅仅起到了灾后补偿的作用。目前防止鼠害的主要做法包括生物防治、化学防治、物理防治和生态防治。事实上，保险自身也有风险防范的作用，至于今后能否在防治鼠害的有效做法中，加入保险事前防范，还要看保险行业和相关部门能否进行有效的探索。

|2016 年 8 月 8 日,《中国保险报》|

值得仰望的身影

对于垃圾食品，我们并不陌生，可以说是老少皆知了，比如那些碳酸饮料、油炸食品等。但是垃圾食品毕竟还是食品，我们很多人可能一边在控诉垃圾食品的危害，一边还在大吃不已。吃垃圾食品，远远不如从垃圾中找食品那么惊世骇俗。

我们经常看到，在小区或者街头的垃圾桶旁边，会有人去探身翻腾，时而掏出一个塑料瓶，时而揪出一些纸盒子，顺便踩扁以便携带，随后扬长而去。这些人，有的衣衫褴褛，食不果腹，也有的衣冠楚楚，穿金戴银。但是极少看到有人从垃圾桶中拿出别人吃剩的东西直接食用的。

俗话说，狗咬垃圾病在后。不吃垃圾中的东西，似乎成为国人尊严的底线。但是在外国，很多人为了表达环保、节约等理念，以身作则，开始从垃圾中寻找食品。

美国华盛顿的一位研究生瑞德从2014年8月开始靠翻找垃圾桶来解决三餐问题，两年下来他花在伙食上的费用只有5.5美元（约合36.7元人民币）。瑞德表示，美国有太多食物被浪费，他想通过自己的行动让大家珍惜食物，"美国还有许多贫穷的人连下一餐在哪里都不知道"。

对此，网友评价，他的身影值得我们仰望。

看到这里，读过武侠小说的人可能也会产生联想，武侠小说中的丐帮弟子不也是如此么？他们从来不自己花钱买食物，只在饭馆中等客人吃完酒菜，便讨要残羹冷炙来吃掉，这似乎成为丐帮的规范。例如，黄蓉初见鲁有脚的一幕便是如此。虽然两者的行为颇有相似处，但是或者也只存在武侠小说之中。现实之中，大大小小餐馆中很少见到等人吃饭讨要剩饭之人。

奇怪的是，瑞德两年只花了36元来吃饭，其花费可能还不到一顿牛肉面套餐钱。瑞德是如何做到的呢？根据美国《赫芬顿邮报》消息，瑞德从2年前开始"吃垃圾"，并主要锁定超市外面的垃圾桶。他说，超市的垃圾桶里能发现蔬菜、水果、肉类、鸡蛋、糖果，几乎可以说是应有尽有，而且大多数没有腐坏，食材经过处理以后，吃得还算挺健康的。

英国的一对夫妇在食用垃圾上似乎更加变本加厉，不但自己要食用，还要用垃圾来宴请客人。

据报道，英国一对崇尚环保的准新人计划在婚宴上用"垃圾"食物款待宾客。新郎克里斯托弗·麦克纳与新娘妮古拉·赫奇斯在英国中部北安普敦举办婚礼，承办婚宴的餐厅"埃尔茜的咖啡屋"说，婚宴所用食品将全部来自回收的废弃食物，包括有破损的瑕疵食品以及过了超市或食品店最迟销售期的食品。餐厅说，这是首次用这类食品承办婚宴。

可以看到，他们对于垃圾中的食品还是有选择的，并非盲目地从任何一个垃圾桶中寻找。倘若他们见到分类不清、狗屎堆砌的小区垃圾桶，或者泔水四溢、污油横流的饭店垃圾桶，或者路边摊恶气冲天、蚊虫坟集的垃圾桶，是否还有这种勇气和食欲？

所以，说起来，从垃圾中寻找食品或者其他用品，还是要完善垃圾分类制度，保证垃圾桶不成为"垃圾"之一。

有趣的是，吃惯了垃圾中的食品，吃正常的食品反而会产生不适。瑞德有一次在陌生的地方，找不到吃的东西，实在饿得受不了，只好在休息站买了一大包饼干和1条巧克力棒，但是因为好久没吃那种零食，吃完以后感到不太舒服。

这样看来，垃圾中的食品或者比那些垃圾食品还健康？

| 2016 年 8 月 11 日，《中国保险报》|

农房保障的"第三种力量"

被称为"将军县"的安徽金寨，近年来不仅以扶贫典型闻名，在金融保险创新方面，也走在了全国前列。特别是保险业参与金融扶贫，也逐步产生样本效应。

金寨县2012年被列入农村金融综合改革试点县，到现在已经第四个年头了。2014年，金寨成为全国第一个农村保险改革创新试点县，安徽保监局为牵头单位。

安徽保监局介绍，安徽农房保险有两个主要特点：一是不定值保险模式。农房保险金额以8万元、16万元、30万元阶梯式提升，基本满足修复重建需求，农民吃下安居"定心丸"。对此，安徽省委主要领导给予高度肯定。二是差异化定损模式。安徽保监局联合省民政、住建部门颁布了农房保险定损标准和考核细则，并纳入省政府民生工程考核系统。对五保户、低保户、贫困残疾人家庭，定损标准按照20%比例上浮，充分体现政策性保险的民生属性。试点以来，农房保险赔付超过4 000万元，在农村住房保障体系中已逐渐成为政府救济、危房改造外的"第三种力量"。

"保险改革也是农村金融改革的重要部分。金寨在农业保险产品上有所创新，其中就涉及了农房保险。"金寨县金融办主任张伟枫表示。

张伟枫介绍，金寨县农房保险自2013年开始启动以来，保费由县财政全额埋单，在当年就见效，发挥了住房保险的保障作用，得到了六安市领导的首肯。六安市及时召开座谈会，在全市推广。2014年，金寨农房模式得到进一步推广，试点范围扩大到全省27个山区库区县，并列入省政府民生工程。

金寨农房保险的保障之力在2015年和2016年的暴雨洪涝灾害中得到了充分体现。

国元保险金寨支公司总经理聂宜东介绍说，2015年，金寨县遭遇强降雨和台风等灾害影响造成大范围农房受损，全县共理赔农房1 041户，赔款金额433.4万元，按照全年保险费233万元计算，简单赔付率达185%。

其间，还诞生了全国农房保险理赔的"大单"。金寨汤家汇镇发生泥石流滑坡，造成两户房屋全部倒塌。保险公司在查勘定损的第二天，就对农房损失进行了打卡赔付，其中一户仅房屋损失就赔偿了16.4万元，创下全国农房赔款最高纪录。对部分农户因房屋受损被冲被埋，造成身份证等证明不齐的情况，保险公司坚持以调查核实为依据，能简则简，帮助农户尽快获得赔款。

2016年，安徽发生了自1954年以来最严重的暴雨洪灾，6月18日进入梅汛期后，多地出现集中强降雨，11个地市不同程度受灾。面对严重灾情，安徽保险业积极应对，加强暴雨灾害理赔服务的指挥，坚持"快速查勘、快速定损、快速理赔"，支持群众及时恢复生产和生活。截至8月8日，全省因洪涝灾害接到财产损失报案件数67 734件，共计报损18.28亿元，其中：农房损失报案28 287件，报损金额达6 835.88万元。国元保险和人保财险安徽省分公司两家经办农房保险业务的公司，调集人力前往一线，查勘人员克服高温酷暑、山高林密等困难，深入现场对倒损农房进行逐一查勘，目前定损金额3 211余万元，涉及1.74万户，后续理赔正在紧张进行中。

安徽农房保险最高可提供30万元的风险保障，位居全国首位，基本满足修复重建需求。"赔款全部用于帮助农户尽快重建房屋，不允许挪作他用。"聂宜东强调，"由于去年的赔款到位，很多危房已经完成了重建，即便再发生灾害，农房倒损率也会降下来。"

面对巨灾对房屋造成的毁损，农房保险的定损标准一提再提。2015年，安徽保监局联合省民政厅等单位下发了《安徽省山区库区农村住房保险经营服务规范（试行）》。安徽省成为全国首个出台不定值保险定损标准和全国首个建立民生工程量化考核机制的省份。该办法按照农村房屋类型和建造成本，构建了两大类、12种构造类别的16个具体标准，不仅填补了国内不定值保险定损标准的空白，也成为农房建筑造价标准的重要参考。同时，山区库区农房保险建立了准确性、及时性和透明性等三类25个指标，纳入民生工程进行量化考核，完善农房试点的考核体系。

农房保险的扶贫功能也在政策的引导下淋漓尽致地显现出来。办法进一步向五保户、低保户以及贫困残疾人这三类人群倾斜，对定损标准低于民政因灾倒损补助标准的，在实际定损标准基础上一律上浮20%。基层保险机构和民政部门在查勘定损时，注意区别倒损房屋群众的类别，确保倾斜政策落到实处。

2015年，国元保险金寨支公司处理五保户、低保户、贫困残疾人家庭三类家庭房屋损失理赔案件72户，赔款金额65.9万元，平均每户9 150元。

安徽地跨淮河、长江流域，处于南北气候过渡带，自然灾害频发。2008—2013年，全省农村因灾倒房10.3万间，贫困群众倒房8.2万间，防止农民因灾致贫尤为关键。安徽保监局联合省民政厅、财政厅等单位选取27个山区库区县试点农房保险，由财政出资统一投保，具体由国元保险和人保财险两家保险公司承办，为280万农户提供了8 400亿元的风险保障。

安徽的农房保险在2015年引入竞争机制，委托国元保险和人保财险安徽省分公司分片承保农房保险工作。两家公司不断完善农房保险基层服务体系，健全试点县（市、区）分支机构，并在中心乡镇设立营销服务部；同时，两公司加大人员、设备等资源投入，开办农房保险的县级支公司和营销服务部配备必要的专职外勤人员及查勘车辆、专业设备等，保障标准和保障能力大幅度提升。

发挥联合查勘机制的作用。凡是对于集中受灾、受损程度重、查勘中有疑义、定损中有争议的案件，做到联合查勘，取得了很好的效果。联合查勘主要由保险公司、民政部门、乡镇干部、农户本人共同参加，对于部分复杂疑难案件，专门聘请保险公估公司参加，作为独立第三方机构出具中介评估意见。

聂宜东介绍，国元保险在金寨汤家汇镇两处泥石流倒房现场，召开了联合定损讨论会。一是宣传党和政府的惠民政策、民生工程的意义；二是请民政、乡镇、农户谈谈对理赔定损的要求与希望；三是请保险公估公司现场评估；四是在民政、乡镇的协调见证下，保险公司和农户求同存异，达成共识。

盗墓奇谈

暑期以来，奇幻冒险巨制《盗墓笔记》正在全国院线热映，上映以来票房节节攀升，目前已经突破8亿元大关，为2016年这个冷清的暑期档注入一剂强心针，被业内称为暑期档的救市力作。不仅电影，以《盗墓笔记》、《鬼吹灯》等小说引领的盗墓类小说风靡一时，吴邪、胡八一等盗墓主角在地下机关和神秘事件交织中，上演了一幕幕惊心动魄的奇遇记。虽然写作者言之凿凿，人物惟妙惟肖，细节求真求细，读者在看故事的时候往往身临其境，但是似乎也没有人将之当作真实。

不过，盗墓有风险，却是不争的事实。无论是在小说中，还是在现实中。

咸阳的古墓之多、古墓之久举世闻名，也是盗墓贼经常光顾的地方。2016年1月13日凌晨，咸阳3名男子在果树地里盗墓时，两人因缺氧窒息身亡，另外一人向警方投案自首。据了解，咸阳市以前就发生过因盗墓造成人员死亡的悲剧。2013年6月15日晚，3名男子在秦都区双照镇北寺照村一处古墓偷盗，其中一名男子不慎被坍塌的盗洞掩埋身亡，两名同伴自首。

同样的事情也发生在其他地区，例如河北。在石家庄市平山县王母村村西的一片耕地中，有一个面积约10平方米的深坑，在坑中约5米深的地方，有一座墓室的拱门，拱门上还雕刻着花纹。据当地村民介绍，2016年4月29日晚间，有几名男子在这里盗墓时发生了意外。

不过，与盗墓人的意外相比，墓地的损失更为常见。

早在2008年，媒体上的一则报道显示，俄罗斯人把一些著名的公墓如新圣母公墓，都称作"露天雕塑博物馆"。然而，这充满诗意的灵魂归宿地如今却不得安宁。俄罗斯墓地破坏行为正呈现逐年上升的趋势。仅在2007年，警方就对1 500多起盗墓行为进行了立案调查。为挽回墓地损失，越来越多的人开始向保险公司求助，由此催生了一种另类保险服务——墓地保险。

当地保险公司负责人声称，尽管公司提供的墓地保险服务涵盖了洪水和地震等天灾，但客户投保的主要目的还是挽回墓地纪念物被人为损毁造成的损失。她举例说，有一位中年妇女来到公司，要求在最短时间内签订墓地保险合同，因为亲人坟墓几年来多次被不速之客"光顾"。尽管保险费率已高达5%，但来投保的客户仍与日俱增。

类似情形也出现在其他保险公司。基本上，客户在收到订购的雕塑、雕像、墓碑之后会马上投保，有的客户甚至在亲人下葬后从墓地直接打来电话要求投保。

不过，此项保险受到过西方社会的质疑，认为俄罗斯墓地保险是社会畸形现象。西方国家从未有这种保险服务，这种行为被认为是违背伦理道德的。

在国内，这些保险还没有出现，但是已经有保险公司做起了墓地的生意，一方面推出生前契约保险产品，另一方面则在各地购买墓地，随后将推出与墓地挂钩的相关保险产品。说起来，真应了那句话："天下没有保险公司做不了的生意。"

|2016 年 8 月 17 日，《中国保险报》|

NBA 的 "磁力"

刷爆朋友圈，争论女排精神，郎平的坚持……与中国女排奥运夺冠的光芒四射相比，在本届奥运会上，五战全败的男篮表现黯然失色。

不过在这种黯然的颓势中，难掩一个好消息，易建联要重返NBA了。姚明、大郅、巴特尔、孙悦、易建联，先后征战过NBA，这个消息谈不上令人振奋，不过也让人眼前一亮。

此次向易建联张开怀抱的是湖人队。湖人队也喜欢招揽中国球员。也许此次签下易建联也有开拓中国市场的商业考虑，但是易建联在此次奥运会上的表现也是不可忽视的。本届奥运会，易建联场均得到20.4分，占整个中国男篮的1/3，其中对美国拿到25分，为5场最高。虽然男篮最终没有挽回颓势、创造奇迹，但易建联的表现仍熠熠生辉。

易建联离开NBA已经有4年，此次 "二进宫"，也被很多人所不理解。NBA对优秀的球员真的有莫大的 "磁力"？

首先，NBA可以提供更高的收入。从目前来看，有消息称易建联在湖人将拿到114万美元年薪，但是实际有可能更高，而背后产生的商业价值，也不可估算。其次，竞技水准更高。NBA是世界上篮球的顶级赛事，也是篮球运动员目前能选择的最好的实现抱负的舞台。最后，NBA球员在球场上还有更为完善的保障，这些都得益于NBA专业的商业体育保险。

NBA的伤残保险载誉已久，主要是为运动员在训练或比赛过程中发生的运动伤害或致残事件提供保障。保障范围一般涵盖短期或者永久损伤给运动员及球队带来的损失，以及运动员在加盟球队之前的旧伤可能带来的经济损失。

以姚明为例。在休斯敦火箭队期间，成熟的商业保险制度让姚明因伤残不能出赛获赔不少。自2009年开始他便一直伤病不断，但其通过商业保险累计获得的保险赔付金高达1 124万美元。值得一提的是，在休斯敦尝到保险甜头的姚明，此后对保险十分重视。在触角遍及多个领域后，保险是他多元投资的一部分，也是他平衡投资中的重要一环。

根据美国NBA联盟对于球员商业保险的强制性规定，每个赛季，每个球队必须为年薪最高的5人因可能伤病向商业保险公司投保，一旦被保险的球员受伤，连续41场比赛无法上场，保险公司必须支付该球员原薪酬的80%。

这不仅保证了NBA球员的薪水稳定，使其收入不因伤病受到影响；同时，也分担了球队的风险，为球队在可接受的伤病范围内，以合理的工资追逐想要的球员。

而就在最近，NBA又在保险保障方面创造了新的标杆。

7月末，NBA球员工会（NBPA）宣布，球员代表通过无记名投票一致决定，将为所有在NBA效力至少3个赛季的退役球员设立医疗保险基金，而这在北美四大职业体育联盟里尚属头一遭。这也充分表明工会始终关注包括现役、退役和未来新生代在内的球员们的健康和福利。

　　具体的方案分为3~6年、7~9年、10年及以上的NBA球龄退役球员。例如，对于3~6年NBA球龄的退役球员，如果没有合适的医疗保险，球员工会将为其提供一份方案，能够按照一定比例，覆盖该球员在医疗、住院以及医药等方面的支出。其他的类别也分别有不同的保障方案。

　　据统计，NBA球员效力的平均年限仅有4年，需要在退役后享受长期的医保。NBPA主席、9届全明星克里斯-保罗对此评价说："我们心系整个NBA大家庭。为了前辈们的健康和福祉，我的同僚们迈出了这史无前例的一步，我为此而骄傲。"NBPA执行总裁罗伯茨说："为前辈球员们提供医疗保险多年来一直萦绕在脑海中，我们通力合作，终于使之成为现实。"

　　这体现了NBA的人文关怀。

　　此外，NBA球员退役后，还有较为完善的养老保险保障。NBA养老金保险制度建立已久，适用范围甚至包括1965年前在NBA前身BAA效力过的老球员。在NBA效力3年及以上的球员，都可以参与养老保险。

　　易建联重返NBA是福是祸，是能从替补中脱颖而出，还是慢慢归于沉寂，一切还要看他自己。但是国内的CBA等篮球赛事的商业体育保险空白，恐怕还要多方面努力推动。

　　篮球水准的提升诚然不是一朝一夕，但是篮球赛事保障何妨密切追随？

苇草

　　思想是什么？面对这样的诘问，历史上诸多的著名人物给出了若干的答案。

　　高尔基认为思想和力量有莫大的关系，"一个能思想的人，才真正是一个力量无穷的人"；爱默生的论述中，思想是难以改变的，"宇宙万物之中，没有一样东西能像思想那么顽固"；伏尔泰对事业和思想之间有准确的判断，"不是事业为了思想，而是思想为了事业"；罗曼·罗兰对思想和行动进行阐述，"从容不迫地谈理论是一件事，把思想付诸实行，尤其在需要当机立断的时候，又是一件事"。

　　在浩如烟海的关于思想的著名论述中，对我影响最大的一句，其实是苇草论。

　　帕斯卡尔关于思想的名言很多，例如，"人类的全部尊严，就在于思想"，再如上文提及的，"人是一根能思想的苇草"。

　　人只不过是一根苇草，是自然界最脆弱的东西；但他是一根能思想的苇草，用不着整个宇宙都拿起武器来才能毁灭；一口气、一滴水就足以致他死命了。然而，纵使宇宙毁灭了他，人却仍然要比致他于死命的东西更高贵得多，因为他知道自己要死亡，以及宇宙对他所具有的优势，而宇宙对此却一无所知。

我以前和同业讨论过一个问题。保险行业里有学识渊博的专家、教授、学者，有纵横商界的商业精英，有媒体舆论都关注的重大决策者，但是为何没有一位保险业自己的哲学家、思想家？我们讨论的结果就是，这与行业自身的发展可能有一定的关系，行业发展时间太短了，实践中或许已经形成了若干理论，但是没有上升到思想的高度。

但是后来，我却发现这个结论的谬误。基于整个行业高度的思想是思想，存在于每一个保险从业者头脑中的思想也是思想。基于此，保险人的思想是一直存在的，保险业的思想也一直存在。这种思想，不仅指导着保险人日常的为人处世，也为他们的保险事业指明了原则和方向，发自于思想，践行于事业。

所需要注意的就是，有的思想观念失于偏颇，急于求成，从而导致了一些行业问题。从各个层面，对与事业有关的思想进行统一、提升，有助于行业思想之土壤的奠基。

每个人都是苇草，保险人也是。做一个有正确思想的保险人，做一个有尊严的保险人。

|2016 年 8 月 25 日，《中国保险报》|

一碗汤

敢于调解婆媳矛盾的人都是真的勇士。

近年来，随着城乡结构的变化，普通人家庭矛盾也日趋复杂化、剧烈化。例如，老人家产分配不均引发的家庭矛盾，例如，子女在赡养老人方面做得不到位引发的矛盾，再比如，极富有传统意味的千古难题——婆媳矛盾。

与此同时，一些民间组织和媒体，也将视线聚焦到这些矛盾之上，希望通过调解的做法来缓解矛盾冲突。曾经在某电视台上看到一档节目，针对家产分配、老人赡养、婆媳矛盾等问题，电视台牵头请专业的调解人员，共同来到矛盾之家，凭借三寸不烂之舌，有时对毫不讲理的泼辣媳妇摆事实讲道理，有时又对满腹委屈的老人温言劝慰。经过调解，懂事之人当时也会息战，不懂事之人却越闹越烈，一发不可收拾。当此时刻，调解人员也一脸无可奈何。

天下至难断者，家务事也，正所谓清官难断家务事。而在家务事中，婆媳矛盾又是最难处理的。

在不少儿媳眼里，婆婆是一种超级无敌怪兽，具有各种伤害与反扑的能力，汉乐府《孔雀东南飞》中的焦仲卿之所以劳燕分飞，就是因为有了焦母这个恶婆婆。而在古代另一个著名的婆媳故事发生在陆游身上。陆游早年娶其表妹唐婉为妻，伉俪相得，情谊甚笃。然而不知何故，唐婉却不为其姑母（陆游之母）所容，其母进而逼迫陆游休妻。

而发生在现代的一些婆媳故事，其故事之曲折离奇、感情之惊天动地，虽属平凡人家，却与名人家事丝毫不遑多让。媒体曾经报道，一位上门女婿刘相礼把母亲从老家接到家里住，但母亲与妻子闹得不可开交，争吵中，妻子还喝下一瓶白酒以死相逼，坚决不同意老人在家里住。为了家庭和谐，刘相礼只好在西昌城里租房供养母亲，并对妻子谎称已将母亲送走。

面对这种情况，兼具丈夫和儿子双重身份的男人们，就像猪八戒照镜子——里外不是人。很多人选择消极面对，分开居住；也有人纵容一方，加剧矛盾；或者有人选择离婚，重新来过。但是直面矛盾的勇气，却很少人有。这样其实留给公益机构很大的活动空间。

从2013年开始，邢台市传统文化协会女德学堂就开始组织中国传统文化公益大讲堂，已在市区举办8场大型公益讲座，在农村做了30多场讲座，化解了无数对夫妻矛盾、婆媳矛盾等。在讲座办完后的回访中，绝大多数村民表示获益匪浅，一个性情暴烈的媳妇表示："我现在不顶撞婆婆了，看到她不高兴时，我就不吭气。"

有人说，婆媳之间应该有一碗汤的距离。这里说的是物理上的距离。实际上，婆媳的心灵之间，也应该有一碗汤的距离，这就需要一些公益的第三方经常到社区去，调解也好，讲课也好，为婆媳之间奉上一碗温暖的汤。

带你上路

公路总能让人浮想联翩。

最为知名的，就是公路电影。第二次世界大战之后，美国出现了一种以汽车和公路为典型叙事元素的电影，其主人公的命运和情节的展开往往和公路息息相关，公路片逐渐成为一种独立于其他影片之外的新类型电影。20世纪70年代，斯皮尔伯格的《决斗》和恐怖电影《搭车人》都是此中翘楚。

电影毕竟是电影，公路的现实意义并不在此。特别是农村的公路，与其说是串起一道道原生态的风景线，不如说是对农村开放发展升级具有重大意义的存在。

今昔对比，那些从农村走出来的人再次回到农村，不免都会恍若隔世。一座座工厂坐落在宽敞的公路边上，装载各种产品的货车在公路上飞驰，属于农村人的小汽车穿梭在农村和城市之间，即便是稍微贫穷点的农民，一辆电动车也能缩短上下班、走亲戚之间的公路里程。幼时出远门不免要翻山越岭、涉水过桥，那种情形已然不再。

公路对农村的意义，有很多现成的说法。"要致富，先修路"，

"高速公路，国家致富；乡村公路，农民致富"，类似的说法，不仅存在于政府的规划中，也深深根植在农民的心中。

不过，随着极端天气的频繁出现，农村的公路也会面临毁损的风险。大多数农村公路地处山区，公路等级标准低，不用说具有极大杀伤力的地震对震区公路带来全面毁灭的重修，也不用说山洪泥石流对公路某一段彻底断绝、山体滑坡带来定点阻断的修复，就是日常的修修补补，也需要极大的人力和物力。许多损毁路段往往得不到及时修复，给群众的生产生活带来极大不便，存在巨大的安全隐患。

近日，福建省政府出台了《关于全省推行农村公路灾毁保险的指导意见》（以下简称《意见》），要求全省各级政府安排公共财政预算资金，通过政府购买公共服务的方式，为农村公路购买农村公路财产综合险，以有效提升农村公路防灾抢修能力。

《意见》提出的模式，不仅对保费的来源进行了明确，还融入了扶贫的思路，具有非常重要的现实意义，也增强了推广的可行性。《意见》明确，全省农村公路灾毁保险执行统一的费率标准，具体以省交通运输厅公布的招标结果为准，保费由省、市、县三级财政分摊。从2016年起，对全额由财政出资或设区市公路局出资投保的县（市、区）给予省级支持。其中，对23个省级扶贫开发工作重点县倾斜支持，省级分担90%保费；对中等发展水平县、经济发达县，省级分别分担50%、30%的保费。

近些年来，多地在探索农村公路的保险模式。例如，在2016年，浙江台州天台公路局与人保财险台州市分公司签订了农村公路财产保险合同，成为台州第一家将农村公路财产纳入财产保险的单位。福建省早在2010年，就创造性地开展了农村公路灾毁保险试点工作，其间也经过了各种摸索与验证。在2016年，福建宁德市公路部门试点将所管养国省道向保险公司参保建筑工程一切险、小修养护险、公众责任险、公路综合财产保险，在福建省公路养护管理工作会议上得到充分的肯定。这些都为经验的进一步推广有所贡献。

此次全省性指导意见的出台，标志着福建省成为全国第一个全面推行农村公路灾毁保险的省份。

一个保险产品的出现，是因为有了需要解决的对应风险。政府缴保费，保险公司来管理，以此转移农村公路财产所遭受的风险，改变了以往农村公路受损由政府埋单的现象，破解了农村公路养护资金紧张的难题。

|2016 年 8 月 29 日，《中国保险报》|

企业安全新菜单

近期，在全国各地的市场上，食品安全责任保险捷报频传。

在滁州，食品安全责任保险第一单落地。某食品企业的食品安全责任险保单在国寿财险滁州中心支公司生成，标志着滁州市食品安全责任险保险工作进入实质性阶段。

在六安，开始着力推进食品安全责任保险工作，为食品生产企业、销售企业和消费者等提供保护屏障。

在北海，市政府印发了《2016年全市食品安全重点工作安排》，对全市食品安全重点工作作出部署。

......

虽然如此，很多地区的食品安全责任保险仍然处在启程或者待出发的阶段。为何食品安全责任保险会存在推广难的问题？

食品安全和相关的保险保障早已进入政府的视野。2015年初，国务院食品安全委员会办公室、食品药品监督管理总局、中国保监会联合印发《关于开展食品安全责任保险试点工作的指导意见》，探索将食品安全责任保险试点情况纳入地方食品安全工作考核评价体系，将企业投保情况纳入企业信用记录和分级分类管理指标体系。

2015年4月，新《食品安全法》明确提出"国家鼓励食品生产经营企业参加食品安全责任保险"，为开展试点提供法律依据。

业内人士分析认为，新《食品安全法》虽然加大了对企业的惩处力度，但是我国诉讼制度并不完善，加之集体诉讼制度缺失，一时还难以形成对潜在致害方的经济索赔高压。食品安全责任保险的最终受益者是受到损害的消费者，而不是食品生产经营企业，企业出于经济利益考虑，加上侥幸心理，一般不会主动投保。

目前，食品安全责任保险试点省市达到20多个。以浙江为例，试点一年来，浙江省食品安全责任保险有序扎实推进，改革创新，打开局面，渐入佳境，初步实现了服务食品安全工作和促进保险业可持续发展的"双赢"。截至2016年6月末，投保单位10 435家，比2015年底多1 478家，增加了16.5%，保费收入3 344.95万元。

值得关注的是，目前，食品安全责任保险也出现了很多新颖的"吃法"，引起了广泛关注。

全国首款"小龙虾保险"日前在江苏南京市鼓楼区市场监管局宣布落地。此项保险由商家向保险公司投保付费，一年保费有1 500元、2 500元、3 500元共3档，对应的食品安全单次人身赔付限额分别是1万元、1.5万元和2万元。

消费者如果在投保商家食用小龙虾后12小时内出现横纹肌溶解症，可凭小龙虾菜品的消费凭据向商家索赔。保险公司收到商家申请后启动赔偿，消费者3天内即可拿到理赔款。目前投保"食品安全责任保险"的饭店已有5家。

对此，舆论评价不一，有的人认为"小龙虾保险"仅是食品安全责任的补充，有的人认为是对食品安全责任险的有益尝试，或者说，"小龙虾保险"有助于食品安全责任保险破题。

此外，通过互联网渠道，食品安全责任保险也有了新的"菜品"。"互联网+食品"正悄然改变着大家的生活消费方式，从电商渠道购买的食品是否安全也成为大众关注的问题。日前，义乌市绿禾电子商务有限公司与保险公司签订了金华地区首单网络食品安全责任险，填补了网络食品安全责任险的空白。

| 2016年8月31日，《中国保险报》|

转变

在种植业收获的季节，我们往往看到一些新闻冠以收获的喜悦之类的标题。但是，对于农民来说，收获伴随的并非都是喜悦。

收获的季节不一定丰收。前几日正是花生收获期，一位山东的农民刚刚忙碌完家里的两亩花生，但是他很郁闷，因为花生收成很差，要么不结果，即使结果了，也不足成。算了算花费的种子和农药钱，以及请假种地扣去的上班费，感觉并不合算。"还不如上班，明年再也不种了。"话又说回来，即使丰收了，高涨的农资成本、人力成本以及不确定的粮食价格，都让种植的收益不足以快慰人心。

最难以承受的是，在这样的情况下，田地又遭受了天灾，对粮食的产量造成损失。就像今天本版刊登的文章中提到的，一场洪水，淹没了所有的农田，家里8亩地的棉花全部浸没在水里。这样的灾害带来的整体损失，对于一个地区来说，可能微不足道，但是对于一个家庭而言，却事关重大。文章中有一个细节，在面对家里农田受灾时，农民的"妻子还偷偷地哭了几回"。这样传神的细节，不必再写别的，就已经道出了一个家庭的无奈和困窘。

要知道，在眼下的农村，外出打工的农民越来越多，但是也不能忽视，依然有不少欠发达地区的人，仍然在守着田地，靠天吃饭。对于他们来说，几亩地的收益，可能是下一年的生活来源，可能包含孩子一年的学费，可能是自己买药治病的全部寄托。多收三五斗，也许不能提高生活水平，但是少收三五斗，就会影响生活正常进行。

怎么办？保险呼之欲出。

我们欣喜地看到这样一个现象，近些年来，那些灾害频发的地区，农业保险的投保率在迅速地提升，农民对于保险的认识也越来越正确。在与业内人士的交流中，这个趋势也得到了确认。个中奥妙，就在于农民看到了保险理赔实实在在地发生了，受灾的人们，得到了切实的回报。

对于一个地区来说，在一场灾害中，一个家庭的损失和赔款只是汇总数据中不起眼的一部分；但是对于一个家庭来说，这区区的千百元，却如天般大。保险的雪中送炭，至少让妻子不必为此再哭泣。

保险扶贫纳入制度体系

2014年的河南省焦作市困难群众大病补充医疗保险，因为赶上了精准扶贫的历史快车，迅速成为社会关注的焦点。

该项目一经推出，当即引起了河南省政府的重视。2015年10月，河南省副省长王艳玲到焦作市对该项工作进行了专题调研；中央各大媒体也都将视线投向这里，中央电视台、《人民日报》、《新华每日电讯》、《光明日报》、《中国改革报》等媒体都进行了报道；同时，各地政府、机构的考察交流频繁进行，著名高等院校的教授也闻讯前来调研。

在全国各地、各行业都频繁推出扶贫项目的背景下，该扶贫项目如何让焦作这个曾经资源枯竭型城市露出生机？

"父母常年多病，家庭生活困难。每次给父母看病，压力都很大。有时候父母病了就先挺一挺，尽量不去医院。这次父亲因肺气肿住院，通过大病补充医疗保险报销了4 854元，这是过去没有的。"焦作中站区许衡街道办事处一位男性患者的女儿表示。

据了解，该患者2016年1～2月因肺气肿住院治疗，总共花费41 549元，其中合规医疗费用36 664元，新农合报销15 982元，大病保险报销772元，大病补充医疗保险报销4 854元（占比为13.24%）。

"大病补充医疗保险就是解决困难群众因贫穷看不起病、因病加剧贫困的问题。"人保健康焦作中心支公司负责人孔晋锁表示。

简单来说，以往贫困人群患病之后，通过基本医保和大病保险进行报销，剩下的要依靠政府的救助。而现在，不仅可以通过基本医保和大病保险报销，还可以得到补充医疗保险的报销，也就是三次保险的报销。

大病补充医疗保险制度同基本医疗保险、大病保险、医疗救助紧密衔接，辅以医疗风险控制措施，共同形成了"三险一助一控"的医疗保障机制。

作为该制度的初创者之一，焦作市卫计委基妇科科长赵青认为，大病补充保险通过政府购买服务，交由商业保险公司承办，走出了一条发挥政府作用，利用商业保险功能，解决困难群众看病就医问题的新路子。在"保基本、强基层、建机制"的医改方向中，建立了针对困难群众的大病补充医疗保险，实现了制度创新，完善了多层次的医疗保障体系。截至8月末，已为980多名困难群众理赔100多万元。

扶贫对象如何界定？大病补充保险保障人群为困难群众，做到了对贫困对象的精准识别。

赵青介绍，困难群众主要有：有焦作市户口的城乡最低生活保障对象；城市"三无"人员和农村"五保"供养对象；县级以上人民政府规定的其他特殊困难人员，在参加城镇居民医保和新农合的基础上，确定为大病补充保险保障对象。2016年核定的困难群众总人数为14.5万人。

焦作市的大病补充医疗保险由政府出资，百姓不需交费。大病补充保险年度筹资人口基数以民政部门认定的困难群众人数为准。筹资标准按照每人每年一定数额确定，并根据国民收入增长率、社会卫生费用增长率等指标，在一个保险年度结束后，对筹资标准实行动态调整。2016年筹资标准为每人每年100元，由市、县（市）区财政按3∶7的比例承担。

在这个方案中，亮点之一就是医疗费越高，报销比例越高，最高的报销比例可以达到90%。大病补充医疗保险同各项医保制度的结合，大大提高了对困难群众托底保障的精准性。

焦作中站区许衡街道办事处西冯村李某家庭状况堪忧，妻子在食堂做临时工，收入很低，李某2016年初又因感染性休克住院治疗，总医疗费用20余万元，合规医疗费用15万余元。其中新农合报销10万余元，大病保险报销1.1万余元，大病补充保险报销1.7万余元，共计报销近13万元，整体报销比例为83%。

目前的保障方案中，对自付合规医疗费用，设定起付线为3 000元，年度最高支付限额为30万元。经新农合和大病保险报销后，合规医疗费用在1.5万元以下的，通过大病补充医疗保险赔付，报销比例可提高4个百分点；合规医疗费用在1.5万元以上的，可提高9～15个百分点。赵青介绍，按照保障最需、精准扶贫的原则，设置大病补充保险理赔起付线和保障额度，通过分段按比例赔付，实现医疗费越高赔付越多。

在大病补充保险项目的运作中，政府的主导、推动作用非常显著。在河南省政府的关注下，焦作市政府指定由市医改办牵头，会同市人力资源和社会保障、民政、财政等医改成员单位进行多次研究、讨论，在现有医保体系的基础上，设立大病补充保险，作为"特惠制"为困难群众提供更全面的医疗保障。

同时，在政府主导下，引入人保健康焦作中心支公司承办，充分发挥政府和商业保险公司的优势，提高服务效率和服务质量，降低服务成本。

| 原文发表于 2016 年 10 月 12 日《中国保险报》有删节 |

进 3D 打印世界

习惯了从打印机中拿到白纸黑字的人们，很难想象3D打印机会打出什么？一份盒饭？一块骨头？一座房子？抑或是一架飞机？从无人关注到火爆全球，3D打印技术刷新速度越来越快，各种逆天的创作令人瞠目。

3D打印技术对航空航天领域带来巨大的冲击。前些年，欧美各国都意识到3D打印技术在航空航天领域的应用前景，各自部署与3D打印相关的蓝图和发展思路。

2016年6月1日，在柏林航空航天博览会上，空中客车公司出品的Thor的飞机，没有窗户，重量只有21千克，长度不到4米，是全球首架3D打印的飞机。

2016年7月，美国国防部武器供应商雷神公司称，他们已经使用3D打印技术制作了制导武器的几乎所有组成部分，包括3D打印的火箭发动机、用于引导和控制系统的部件、导弹本身、导弹翅片。未来，雷神公司的3D打印的导弹可能就会出现在战场上。

不仅如此，3D打印技术对于人们生活、健康的重要性也日趋显现出来，一些吃的、用的打印产品纷纷面世。

汽车行业是最早使用3D打印技术的产业之一。3D打印从最初用于概念模型的打印，发展到功能模型的制作，目前正逐步应用于功能部件的制造，甚至汽车整车的制造。

2016年4月，荷兰食品3D打印先驱byFlow公司在荷兰Venlo举行的食品3D打印会议期间，他们通过自己的游击式（Pop-Up）餐馆提供了5道美味的3D打印菜肴。通过图片，发现与普通的快餐并没有太大区别。

2016年的中秋节，也可能会有3D打印的月饼问世。

近日又有消息报道称，爱尔兰的科学家们开发出了一种新技术，该技术可以用3D打印出复杂的大型软骨植入物，这种植入物可以形成支架供骨骼再生。这意味着，困扰老年人的膝关节老化问题有望得到新的解决方案。

2015年2月28日，《国家增材制造产业发展推进计划（2015—2016年）》推出，将3D打印产业发展上升到国家战略层面。数据显示，2015年世界3D打印行业市场规模达到51.65亿美元，年复合增长率超过30%。预计，世界3D打印市场规模呈现快速增长态势，到2018年，市场规模将超过110亿美元。2015年，我国3D打印市场已经有了可观的发展，规模达到78亿元，年复合增长率近70%。预计到2018年，我国3D打印市场规模将超过200亿元。

有乐观的观点认为，3D打印的春天已经来临，3D打印技术的应用市场即将形成井喷之势，广阔前景将再度点燃资本市场。

新行业的快速发展并不能掩盖自身的风险和保险需求。保险企业也将目光聚焦到了新行业的新需求之上。

近日，山东三迪时空与华海财产保险共同签署战略合作框架协议，双方将共同探索3D打印全产业链生态创新服务体系，并形成合作双方的市场价值，建立深入合作新模式。这是国内保险企业首次和国内3D打印技术企业签署全面战略合作协议。双方将结合融资、保险产品服务等在3D打印行业的实际应用，互相提供专业化服务。

合作双方认为，保险行业走入3D打印世界，可以助推3D打印产业的发展，引发并加速其"化学反应"。两者的合作既是科技和金融经济的相互推动，也是工业和商业的完美结合。

保险业和3D打印技术的第一次接触，也许并不是太深入，却为今后的进一步亲密接触埋下伏笔。例如，也有人担忧3D打印技术存在网络安全风险，当然这也只是3D打印技术风险之一。未来3D打印技术在生产生活中的广泛应用，其风险点将慢慢浮出水面。

届时，保险业会真正走入3D打印的世界。

|2016 年 9 月 7 日，《中国保险报》|

细
节
看
保
险

今年养个"猴"

有个朋友曾经闹了这么一个笑话。在一个小场合，朋友听到有人喜滋滋地说："今年养了个猴儿"。朋友听了十分稀奇，当时就忍不住问："您的猴儿搁哪儿买的啊？"在场的人都大笑不止。后来才知道，人家是媳妇怀孕了，要生个"猴宝宝"。

很多人都喜欢要个"猴宝宝"，再加上2016年二胎政策的全面放开，导致了各大医院的产科全部爆满。"加号"、"加床"、"提前预约"……成为2016年"生娃"的关键词。除了产科床位紧张外，不管是产检、B超还是入院，凡是跟"生孩子"有关的窗口全都在排长队。有负责四维彩超的医生抱怨："不行了，眼睛要看瞎了。"

有医生预计，这才只是刚刚开始，真正的二胎生育高峰预计在10月才正式开始。

高龄产妇面临一些生育的风险。高龄产妇是指年龄在35岁以上第一次妊娠的产妇，或受孕时34岁以上的产妇。北京一家医院的医生说，自从全面二胎政策一出台，每天来门诊咨询二胎相关事宜的大部分女性都是"70后"，年龄均处于35岁以上，她们的生育意愿很强。但作为高龄产妇，即将面临的风险也较年轻女性多。这些风险主要包括自然流产率增加、出生缺陷的风险上升、难产、卵巢储备功能下降、生育能力低下等。

此外，头胎选择剖宫产的也面临一些风险。有个朋友看到身边的人纷纷生二胎，本来坚决不要二胎的意志开始动摇，后来抛弃了养育压力等疑虑，下定决心要生二胎了。唯一担心的就是生头胎的时候，妻子选择剖宫产，不知道她的身体恢复情况是否适合生育二胎。相关研究表明，头胎剖宫产率高，导致产妇生二胎时的各种并发症越来越多，有些并发症甚至会威胁产妇和胎儿的性命。

保障准妈妈在孕期面临的健康风险以及新生儿的健康，是每位想要生育二胎的父母需要考虑的问题。忙着建档、产检，憧憬着生孩子"卸货"的轻松，很多孕妇也在算计着单位上的生育险到底能报销多少，生育津贴给多少。也有人觉得保障还是不够，到商业保险中去寻找相关的保障。

当然，有需求就有供应，保险企业在市场上的嗅觉应该说非常灵敏。有的保险公司嗅到了商机，推出了"二胎险"，针对性地为怀上二胎的女性提供保障，且特别关注高龄产妇，投保年龄最高可至45岁。保障内容不仅囊括了助孕医疗保障、新生儿重症住院及手术医疗保障、新生儿严重先天畸形保障，还为准妈妈们提供了孕期风险保障，保障其妊娠并发症住院医疗及妊娠身故，单项最高保障总额为20万元。

生下了"猴宝宝"只是二胎家庭的开始。除了要关注孕期、产期风险外，二胎家庭还应该放眼将来，如何借助普惠保险项目降低二胎家庭面临的新的风险责任。有的保险机构表示，计划生育家庭意外伤害保险项目作为一种费率低、保障适度的小额保险金融产品，在某种意义上可以有效降低计划生育家庭发生的意外风险。

全面放开二胎，并不是说我国不再实施计划生育政策，而是计划生育政策的调整。调整后的方案会带来家庭格局的变化，但是这种变化不会降低计划生育家庭所面临的意外风险，因此，二胎家庭依然需要计划生育保险。

保险业内人士建议，保障计划应该着重涵盖家庭成员的意外风险和疾病风险，不仅要为孩子投保，父母作为家庭的"顶梁柱"更应当有完善的风险保障计划。计划生育家庭人身意外伤害保险虽然涵盖了计划生育家庭成员的基本保障，但是保额相对较低，因此建议二胎家庭能够立足家庭经济基础，制订更加完善充足的保障计划，以便更好地应对未知的风险。

|2016 年 9 月 9 日，《中国保险报》|

职业病

每个上班的人或多或少都有点职业病。

在传统的说法中，文人总是有点酸腐的感觉，比如孔乙己的一个茴字有几个写法被人笑了若干年；卖西瓜的人切惯了西瓜，看到圆的事物，比如看到光头，总想要摸一摸，看看从哪里下刀好；或者当惯了媒婆的人，每看到一个没嫁出去的姑娘，都要费一番口舌。

这些不过是自嘲中的职业病，只是一种职业习惯。职业对身体带来的伤害，才算是真正的职业病。在刚刚过去的教师节期间，关于教师的话题，除了问候和怀念，更多的是关注教师的职业病和健康问题。

说话时间多、站立时间多、伏案时间多，是教师的职业特点，有人据此总结出教师的职业病范围，如慢性咽喉炎、静脉曲张及颈椎、腰椎疾病，甚至还有在社会聚焦下压力增大带来的心理疾病等。也有人给老师提出防治职业病的若干建议，比如让老师佩戴一个麦克风，避免一直大声说话损害嗓子，或者穿能支撑住脚弓的矮跟或中跟鞋，保护浅静脉，减轻腿部压力等。

教师的职业病只是一种。由于患有职业病的大都是高污染、高危险行业、低收入群体的劳动者，是纯粹的弱势群体，需要政府额外的关注。各国法律都有对于职业病预防方面的规定，一般来说，凡是符合法律规定的疾病才能称为职业病。

职业病是可以享受工伤保险待遇的。根据《中华人民共和国职业病防治法》，职业病是指企业、事业单位和个体经济等用人单位的劳动者在职业活动中，因为接触粉尘、放射性物质和其他有毒、有害因素而引起的疾病。我国法定的职业病的分类和目录具体可查询《职业病分类和目录》，其中有非常详细的分类。根据《工伤保险条例》，工伤事故伤害还包括由于短期或较长时间范围内因工作环境罹患的职业病。

如果参加了工伤保险，患有职业病的劳动者可以根据自身情况，享受医疗费、住院伙食补助费、康复费、残疾用具费、生活护理补助费等多种形式的保障。如果未参加工伤保险的，用人单位应当保证劳动者享受工伤待遇。

对于那些处于恶劣工作条件下的劳动者来说，虽然没有改变工作环境，至少也提供了一些保障和安慰。而对于另一些特殊职业的人来说，如果在工作期间受伤了，如足球运动员在球场受伤、演员在片场出意外、弹钢琴的人的手指出了问题，又会有哪些保障？

以体育运动员来说，国家队的体制虽然是公费医疗，但对运动员因为运动伤害导致的失能后生活却缺乏有效的救助与规划。市场化的国内足球俱乐部虽然为球员购买了综合性的医疗、伤害保险，但缺乏专业针对性的保险产品。因此"人体局部保险"也广受各类体育运动员的欢迎。

近日，中国平安在官方社交平台上发布通知：9月6日，中国男足在沈阳对阵伊朗。开场第11分钟，主力门将曾诚不幸伤退，平安产险场边理赔服务全程陪护医疗诊断，通过"黄金腿"保险预计理赔金将过百万元，以确保队员安心疗伤。平安产险表示，"黄金腿"保险将继续为国足今后的征战提供有力保障。据悉本次曾诚受伤，中国平安保险预赔已超百万元。

其他工作领域的局部保险，也大概如此。

三百六十行，行行都有职业病，或者因为职业带来的伤病。无论是单位也好，个人也好，都要重视对于职业的保障。单位能解决的问题，交给单位；个人有能力解决的问题，也要引起重视。否则失去了职业劳动能力，只能面临失业的风险或者跨界的挑战了。

|2016 年 9 月 12 日,《中国保险报》|

流血不流泪

"小悦悦"事件之后，所有人都在反思，如何能不做一名冷漠的旁观者。

在公交车上，看到扒手正在行窃，应不应该果断阻止？在幽暗的巷口，看到歹徒持刀行凶，是否要挺身而出？看到老人摔倒，抑或幼儿遭遇事故，应否伸出仗义之手？发现落水者，在对水况判断不明的情况下，怎么办？如若不管不顾，自可明哲保身，但不免时时遭受良知叩问；如若挺身干预，可能会引火烧身，引来疯狂报复，威胁自己人身安全。

像这样的问题，先哲早已给出了明确答案。《论语·为政》说，

"见义不为，无勇也。"《孟子·告子上·鱼我所欲也》说，"生，亦我所欲也，义，亦我所欲也。二者不可得兼，舍生而取义者也。"孔孟之言，足以盖棺定论。遇见不平之事，拔刀相助，是人性善之体现，是人世间燃亮的温暖。

在某些时刻，见义勇为对于被救助者来说，是重生一般的恩德。对于见义勇为者来说，最怕的就是流血又流泪。有的人伸出见义勇为之手，被救者却并不领情，甚至不表示一句感谢；有时候，施救的行为也不被有关部门认可，见义勇为人员做了好事却得不到应有的表彰；更有的在施救过程中，造成了见义勇为人员的人身伤亡，却得不到相应的赔偿。虽说见义勇为并非为了什么报偿，也不是为了获得任何的名与利，但是一旦出现危险，见义勇为人员的家庭如何支撑下去，这是不得不去顾虑的事，也是人之常情。

为见义勇为者提供相应的保障，是必要之举。即便有些地方政府在诸如"见义勇为条例"等地方法规和文件中对此有所规定，但也限于政府财政经费等各方面的限制，无法真正起到积极的救助作用。

2012年，名为"大众见义勇为保障计划"的保险项目就出现在公众视野，填补了国内此类保险产品的空白，开创了志愿者个人见义勇为、企事业单位保险殿后的先河。近年来，一项名为见义勇为保险的民生保险风靡各地，由政府出资购买保险服务，为辖内人员的见义勇为行动提供保障。例如，海南省从2016年起实施见义勇为人员人身意外伤害无记名保险制度，对因见义勇为行为牺牲、受伤的人员，保险公司按规定给予理赔，金额最高达60万元。宁夏自治区政法委和中国人寿保险宁夏分公司签订了《自治区见义勇为人员人身意外伤害保险协议》，伤者最高获80万元补偿。这项保险为见义勇为者提供了比较高额度的保障，为家属提供了一定的补偿。

近期，这项保险的赔偿作用也在显现出来。9月初，海南省见义勇为基金会和人保财险海南分公司来到文昌市潭牛镇龙颜一村见义勇为牺牲英雄唐世民家里，发放该省首笔省见义勇为人员人身意外伤害无记名保险金60万元。又如本版刊登的消息中，见义勇为牺牲教师王来福被当地政府追授"见义勇为先进个人"荣誉称号，其获人保财险赔偿70万元。

　　不做旁观者，让见义勇为形成一种社会风气，不仅需要价值观的引导，更需要健全的保障制度体系。保险是一个方面，见义勇为人员奖励和保护机制，见义勇为人员的医疗救助、抚恤安置、子女上学、家属就业、生活困难等问题，都是需要综合考虑的方面。

| 2016 年 9 月 20 日，《中国保险报》|

临渊羡鱼，不如退而结网

　　关注灵璧"尸体骗保"案已经有一段时间了。7名犯罪嫌疑人利用几名癌症死者遗体，制造车祸、坠楼事故假象，骗取16家保险公司42份保单，最离奇的是癌症病人死后"骑"车再次被"撞死"。本来只应该出现在影视剧惊悚情节中的故事，却在现实社会上演。其动机，就是为了骗取巨额的保费。

　　值得注意的是，在这起案件中，不仅有涉事各方的责任，病人的家属也参与其中。利用已故亲人的尸体牟利，亵渎的不仅是亲情，生命的尊严也遭遇了严峻的挑战。

近年来，因为想要巨额财富而盯上保险的人，并不在少数，酿成的大案要案屡见不鲜。保险似乎成了骗保者眼中的"唐僧肉"。

有一种是健康人扮绝症，或者伪造病例。例如，2012年底至2013年元旦，浙江台州市三门县花桥镇几个村的十余位村民突发"癌症"、"尿毒症"，纷纷"跑到"上海各大著名医院就医，并回到当地医保管理中心办理农医保报销。2014年，台州市三门县人民法院审理这起特大农医保诈骗案，25名被告人受审。

有一种是恶魔一般的行为，谋杀自己的亲属，骗取保险。例如，常州一对男女，通过微信认识，相处了13天后就领证结婚。这段"闪婚"的表面，是丈夫对妻子无微不至的照顾——给妻子买金首饰、苹果手机、电动摩托车等。可奇怪的是，他又在领证后的第3天和第5天，接连为妻子购买了两份人身意外保险及一份旅游意外险，保额共计达450万元。婚后2个月零5天，妻子就溺亡了。这起杀妻骗保案很快就被侦破。

还有一种是谋杀不相干的人，冒充自己骗保。例如，辽宁省的高某36岁，曾是村支书，为了还债，高某卖掉了唯一的房子，还是不够还债，于是他在3家保险公司买了人身意外伤害保险，保额超过100万元。然后，高某想找个冒充自己去死的人。后来他以招工名义骗来柏某，下药将其迷晕后，将柏某放在车中，在车上浇油后用打火机点燃。最终不免东窗事发，身陷囹圄。

有的骗保案件还沉在幽暗的水面之下，尚未侦破，骗保者还怀抱侥幸心理。天网恢恢，疏而不漏。很多类似的骗保案件已经被侦破，曝光于世间，骗保者身败名裂，不仅得到了应有的法律惩处，所骗取的钱财也不能再继续挥霍。

分析这些参与骗保的人，有各种各样的困境，有各种各样的动机，有的因为欠债需要还钱，有的因为治病需要花钱，或者因为得了绝症想给家属留一部分生活费等。从另一个角度来看，这些案件中的骗保者都是看到了保险理赔的巨大的好处。无论他们的动机如何，都不能掩盖保险在生死之间能提供金钱的抚慰。

设想一下，倘若他们在得病之前就购买了保险，又何必再铤而走险，行骗保之事？正所谓"临渊羡鱼，不如退而结网"。扩大保险覆盖面，让所有人都有充足的保险保障，病了有钱医，死去了有钱留下，让人们有尊严的走过生死之路，这也是保险的一个使命。

|2016 年 9 月 23 日，《中国保险报》|

说后悔

近期，最火爆的现象当是全国各地抢购房产热潮，节节高涨的房价，让很多人后悔没早点买房。无奈中，网友们推出一个非常有趣的话题：如果退回数年前，你是否会买房？很多人都会想，如果真是如此，自然要砸锅卖铁、东拼西借，不惜一切代价，无论如何也要多买几套房子。

世上并没有后悔药，明知如此，很多人仍是经常纠结在后悔的情绪中。房产如此，保险也如此。没买房子，导致人们的财富缩水，后悔情有可原。但是为了没买保险悔恨不已的，果有其人其事否？不妨来看一下事实。

前些年，山东黄岛街道永兴岛路上一家木材厂突然起火，大火持续燃烧了约一小时。电线老化被疑为此次火灾的罪魁祸首。据初步估计，仅车间内遭焚烧的木材产品价值就超百万元，而这些损失只能由厂家自己承受。工厂的一名负责人在现场叹息："没有入保险，太后悔了。"

45岁的刘女士原是一位家庭主妇，一年前在朋友的介绍下，她对保险产生了浓厚兴趣，并加入保险行业做起了业务员。其间她为爱子购买了一份5万元的重疾险。天有不测风云，在她交保险不到两年时，其子突然身患脑中风，由于购买的重疾险保额不高，保险公司按照合约理赔5万元。虽然帮她缓解了大病住院治疗所带来的费用等负担，但面对高额的医疗费用，王女士顿感当时重疾险买少了，如果多买几份，获得理赔数额高，对缓解高额医疗费用的支付困难会有很大帮助。

50多岁的老雷在一家较有规模的企业工作了好几年，工作表现一直不错，企业也多次提出为老雷买保险，但是老雷打听到，其中有一部分需要员工个人承担，于是多次拒绝了公司方面的要求，并表示自己一向身体健康，今后也不会有用到保险的时候。一天，老雷在上班时，不慎被掉下的机械零件弄伤左手，事发后被第一时间送到医院治疗。

在农业保险领域，随着自然灾害的增加，后悔没有买保险的人也比比皆是。一阵怪风将10亩瓜田上的大棚刮得只剩下支架，即将成熟的西瓜在经过雨淋日晒后都已裂开，据瓜农们统计，这阵怪风起码造成10万元的损失。一位瓜农后悔不迭地说："3年前种地时不知道有农业保险这回事，直到这次出事了才明白事前可以去买保险的，真是追悔莫及"。

曾经担任中宏人寿保险有限公司董事长的施德林讲述了一段经历：有一次，他被派往美国华盛顿出差，由于遇到了强烈的对流气团，飞机有段时间颠簸得非常厉害。当时，他的妻子刚怀上了第一个孩子，一闭上眼睛，脑子里就满是她的形象。施德林说自己一直默默祈祷，心里真是非常后悔没有购买足够的人寿保险。

上述案例都是历年来各地报章刊登的真实新闻。这也描绘出一幅各种行业、各种人群、各种风险下的众生相。在平常的日子中，不知道风险之潜伏，祸福之所倚，在遇事之后，又暗自嗟悔。这是侥幸的心理在作怪，也可以说是风险意识不到位。

有的媒体为了鼓励消费者购买保险，列了所谓的几种高危人群，并称"这些人请马上买保险，现在不买将来肯定后悔"，如经常外出的人、即将步入中年的人、身体欠佳的人、公司高管高薪阶层、从事竞争激烈或特别工作的人、单身职工家庭等人群。这些说法看起来危言耸听，其实也有一定的道理。这些人群都属于高危人群，出险概率比较高，需要一定程度的保障。

现代社会，保险服务覆盖比较全面，不仅是高危人群，对所有人而言，提升风险意识，对保险有一个正确的认识，是非常必要的。

|2016 年 9 月 27 日，《中国保险报》|